Daniel Perret

Die Wurzeln unserer Musikalität

Musiktherapie und die Enfaltung der Persönlichkeit

Die fünf Elemente als Weg zu Harmonie und Heilung

DRACHENVERLAG

Library of Healing Arts
Bibliothek der Heilenden Künste
herausgegeben von Johannes Heimrath
Band 2

Europäische Akademie
der Heilenden Künste
European Academy
of Healing Arts
www.eaha.org

Daniel Perret – Die Wurzeln unserer Musikalität.
Musiktherapie und die Entfaltung der Persönlichkeit

Umschlaggestaltung: Nele Hybsier
Fotos: Cleveland Museum of Natural History (Titelseite), Marie Perret (Rückseite)
Layout, Satz und Herstellung: www.humantouch.de
Druck und Bindung:Finidr, s.r.o., Český Těšín
Printed in Czech Republic

ISBN 3-927369-15-2

Inhalt

Vorwort

Vitale Energie durch musikalisches Geben und Nehmen

DIES IST EIN BUCH ÜBER MUSIK und den menschlichen Geist. Es versucht zu erfassen, wie der Geist eines Kindes durch Musik vitalisiert werden kann. Daniel Perret ist ein Musiker, der im musikalischen Dialog mit jungen Geistern und Körpern spielt, um sie von Einschränkungen und Isolation zu befreien. In seinem therapeutischen Vorgehen verwendet er als Orientierungshilfe ein Schema der menschlichen Energiefelder.

Seine Aufgabe ist oft schwierig. Den Weg aus der Sackgasse zu finden und Hindernisse zu umgehen, verlangt Geduld. Doch besteht immer eine Chance, dass die Musik den Lebensfunken der Kreativität wieder entfacht, die den Geist freisetzt und Freude bringt. Weil sie Teil der Quelle des Lebens ist, transformiert uns Musik unweigerlich, ob mit kleinen oder mit Riesenschritten. Sie färbt und fixiert unser Gedächtnis. Sie verleiht unseren Erlebnissen und Erinnerungen eine narrative Kraft. Musik dringt in unseren Körper, haucht ihm Leben ein, bewegt und stimuliert ihn und schenkt ihm neue Vitalität. In kundigen und mitfühlenden Händen vermag sie zu erziehen und zu heilen.

Daniels besonderes Interesse an den Energiefeldern richtet unsere Aufmerksamkeit einerseits auf die Regungen in verborgenen Teilen unseres Körpers und andererseits auf die Handhabung der Welt der Objekte im uns umgebenden Raum. Sein Ansatz verlangt vom Leser eine geistige Öffnung, um ungewohnte Einsichten über den Körper als Lebensraum, in dem Musik spürbare Resonanz auslösen kann, annehmen zu können. Unsere geringe Kenntnis dessen, was wirklich geschieht, wenn uns die Musik fortträgt, sollte uns Ansporn sein, unseren skeptischen Geist für eine Weile beiseite zu lassen. Dann werden wir die Bilder verstehen, die der musiktherapeutischen Arbeit von Daniel Kraft geben.

Ich verstehe das Wort »Musikalität« als Produkt unserer einzigartigen menschlichen Art, in der Welt zu handeln und diese wahrzunehmen (Trevarthen 1999). Sie lässt uns mit Hilfe einer kollektiven Mimesis Sinn erfahren (Donald 2001). Alle zur

Bewegung fähigen Geschöpfe müssen lernen, ihre Bewegungen zu steuern, indem sie innere und äußere Organe aufeinander abstimmen. Sie müssen die Mechanik ihrer Körper und Glieder beherrschen und Masse und Schwerkraft überwinden, um sich von der Erdoberfläche abheben, schwimmen, fliegen und laufen zu können. Mit dem Puls muskulärer Anstrengung gelingt es ihnen, die Zukunft ihrer Fortbewegung in Zeit und Raum abzuschätzen, während das Bezugszentrum immer in ihrem Körper verbleibt. Aufwand und Ertrag dieser *Animation*, dieser Bewegungen der Seele, werden in Bildern antizipiert, bevor sie gelebt werden. Jeder derart steuernde Organismus muss gleichzeitig die verborgenen Bewegungen der inneren Organe intakt halten und regulieren sowie den Verbrauch an Lebensenergie durch Ermüdung oder Schmerz, aber auch durch Freude planen können. Jeder Verbrauch an kinetischer Energie durch Bewegung muss am Pegel der physiologisch-chemischen Energie, die den Körperzellen dafür abverlangt wird, wahrgenommen werden. Jedes Individuum ist ein dynamisches Projekt, das eine Vielzahl von Komponenten verkörpert.

Immer wenn der Geist einbezogen wird, reagiert das ganze Wesen mit Identität, Imagination und Erinnerungen, Gedanken, Beziehungen und körperlichem Wohlbefinden. In der Musik der Körperbewegungen sind dynamische Ereignisse enthalten, die dem Leben Energie verleihen. Die unterschiedlichen dynamischen Eigenschaften der Elemente Feuer, Wasser, Erde, Luft und Metall – letzteres auch Äther genannt oder Raum, wie Daniel sagt – sind dafür Werkzeuge, die wir anwenden, um das Leben gebührend feiern zu können.

Die Klänge der Musik durchdringen unser ganzes Wesen. Sie erwecken nicht nur ein schwerfälliges Skelett. Sie hallen auch in unserem Herzen wieder, beleben oder beruhigen es. Sie können uns anspannen oder ängstlich werden lassen, uns auffahren lassen oder in einen friedliche Zustand überführen. Manchmal können sie uns aus der Gegenwart forttragen, uns an Menschen und ferne Orte erinnern und Ereignisse der Vergangenheit auferstehen lassen. Den menschlichen Geist, der auf Musik reagiert, finden wir wieder in den Aktivitäten des »Somas« (Körper) und der inneren Organe. Dies verändert das Erlebte in seiner Substanz und Qualität, indem es sich mit den grundlegenden Motiven unseres Lebens verbindet.

Die Kunst der Musik ist einem menschlichen Körper vergleichbar, dessen Bewegungen hörbar und zu etwas Besonderem geworden sind (Dissanayake 1999). In jedem Musikstück, wie auch immer es komponiert ist oder gespielt wird, hören wir leichte Schritte, die etwas schwerfälligeren Bewegungen der Hüften, die zierlichen Gesten der Arme und Finger in synkopierten Rhythmen. Wir hören das Aufeinanderschlagen, Anzupfen oder Reiben von Gegenständen, die jeweils Klangfarbe und Widerhall leicht verändern. Musik trägt den Klang der Stimme als Zeichen innerer Regungen voller Freude und Mitgefühl aus dem Körperinneren nach draußen, ruhiges Genießen, schmerzliche Spannungen oder gewaltige Wutausbrüche mit sich bringend. Musik beschreibt alle Ebenen der körperlichen Bewegung – die

Pulsation der Schritte, wenn sie laufend, gehend, hüpfend und tanzend die Erdanziehungskraft überwinden; das rhythmische Schwingen von Hüften und Bauch, die sich mit Würde und leichter Anmut gleitend bewegen oder sich mit koketter Schamlosigkeit wiegen. Sie kann ebenso den lähmenden Schmerz der Angst im Bauch erwecken wie die Glut in der Brust und die wache Intelligenz in Kopf, Augen und Lippen, die mit einer unglaublich erfinderischen Vielfalt, die schweren Glieder hinter sich lassend, Bilder imaginärer Welten und Begebenheiten anderer Zeiten und an anderen Orten heraufbeschwört, abstrahierende Symbole erfindet und sie in Worte kleidet.

Musik erzählt uns von den unzählbaren Variationen der Gesten, die von den Schultern bis hinunter zu den Fingern fließen und im Strom dieser klanglichen Erzählung gleichzeitig jeder Hand ein andere Aufgabe zuteilen. Indem er sensible Instrumente handhabt, ahmt der Musiker die Behendigkeit und die ineinander greifenden Sequenzen der Sprache in einer Welt des Ausdrucks nach, die den schweren Körper weit zurücklässt, gedankliche Erinnerung und Träume beschreibend, die ganz woanders und zu völlig anderen Zeitpunkten im Gedankengebäude des Kopfes stattfinden. Es gibt jedoch kaum Gedanken, die ganz vom Diktat der Emotionen losgelöst sind. Selbst ein äußerst künstlicher symbolischer Code trägt in seinen Metaphern emotionale Assoziationen, alte Erinnerungen, die entweder inspirieren oder Verwirrung und Verzweiflung bringen können.

Musikalische Kunst kann die Lebendigkeit des menschlichen Körpers auf Ereignisse sowohl in der belebten wie in der unbelebten, nicht-menschlichen Welt projizieren. Sie kann die Handlungen und Gemütszustände von Tieren imitieren, räumliche Illusionen schaffen oder Bilder von sich bewegenden Objekten, von klimatischen Stürmen oder friedlichen, sonnigen Ozeanen heraufbeschwören. Mit dem Geist beleben wir alles, was wir erschaffen. Unsere Kunst macht aus allen Erlebnissen Energieformen.

Damit ziehe ich durchaus Parallelen zu Daniels fünf Elementen mit ihren unterschiedlichen Eigenschaften. Mir ist die Kraft dieser alten Metaphern bewusst, doch ziehe ich es vor, sie zurück in das Leben des Körpers zu holen. Mir fällt dann auf, dass die Zeichnung der Energiefelder und der sieben Energiezentren den geschlechtslosen, engelhaften Körper eines einsamen Menschen darstellt. Augen und Mund sind geschlossen, die Arme hängen kraftlos an den Seiten herunter. Ich möchte die musikalische Energie jedoch eher in einem tanzenden und singenden Körper verwirklicht sehen, der alle seine Teile bewegt, emporstrebend im Raum der Imagination und der Verbundenheit, leidenschaftliche Melodien schaffend, die zum Mitmachen einladen und Energie oder Ruhe verströmen. Ich sage es noch einmal: Musik ist der Klang eines sich bewegenden Körpers, selbst wenn er eine in sich zentrierte Ruhe darstellt, die uns still werden lässt.

Daniel erwähnt das Gehirn und die neueren Forschungen über Emotion und Kognition. Wir sind alle gespannt, was uns die neuen Erfindungen über die Vorgänge lehren können, die in unserem Kopf ablaufen, wenn wir denken, fühlen und uns auf verschiedene Arten bewegen wollen oder auf andere Menschen reagieren (Adolphs 2003; Decety & Chaminade 2003). Die Wissenschaft nähert sich in kleinen Schritten einem umfassenderen Verständnis der Motivation – der geistigen Werte, die Körper und Geist beleben. Sie entdeckt immer wieder neue Schwellen und Ausgleichsmechanismen der Motivation, und dies auf vielen Ebenen, bewussten und unbewussten, auf denen sich die Lebensenergie sammelt und verausgabt.

Die kognitive Gehirnforschung tut sich schwer mit inneren Prozessen. Diese Prozesse steuern uns auf einer unterbewussten Ebene und lösen Gefühle des Wohlbefindens aus, der Qualen, der Entschlusskraft oder der Erschöpfung und signalisieren antizipatorisch in unseren sozialen Beziehungen warnende Emotionen, Freude und Ängste (Panksepp 2000). Wir wissen, dass die expressive Intelligenz, die wir mit unseren Augen, unseren Lippen und unserer Stimme ausdrücken und die den Wechsel von Freude und Ärger im zwischenmenschlichen Leben übermittelt sowie den Beziehungen, aber auch uns selbst, moralische Werte zuordnet, sich aus Systemen heraus entwickelt hat, die Atmung, Blutzirkulation, Nahrungsaufnahme und Verdauung regulieren. Aufregung und Gefühle des Wohlbefindens oder einer mangelnden Gesundheit sind Teile des Kontrollmechanismus, der den Stoffwechsel und den Lebensenergiehaushalt der Gewebe und Organe in uns überwacht. Dieses Verständnis erklärt, warum Musik unsere Vitalität und Gesundheit so tief beeinflusst und wie sie in der Therapie angewendet werden kann (Trevarthen & Malloch 2000; Panksepp & Bernatzky 2002).

Die Tatsache, dass das Bewusstsein in der rechten und in der linken Gehirnhälfte von unterschiedlicher Natur ist, verwirrt und fasziniert zugleich und dürfte von größtem Interesse für das Verständnis emotioneller Pathologien sein (Schore 2003). Die Gehirnhälften scheinen wie Bruder und Schwester zu sein, was Bewusstsein und Gefühlsleben anbelangt, wobei sie subtile Unterschiede in Intelligenz und Persönlichkeit aufweisen. Die rechte Gehirnhälfte dürfte mehr emotional, musikalisch und weiblich sein und sich schneller entwickeln, bevor wir die Sprache erwerben. Doch gibt hier es viele Paradoxien.

Die Geschichte, die uns die Neuropsychologie zur Zeit erzählt, ist zweifellos ziemlich provisorisch. So heißt es beispielsweise, ein Linkshänder-Mädchen würde früh sprechen können und vermutlich gerne und gut singen. Ein Linkshänder-Knabe habe hingegen selten diese Talente, dafür habe er ausgeprägte visuell-räumliche Interessen. Wo aber bleibt hier die Idee, dass die linke Gehirnhälfte männlich und die rechte weiblich ist? Ich denke, die kognitiven und strukturierenden Unterschiede, auf die psychologische Tests der Intelligenz der linken und rechten Seite des cerebralen Cortex hinweisen, widerspiegeln eine tieferliegende und wohl ältere Links-rechts-Asymmetrie der Motive. Diese befehlen dem Körper entweder, draufgängerisch zu handeln – mit entsprechend komplizierten, zielgerichteten motorischen Abläufen und in der Hoffnung, dass dafür ausreichend Energie vorhanden sein wird – oder aber darauf zu achten, seine Ressourcen und die des Individuums zu schonen, weil sie einen größeren Überblick über die weiteren Umstände besitzen und wohlwollende Signale an andere empfindsame Individuen aussenden möchten.

Alle verfügbaren Resultate weisen auf eine komplexe und variable Komplementarität hin, die zwischen den Gewebeteilen in den verschiedenen Lappen des Cortex besteht und zugleich lediglich das bunte Blätterwerk im Baldachin des Waldes der neurologischen Systeme darstellt, dessen Wurzeln weit nach unten reichen, oft außer Reichweite der funktionalen Bilder des Gehirns. Überdies ist die Informationsverarbeitung des Gehirns, was Planung und Steuerung der Handlungen anbetrifft, derart schnell, dass unsere Aufnahmegeräte selten mehr als ein verwischtes Zeichen dessen aufzuzeichnen vermögen, was gerade abläuft. Ich wage die Behauptung, dass die Gehirnforschung weit davon entfernt ist, die natürliche Musikalität erklären zu können. Ich zweifle sehr, dass sie viel zur Erklärung von Daniels Arbeit als Musiktherapeut beizutragen hat. Hierüber sind wir uns beide einig.

Die womöglich bedeutendste Entdeckung der jüngeren psychologischen Forschung über den Ursprung der menschlichen Natur ist die, dass ein Kleinkind nicht nur äußerst empfindsam ist, was die Musikalität im Ausdruck seines Gegenübers anbelangt. Es ist auch fähig, sich zu bewegter und bewegender Musik selbst zu bewegen. Es vermag eine Melodie nachzuahmen und zu hinterfragen und kann durchaus die in ihr enthaltene Energie mitfühlen (Trehub 1999; Trevarthen & Malloch 2002). Säuglinge sind sehr hellhörig, was Puls, Qualität und Erzählungsverlauf in den Worten und Liedern ihrer Mutter anbelangt (Malloch 1999). Sie schätzen die Schönheit in den musikalischen Klängen und bewegen sich synchron zu ihnen. Sie fühlen sich bedrückt von Disharmonien oder mangelnder Übereinstimmung im Ausdruck eines Menschen. Sie empfinden ein Abwenden als Entfremdung (Stern 1999). Wenn wir die Entwicklung der Musikalität in den Spielen der Kinder und Eltern verfolgen, sehen wir, dass diese aktive Feier gemeinsamer Freude eine ernsthafte Vorbereitung auf das Erlernen dessen darstellt, was andere wissen und tun. Dies liegt in der Natur der Brücke der Verständigung zwischen Lehrer und Lernendem und hilft dem Erwachsenen, dem näherzukommen, was das Kind entdeckt, während sie zusammen diese Brücke überqueren.

Ich schätze dieses Buch vor allem für die Beweisführungen, die auf der Erfahrung des Autors beruhen. Er schöpft sie aus dem Kontakt mit autistischen Kindern, indem er ihre Ängste und Hoffnungen teilt. Die Art, wie Daniel die Entwicklung der Motive eines Kindes aufspürt, wie er den Kindern begegnet und sie zu musikalischem Spiel oder Dialog einlädt, öffnet den Blick auf eine ganze Anzahl von Themen, die nicht nur für die Therapie derart defensiver und artikulationsarmer Kinder, sondern für unser ganzes Verständnis der Entwicklung und Entfaltung des menschlichen Geistes von entscheidender Bedeutung sind.

Ich bin überzeugt, dass es Energieschwellen gibt, die ein Kind – oder auch eine Beziehung – überschreiten muss. Tatsächlich begegnet ihnen jeder Mensch, der sich auf Entdeckungsreise begibt. Sich auf eine neue Ebene der Ausdruckskraft und des Bewusstseins einzulassen, die uns neue Lebenswege eröffnet, ist nicht ohne Risiko. Dies verlangt Konzentration und will gut überlegt sein. Die Bereitschaft für neue Schritte kommt oft stoßweise, wie eine plötzliche Erleichterung. Wir haben beobachten können, dass in der normalen kindlichen Entwicklung von Kompetenz und Verständnis gegenüber der Welt regressive Perioden von Evolutionsschritten abgelöst werden. Tatsächlich offenbart sich uns das sehr frühe Kindesalter als eine Folge von Perioden mit raschen Veränderungen, die durch die verschiedenen Altersphasen bedingt sind (Trevarthen & Aitken 2003). Bestens bekannt ist z.B. die große Transformation im Alter von neun Monaten, die auch als eigentliche »Revolution« bezeichnet wird. Während dieser entdeckt das Kind die Absichten der anderen und versucht zum ersten Mal, an deren Interessen teilzunehmen, gleichzeitig neue Ideen und Werte annehmend. Dies ist eine Schwelle auf dem Weg zum Verständnis des anderen und zur Entwicklung der Fähigkeit, den Sinn der Worte erfassen zu können.

Therapeuten haben die Arbeitstheorien von »Übergängen« im normalen Verlauf der Kindheit als nützlich empfunden. Diese beschreiben das plötzliche Auftauchen von Entwicklungsschüben in Interessen, Fähigkeiten und Kommunikation und dokumentieren die Bereitschaft, aktiv an der Freude mitzuwirken, die eine kreative Tätigkeit mit sich bringt. Es ist dann, als ob man eine Blockierung entfernte oder eine Wolke sich ihres Regens entleerte. Ich glaube, dass man diese Diskontinuitäten der menschlichen Entwicklung als Folgen des Motiviationsprozesses verstehen sollte, dieses dynamischen Systems also, das die Ressourcen der Lebensenergie steuert.

Jede Handlung muss sich auf eine Vowegnahme potenzieller Risiken und Vorteile abstützen, bevor der Körper sich in die gewählte Richtung begibt. Der Geisteszustand bestimmt dabei, was mit Zuversicht vorweggenommen werden kann und welche Qualität somit die Zukunft des betreffnden Wesens haben wird. Er nimmt vorweg, wie sich ein traumatisiertes Kind oder ein Kind, dessen bisherige Entwicklung es ihm nicht erlaubte, einen zuversichtlichen Geisteszustand hervorzurufen, gegenüber bestimmten Aufgaben verhalten wird: Es kann entweder keine ausreichende Ebene der Vorwegnahme aufsuchen, um eine Handlung einzuleiten, oder es wird alles gleich vorsorglich abblocken.

Gewöhnlich erwarten wir von einem Kind, dass es verspielt auf uns zukommt, abenteuerlustig ist, überbordend, voller Zuneigung, wissend, dass wir Freuden mit ihm teilen und es bei auftretenden Schwierigkeiten unterstützen werden. Ein autistisches Kind legt einen in mancher Hinsicht entwaffnenden Widerstand an den Tag und ist zudem so sehr auf seine persönlichen Bedürfnisse konzentriert, dass wir es nicht verstehen können. Deshalb müssen Eltern, Therapeuten oder Pädagogen wie bei jedem körperlich oder sozial behinderten Kind auf feinfühlige Weise herausfinden, wo sich das Kind befindet, und sich seine Welt mit all ihren toten Winkeln und Ängsten vostellen können.

Wie uns Daniel zeigt, müssen wir auf diese Kinder zugehen und jedem Anzeichen gegenüber äußerst aufmerksam sein, das auf ein Interesse oder eine geistige Öffnung für ein begonnenes Spiel oder eine gemeinsam ausgeführte kreative Tätigkeit hinweisen könnte. Wenn Musik auf ein solch feinfühlige Art dargeboten wird, kann sie der Schlüssel zur Befreiung von Freude und Kreativität werden.

Colwyn Trevarthen
Professor emeritus für Kinderpsychologie und Psychobiologie
Universität Edinburgh

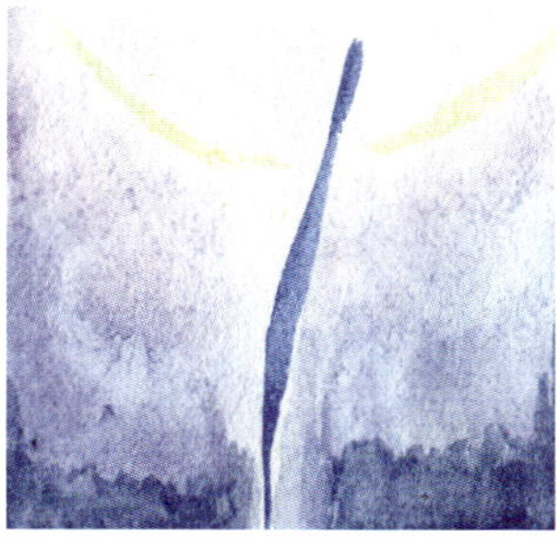

Tonart Cis-Dur, Sternzeichen Skorpion, Element Wasser[1]

JENSEITS DER NEGATIVEN GEDANKEN,
JENSEITS DER POSITIVEN GEDANKEN
GIBT ES EINE EBENE.
KOMM, ICH WERDE DORT SEIN!
Rumi

Einführung

DIE NATURELEMENTE SIND ENTFESSELT: Wir erleben Überschwemmungen und Trockenheit in nie dagewesenem Ausmaß, Stürme, globalen Temperaturanstieg und gewaltige Waldbrände. Nun, da es augenfällig geworden ist, dass wir Natur und Klima durcheinander gebracht haben und damit die Harmonie, die zwischen den Elementen lebte, beginnen wir uns zu fragen: Worauf fußte diese Harmonie, dieses Gleichgewicht? Fehlt dieses Gas in der Atmosphäre, oder ist jenes im Übermaß vertreten? Wir stellen fest, dass wir herzlich wenig wissen bis auf das, dass es sich um eine Summe von Faktoren und Elementen handelt, die aus dem Gleichgewicht geraten sind. Wir ahnen, dass uns eine Geisteshaltung verloren ging, eine Geisteshaltung, die mit Respekt, Bescheidenheit und Dankbarkeit zu tun hatte.

Dieses Buch erforscht, wie die fünf Elemente Erde, Wasser, Feuer, Luft und Raum wieder ins Gleichgewicht gebracht werden können – und fängt damit bei uns selber an. Im spontanen musikalischen Ausdruck jedes Menschen – aber auch in seinem allgemeinen Ausdruck – kann »gelesen« werden, wer er ist, welches Element unterrepräsentiert ist und welches zu stark. Mittels der Musik des Menschen und unter Einbezug eines ganzheitlichen, psycho-energetischen Verständnisses werden Umwelt und Innenwelt wieder zu einer Einheit.

Was mich dabei als Musiker und Musiktherapeut fasziniert, ist die Tatsache, dass dasselbe Wort »Harmonie« sowohl in der Musik als auch im Leben verwendet wird, ohne dass wir jedoch eine Verbindung zwischen Musik und Leben herzustellen vermögen. Wir sprechen leichthin von Harmonie in einer Beziehung, einer Familien, einem Dorf oder einem Unternehmen. Wir sprechen von »in Harmonie leben mit ...«. Doch auch hier gilt: Ist die Harmonie einmal verloren, wie können wir sie wieder zurückbringen? Was fehlt? Welches sind die Ingredienzen? Ist es wiederum eine Geisteshaltung, die verloren ging? Welche?

Gehirnforscher haben festgestellt, dass wir mit einer angeborenen Musikalität zur Welt kommen. Diese drückt sich bereits in der allerersten Kommunikation mit unseren Eltern aus. Die Forscher fanden mit Hilfe der Computeranalyse von

Tonaufnahmen heraus, dass bereits in den ersten Austauschen Rhythmen vorhanden sind, Takte, Melodien, subtile Nuancen der Intonation, also alle Ingredienzen der Musik. Bereits als Neugeborene können wir nicht anders, als uns musikalisch auszudrücken. Unsere ganze Kommunikation ist untermalt von Rhythmen des Gehirns, des Herzen, der Atmung, unserer Emotionen, die sich unweigerlich in Bewegungen ausdrücken (von den Fingerbewegungen des Neugeborenen über die Gesichtsmuskeln bis zu den Gliedern). Schon unsere Anatomie – die Tatsache, dass wir zwei Beine haben – macht, dass wir eine natürliche Anziehung zu Rhythmen mit Zweiviertel- oder Vierviertel-Takten spüren, während der Rest des Körpers (mit den unabhängingen Arm-, Hand- und Kopfbewegungen, den Herzschlägen etc.) uns gleichzeitig in polyrhythmische Muster verwickelt, also in unterschiedliche, aber simultane Rhythmen. Bereits im Bauch unserer Mutter lebten wir eingebettet in diese Mehrfachrhythmen. Unser vorgeburtliches Universum war vorwiegend ein klangliches. Wir können all dies als unsere angeborene biologische Musikalität bezeichnen.

Der bioakustische Ansatz, eine Weiterentwicklung der Arbeit von A. Tomatis, ist sogar überzeugt, dass jedes unserer Organe, jeder Muskel, jeder Teil unseres Skeletts einen Eigenton besitzt, eine präzise Frequenz also – was aus uns eine Symphonie macht! Unsere angeborene Musikalität jedoch geht weit darüber hinaus, bloß biologischer Natur zu sein. Unsere Musikalität umfasst auch unser Gedächtnis der Klänge, die wir noch im Mutterleib gehört haben: die Geräusche der Verdauung, der Herzschläge, der Stimme unserer Mutter und Lebensgefährten, die Geräusche der Umgebung, der mitgehörten Lieder und Musikstücke etc. Oft sind diesen klanglichen Erinnerungen emotionale Ladungen angeheftet. Denn all diese Klangquellen stammen von einem fühlenden Wesen, der Mutter, oder wurden durch sie in einer bestimmten Situation gefiltert und mit den ihr eigenen Emotionen und Gefühlen versehen.

Natürlich eignen wir uns im Lauf der Zeit auch eine kulturellen Musikalität an, die von der Umgebung abhängt, in der wir aufwachsen. Sie hängt zum Teil von der Musikalität unserer Eltern ab, der An- oder Abwesenheit von Musik in der Schule, einer etwaigen musikalischen Erziehung, der Musik, die wir durch Radio, Internet, CDs, Fernsehen, Filme etc. hören. Diese verschiedenen klanglichen Umwelten vermitteln uns ein weitläufiges musikalisches Gedächtnis. Seit einiger Zeit habe ich einen afrikanischen Knaben in der Musiktherapie. Ganz offensichtlich trägt er einen enormen Schatz an Rhythmen in sich, die sich von der eher ärmlichen rhythmischen Kultur der anderen Kinder klar abhebt. Seine Mutter stammt aus Kamerun. Obwohl er zuvor nie in Kamerun war, war er zweifelsohne einer nicht-europäischen Rhythmuskultur ausgesetzt gewesen.

Die kulturelle Vermittlung kann sehr wohl schon im Mutterleib beginnen, und zwar nicht nur auf akustischem Weg, sondern sehr wahrscheinlich auch über das unterbewusste Gedächtis der Mutter, also ihrem Ätherfeld. Wenn wir in einem Chor singen, klingen die Lieder danach noch stundenlang in unserem Ohr. Ja sie können jederzeit als klangliches Gedächtnis abgerufen werden oder ungewollt auftauchen. Dies ist unser Ätherfeldgedächtnis. Wir tragen es bis ans Lebensende mit uns herum. Insofern hat auch dieser Knabe im Mutterleib am Ätherfeld seiner Mutter und ihren Rhythmen, die zu seiner Musik wurden, teilgenommen. Es wurde Teil seiner kulturellen Erbschaft, ohne die Klänge und Rhythmen je akustisch gehört zu haben.

Stephen Malloch ist Musiker und Forscher in Australien. Er spricht von »kommunikativer Musikalität«, die bereits in den ersten Wochen unseres Lebens vorhanden ist (Trevarthen & Malloch 2000). Der Neurobiologe Colwyn Trevarthen unterstreicht seinerseits: »Das Neugeborene besitzt die angeborene Fähigkeit, die Dynamik der Emotionen, die den Bewegungen des Menschen innewohnen, speziell im Ausdruck ihrer Stimme richtig einschätzen zu können. Diese Fähigkeit kombiniert es mit dem Bewusstsein des Ablaufs im ›emotionalen Erzählungsverlauf‹, der die Veränderungen in der Qualität der Gefühle ausdrückt und dem Zyklen und langsame Wellenbewegungen in der Erregung und Vitalität innewohnen.« Singt eine Mutter ein Kinderlied, schließt sich das Kleinkind sogleich an, indem es seine Fingerchen und seine Arme bewegt, lächelt oder Laute von sich gibt, die oft das Ende einer musikalischen Linie vorwegnehmen und unterstreichen. Der Rhythmus, der einem Mutter-Kleinkind-Gespräch unterliegt, erlaubt es dem Kind, die Ereignisse in der Erzählung vorauszuahnen. Das Ganze wird zu einem intimen Tanz zwischen zwei Teilnehmern, der sichtbar wird, wenn man ihn filmt und dabei die Ausdrücke der beiden gleichzeitig nebeneinander verfolgt.

Neben, erstens, einer biologischen Musikalität, zweitens, einer angeborenen und, drittens, einer Musikalität, die durch die Rituale der ersten Lebenswochen angelernt oder verstärkt wird und zu den ersten Ansätzen der Sprache führt, müssen wir auf zwei weiteren Dimensionen der Musikalität zu sprechen kommen, welche die energetische Ebene betreffen. Unsere Energiefeld besitzt eine empathische Fähigkeit, die mit dem Kehlkopf-Chakra zusammenhängt. Dieses ist eng mit Ausdruck und Hören verbunden. Diese Dimension hat einen universellen oder spirituellen Ursprung, denn Musikalität umfasst eine Fähigkeit, mit sogenannten »außer«-sinnlichen Wahrnehmungen, also von jenseits der fünf üblichen Sinne kommend, auf einer sehr feinen Ebene alle Bewegungen und Ausdrucksnuancen eines Gegenübers wahrnehmen zu können. Wir können dies bewusst erfahren, wenn wir jemandem sehr aufmerksam zuhören. Es kann dann geschehen, dass sich unsere Lippen synchron mit denjenigen des Sprechers bewegen. Gleichzeitig können wir gewahr werden, wie unser Kopf, unsere Finger und Arme ebenfalls Mikrobewegungen des Sprechers mitmachen.

Colwyn Trevarthen berichtet, dass Hirnforscher tatsächlich im Gehirn ein Zentrum gefunden haben, das genau diese Beobachtungsgabe und die simultane Wiedergabe der Bewegungen von Fingern und Händen etc. koordiniert. Dies scheint zu bestätigen, dass wir eine recht weit entwickelte Fähigkeit besitzen, uns am Ausdruck eines Gegenübers bis hin zu den feinsten inneren Regungen zu beteiligen, als befänden wir uns in seiner Haut. Diese Fähigkeit erlaubt uns, eine Musikalität zu entwickeln, die die Prozesse des Geistes umfasst – und damit auch transpersonale Dimensionen wie die Inspiration aus unbekannten Quellen – und diese mitteilbar werden lässt. So erhalten wir einen Einblick in die Grundlagen unseres kulturellen Ausdrucks, der uns z.B. die Möglichkeit gibt, auf intime Weise an Visionen teilzuhaben, sie auszudrücken, sie zu vermitteln und diesbezügliche Konzepte auszuarbeiten sowie Intuitionen oder Empfindungen in Musik zu fassen, die der gesprochenen Sprache größte Schwierigkeiten bereiten würden.

Meine eigene Erfahrung deutet darauf hin, dass karmische Erinnerungen auch über Klang vermittelt werden können. Wir können uns an Szenen aus vergangenen Leben erinnern, deren klangliche Umstände gleich mitgeliefert werden. Manchmal scheint es allerdings umgekehrt zu sein: Ganze Szenen hängen an einer klanglichen Erinnerung. Wir können uns zudem zur Musik bestimmter Kulturen hingezogen fühlen, mit denen wir womöglich eine karmische Beziehung haben. Nach meinem Verständnis stammen auch unsere spirituellen Qualitäten von vergangenen Leben. Von den sieben Arten von Qualitäten bezieht sich eine auf die Eigenschaften Harmonie, Schönheit, Rhythmus und Sinn für Ausgleich oder Gleichgewicht. Ganz offensichtlich bringt jemand musikalische Fähigkeiten mit ins Leben, wenn er mit dieser Qualitätsart geboren wurde.

Während die Musikalität in den ersten Monaten unseres Lebens weitgehend biologischer Natur sein dürfte, wird sie im Lauf der Zeit der Ausdruck unserer Emotionen, unserer Gefühle, um schließlich zum Spiegel unserer spirituellen Qualitäten zu werden. Unsere biologisch angeborene Musikalität wird zu einer erworbenen Musikalität, die durch unseren Willen transformiert wird, durch unseren Durst danach, eine echte Harmonie im Leben zu finden.

Wenn wir uns musikalisch ausdrücken, teilen wir immer etwas mit, meist Empfindungen in unserem Innersten, Impulse von jenseits unserer eigenen Person, gleichgültig, ob dies durch Gesang, Tanzbewegungen oder mittels eines Musikinstruments geschieht, ob improvisiert, interpretiert, beim Niederschreiben einer eigenen Komposition, sei es im Rahmen eines Musikunterrichts, unter Freunden, in einem Konzert, in einer therapeutischen Situation, als Amateure oder professionelle Musiker.

Um die Dimensionen besser verstehen zu können, die eine therapeutische Arbeit bestimmen, scheint es mir unabdingbar, eine globalere Vision einzubeziehen, die sich auf eine eigentliche Kosmogonie bezieht. Dies zwingt uns, ein ganzheitliches Verständnis zu suchen, eine Ahnung des »All-Einen« zu haben. Wir müssen unsere eigene Einstellung bezüglich einer globaleren Harmonie hinterfragen und herausfinden, auf welche Weise unser persönliches Wohlergehen mit demjenigen unseres Planeten zusammenhängt, mit demjenigen anderer Völker, nah und fern, ja mit den Rhythmen und Zyklen des Himmels. Harmonie kann *per definitionem* nicht nur Teilaspekte umfassen. Die Weltereignisse erinnern uns eindringlich daran. Die Ausbeutung und Demütigung von Menschen und Völkern wie auch der Natur geht uns alle an. Das ist keine moralische, sondern eine Überlebensfrage. Die betroffenen Menschen und Naturelemente scheinen immer Wege zu finden, uns daran zu erinnern. Lebewesen und Elemente lehnen sich auf. Für gedemütigte Menschen sind Selbstmordanschläge der Ausdruck einer Verzweiflung, auch wenn sie nicht oft genug als solche verstanden werden und ihrerseits auch wieder Verzweiflung auslösen. Auch die Natur ruft sich besonders in den letzten Jahren in Erinnerung durch Erdbeben, spektakuläre Überschwemmungen, Waldbrände, Stürme und Tornados sowie unerklärbare Perioden großer Trockenheit. Es ist an Zeit, radikal umzudenken.

Aus diesem Grund werde ich näher auf den Ansatz der fünf griechisch-indischen Elemente eingehen: Erde, Wasser, Feuer, Luft und Raum. Dies wird uns erlauben, eine differenzierte Beziehung zwischen der Qualität des musikalischen Ausdrucks und dessen inneren Wurzeln als Quelle unserer Musikalität herzustellen. Dieser Ansatz stellt den Bezug zur Natur her, zu den Tieren wie auch zu den unsichtbaren Aspekten und ermöglicht es gleichzeitig, gefühlsmäßige Qualitätskriterien zu unterscheiden (siehe auch den Anhang zur qualitativen Forschung). Das Verständnis der Wirkungsweise der Energie bringt unschätzbare Einsichten. Zudem: Energie verbindet. Der energetische Ansatz lässt keine Zerstückelung zu.

Wir können durchaus erkennen, ob ein Musikstück oder ein Orchester, eine Band harmonisch ist oder nicht. Was die Musikinstrumente anbelangt, können wir sie stimmen – »stimmig machen«. Aber darüber hinaus ist es weitaus schwieriger, den Finger auf diese oder jene unstimmige, disharmonische Komponente zu legen. Wir enden bald beim Ausdruck »Musikalität«, worunter wir die Sensibilität des Musikers verstehen, die mitwirkenden Elemente so einzubeziehen, dass sie sich in ein harmonisches Ganzes einfügen. Es bleibt uns nichts anderes übrig, als diese Fähigkeit letztlich einen Geistes- oder Bewusstseinszustand zu nennen, denn Musikalität ist ein Spiegel dessen, was wir in uns tragen, und dessen, was in uns im Werden begriffen ist. Der musikalische Ausdruck kann mit einem Fingerabdruck des Musizierenden verglichen werden. Ein getreuer Abdruck, der einzigartig und nicht vom Willen bestimmt ist.

Ich werde mich in diesem Buch auf einige Definitionen abstützen. »Musikalität« soll als die Fähigkeit verstanden werden, die qualitativen Aspekte der musikalischen Kommunikation handhaben zu können insofern, als diese Aspekte unter anderem tiefere Schichten unseres Bewusstseins ausdrücken. »Harmonie« dient der Beschreibung eines momentanen Gleichgewichtszustands eines Systems. Dieses System kann ein Musikstück sein, eine Person, ein Ehepaar, eine Menschengruppe oder ein ganzes Ökosystem.

Wenn wir das Wort »Kreativität« verwenden, denken wir an die natürliche schöpferische Kraft, die Vitalkraft, die sich durch uns ausdrückend fortwährend und auf natürliche Weise neue Lösungen anbietet. Ihr Ziel ist, dass wir uns optimal der sich ebenfalls fortwährend ändernden Umwelt anpassen, ja diese Veränderungen vorwegzunehmen vermögen. Die Kreativität kann verschiedenen Ursprungs sein: emotionaler, intellektueller oder spiritueller Art.

Mit dem Wort »Musiker« schließe ich auch Amateure ein, alle diejenigen, die auf der Suche nach einer Magie der Töne sind, nach etwas, was sie fasziniert, wenn sie singen oder auf einem Instrument spielen, wie einfach dieses Musikinstrument auch sein mag.

Wenn wir Musik ausüben, haben wir die einmalige Gelegenheit, Harmonie zu praktizieren und sie besser verstehen zu lernen. Ich bin überzeugt, dass dieses Ausüben eng mit unserer Geisteshaltung verbunden ist. Diese innere Haltung kann etwa als Fähigkeit definiert werden, global oder intuitiv die Komplexität der am harmonischen Geschehen beteiligten Elemente zu erfassen und diese Gesetzmäßigkeiten fortschreitend besser zu verstehen. Ich bin fest davon überzeugt, dass wir das Wortes »Harmonie« nicht zufälligerweise sowohl im Leben wie in der Musik gleichermaßen verwenden.

Dieses Buch ist deshalb der Erforschung dessen gewidmet, was Musikalität und Harmonie im Leben wie in der Musik ausmachen, das heißt es geht um die Anwendung der Gesetze der Harmonie, ob in der musikalischen Erziehung, dem künstlerischen Ausdruck, in der Musiktherapie, der Klangtherapie oder in der Arbeit an sich selbst. Es liegt mir daran, auf die zahlreichen Brücken hinzuweisen, die zwischen Musik und Leben bestehen und zu belegen, dass es sich hier um ein- und dasselbe Phänomen handelt, dass es zwischen Leben und Musik im Grund genommen keine Trennung gibt.

Ein Hauptanliegen ist, aus der Beobachtung eines musizierenden Menschen schließen zu können, was ihm fehlt, um mehr in Harmonie zu sein und zu klingen. Ich werde auf neuere Arbeiten auf dem Gebiet der Hirnforschung hinweisen, die diese Brücken untermauern. Einige Hirnforscher gehen sogar so weit, zu behaupten, dass sich jeder musikalische Ausdruck auf Vorgänge im Gehirn zurückführen lässt, die mittels hochtechnischer Scanner direkt beobachtet werden können. Ich werde mich weitgehend auf das Ausüben von Musik, das Musizieren konzentrieren. In meinem letzten Buch bin ich ausführlich auf Musik auf Tonträgern eingegangen (Perret 1998).

Gleich, ob es sich um Musiker, Sängerinnen, Musiklehrerinnen, Amateure, Musiktherapeutinnen oder Klangtherapeuten handelt, alle haben eines gemeinsam: Sie verwenden Klänge nach den Gesetzen der Harmonie. Selbst wenn ihre Ziele nicht dieselben sind, sind ihre praktischen musikalischen Verfahren miteinander verwandt. Ich schlage vor, keinen grundsätzlichen Unterschied zwischen Therapie und persönlicher Entwicklung oder geistiger Entfaltung zu machen. Denn es sind letztlich nur zwei Bedürfnisse ein und desselben Menschen, zwei Äste desselben Baums. Der eine hat mehr Bedeutung in Krisenzeiten, der andere entspricht einem permanenten Bedürfnis.

Harmonisieren bedeutet demnach, sich der verschiedenen Elemente und Dimensionen bewusst zu werden, die an einem gegebenen Prozess beteiligt sind, und dafür zu sorgen, dass sie ihrem realen Stellenwert gemäß berücksichtigt werden. Dies verlangt, das Augenmerk den unterschiedlichen Ebenen und Akteuren zuzuwenden und sie vor allem zu respektieren. Denn Harmonie kann erst entstehen, wenn jedes Bestandteil entsprechend seinem Potenzial und seiner tieferen Natur einbezogen wird. Wie kann man z.B. Musik unterrichten, ohne den lernenden Menschen als Ganzen zu berücksichtigen, ohne ein Verständnis davon zu suchen, welche Beziehung zwischen Lernhindernissen und den innerpsychischen Strukturen, den tiefsten inneren Bedürfnissen jenes Menschen besteht? Erst wenn wir die Beziehungen aufdecken, die zwischen dem Ausdruck und dem psycho-energetischen System der Person bestehen, können wir an deren Musikalität, an der Qualität ihres musikalischen Ausdrucks arbeiten, an ihrer Freude am Musizieren, der Intensität in ihrem Spiel oder an ihrer Ausstrahlung.

Viele Musiker, Komponisten und Therapeuten haben das Bedürfnis, zu lernen, wie wohltuende, regenerierende Klangräume entstehen, nach welchen Regeln sich Harmonie und Magie einstellen, wie sie die Wurzeln der Musikalität besser verstehen können. Die Sinnfrage drängt sich auf.

Ich wende mich hier daher an die Amateure im reinen Wortsinn – *amare* heißt lateinisch »lieben« –, also an die Musikliebhaber, die gerne Musik hören, aber auch spielen, im spielerischen Sinn des Wortes. Wir werden sehen, dass wir das Wesentliche in der Musik schon mit unserer Stimme, einer einfachen Klangschale oder einer Handtrommel ausdrücken können. In allem, was ich in Bezug auf Musik unternehme, setze ich mich dafür ein, Musikinstrumente spielerisch zu verwenden, auch wenn sie noch so einfach sind. Sich der kreativen Dimension zu öffnen, beginnt unweigerlich beim Spielerischen, beim Experimentieren und geht über das Bekannte hinaus. Es ist ein Geburtsrecht jedes Menschen, sich spontan musikalisch ausdrücken zu dürfen, unabhängig von der Musikgattung. Harmonie zu üben betrifft uns alle, gehört uns allen, wie jegliche andere Art kreativen Ausdrucks. Denn Kreativität ist der Ausdruck – in Gedanken, Wort oder Tat – einer Suche nach der adäquaten Anpassung an eine Welt, die in ständiger Veränderung begriffen ist. Sie kann diese Veränderungen vorausahnen lassen und Visionen ermöglichen, die Strategien und Lösungswege aufzeigen.

Weil zu viele Menschen im Musikunterricht nicht das finden, was sie eigentlich suchen, sind neue Wege dringend notwendig. Es liegt im Wesen der Musik, dass sie uns im Herzen trifft, Himmel und Erde in uns zu vereinen sucht, unsere tiefsten Wünsche und Bedürfnisse anspricht. Musikunterricht ist angewandte Philosophie. Gleichzeitig lässt sie uns damit die Distanz zwischen Wunsch und Wirklichkeit doppelt schmerzlich empfinden. Sich dem Schönen, der Liebe, der Harmonie auszusetzen, lässt uns die Disharmonien in und um uns deutlicher spüren. Das ist die Rolle der Musik. Wenn wir dem nicht Rechnung tragen, führen wir Musikschüler, Musiker, Amateure in den Schmerz und manchmal wohl auch in Frustration und Verzweiflung. Musik lässt uns die Nähe zur »Quelle« und gleichzeitig unsere Distanz dazu erfahren. Die Zeit, in der wir leben, lässt uns diesen Zwiespalt, die Disharmonien noch schmerzhafter erleben. Die Musik gibt uns ein natürliches Umfeld, um die Gesetze der Harmonie zu verstehen und einzuüben (Biesenbender 2001). Wenn wir sie in der Musik nicht verstehen und handhaben lernen, dürfte es schwer fallen, sie in Bezug zu Umwelt, Familie, Schule und Arbeit wiederherstellen zu können. Der Zugang zur Musik über unser Empfinden ist ausschlaggebend (Perret 1998).

Wenn wir Musik unterrichten, sollten wir uns daran erinnern, dass Notenlesen, die technischen Aspekte des Instrumentalunterrichts, die Geschichte der Musik, Geburts- und Todesdaten eines Komponisten, ja sogar ihren Namen und Geburtsort zu kennen, sämtlich Disziplinen der linken Gehirnhälfte, also des Intellekts sind. Das Wesen der Musik befindet sich woanders. Musik bewegt unsere Herzen.

Seit mehr als zwanzig Jahren beobachte ich, was geschieht, wenn Musik und Klänge als therapeutische Werkzeuge angewendet werden. Dabei ist mir klar geworden, in welch hoch spannender Zeit wir leben, was einerseits die Anwendung von Musik und andererseits die Erforschung unseres Gehirns anbelangt. Ich stelle jedoch auch ein Niemandsland fest, das sich scheinbar zwischen Musik- und Klangtherapeuten ausgebreitet hat. Dies scheint mir der Sache nicht dienlich. Ich war glücklich darüber, im Nordic Journal of Musictherapy Dorit Amirs Artikel über die Notwendigkeit, eine qualitative Forschung in der Musiktherapie auf neuen Paradigmen zu gründen (1999), zu lesen. Sie beschreibt darin unter anderem den Ansatz der *Grounded Theory*, einer »geerdeten Theorie« (Glaser & Strauss 1967) als etwas Einfaches, Grundlegendes und in der Beobachtung der Phänomene, so wie sie sich in der Wirklichkeit offenbaren, Verankertes. Ich führe diese im Anhang näher aus.

Ich werde im Verlauf dieses Buchs meine Entdeckung von neuro-musikalischen Schwellen darlegen. Es handelt sich dabei um bedeutsame Veränderungen, die in einem Menschen vorgehen, wenn er an bestimmten musikalischen Aufgaben arbeitet, die ihm zunächst Schwierigkeiten bereiten. Wir sprechen hier von im Grund genommen einfachen Aufgaben. Keine logischen Ueberlegungen erklären die erlebten Schwierigkeiten, und dennoch kann man manchmal Wochen und Monate mit einem Patienten, Schüler oder Klienten daran arbeiten, bevor die Schwelle überwunden wird. Dies sind konkrete Brücken zwischen Mensch und Musik, Innenleben und äußerem Ausdruck. Meine Beobachtungen stammen teils aus meiner Arbeit mit Erwachsenen und zu einem großen Teil aus meiner Erfahrung in der Kindertagesklinik des Spitals von Brive in Zentralfrankreich.

Diese Schwellen oder Hindernisse im musikalischen Ausdruck eines Menschen scheinen auf innere Begebenheiten hinzuweisen. Sie sind die äußeren Zeichen innerer Blockaden auf mentaler, emotionaler und neuronaler Ebene. Dadurch, dass wir an ihnen auf musikalischer Ebene arbeiten, gelingt es, innere Strukturen in Bewegung zu bringen. Tiefgreifende, bleibende Verhaltensveränderungen sind die Folge. Ich bin überzeugt davon, dass diese gleichzeitig das Resultat innerer Veränderungen im Gehirn und in der Psyche darstellen. Ich nenne sie Schwellen, weil sie manchmal monatelange therapeutische Arbeit bedingen. Sie unterstreichen, wie wichtig es ist, sanft mit jemandem (nicht zuletzt auch mit uns) umzugehen, wenn wir offenbar nicht-logische Hindernisse im musikalischen oder im allgemeinen Ausdruck feststellen. Diese Hindernisse sind auch an der Art und Weise, wie jemand sich bewegt, tanzt oder malt oder im Klang ihrer Stimme etc. beobachtbar.

Ich bin überzeugt, dass die Veränderungen zuerst auf der Ebene der Gedanken, also im mentalen Energiefeld erfolgen. In einem zweiten Schritt wirkt dieses verbesserte mentale Feld auf das emotionale Energiefeld, was zu einer besseren Steuerung der Emotionen durch das mentale Energiefeld führt. Dies untermauert ein altes Gesetz der subtilen Anatomie: »Die Energie folgt den Gedanken«. Wir werden später sehen, dass wir unter »mental« nicht allein den Intellekt meinen.

Die »Glaubensströme« sind in diesem Zusammenhang äußerst interessant (siehe Zeichnung zu den Energiefeldern). Sie sind die erste Umsetzung des vertikal von oben einfallenden Lichtstrahls (Spiritualität, Individualität, universelle Intelligenz) in einen horizontalen, konkreten Ausdruck (grundlegende Glaubensüberzeugungen und Denkstrukturen). Die »Schaltstelle« befindet sich im Zentrum unseres Kopfs. Die zwei großen Energiekreisläufe im menschlichen Ätherfeld, die den Kopf- und den Fußbereich verbinden, machen um diese Glaubensströme herum ihre obere Kehrtwende.

Lange Zeit war die Meinung vorherrschend, dass als wissenschaftlich nur linkshirnige Betrachtungen gelten dürfen, die ausschließlich auf analytischen, logischen, sichtbaren, materiellen Kriterien beruhen. Diese Einstellung ist jedoch an sich nicht wissenschaftlich. Sie ist sogar doktrinär und überholt. Denn sie schließt von vornherein alle Beiträge unserer rechten Gehirnhälfte aus, als da sind Intuition, Empfindungen, Energie und spirituelle Dimensionen. Neue Fragestellungen verlangen jedoch nach neuen Werkzeugen der Beobachtung. Deshalb wurde zum Beispiel das Mikroskop erfunden. Unsichtbare Dinge wurden damit erstmals sichtbar und konnten darauf Teil der Wissenschaft werden.

Wir sind nun einmal mit zwei Gehirnhälften ausgestattet. Beide arbeiten vorzüglich, indem sie Empfindungen und Intuition mit Analyse verbinden. Dies kann in verschiedenen aufeinanderfolgenden Etappen vorgenommen werden. Ich beginne zum Beispiel mit einer klaren mentalen Vorstellung, worauf ich meine Beobachtung richten will. Das ist ein linkshirniger Schritt. Ich beobachte sodann das Objekt zuerst sozusagen mit der linken, dann mit der rechten Gehirnhälfte. Mit der rechtshirningen Beobachtung werden das Objekt und ich eins, das heißt ich fühle, was die Beobachtung in mir auslöst. Dabei kann ich mich gewisser Erinnerungstechniken bedienen, die zunächst kein analytisches Vorgehen verlangen, z. B. spontanes Zeichnen und Skizzieren. Dies erlaubt mir, flüchtige Empfindungen festzuhalten, die ich in der folgenden Phase dann analysieren kann.

Es ist nicht möglich, gleichzeitig rechtshirnig zu beobachten und linkshirnig zu analysieren. Das eine macht das andere unmöglich. Diese Schritte müssen klar getrennt werden. Sobald die Beobachtungsphase abgeschlossen ist, analysiere ich das Beobachtete mit meinem Intellekt. Die Kombination beider Gehirnhälften benötigt etwas Übung, wie der Gebrauch des Mikroskops übrigens auch. Die Quantenphysik versucht seit der Mitte des letzten Jahrhunderts, uns darauf aufmerksam zu machen: Wir sind Materie und Energie gleichzeitig. Es ist an der Zeit, dies zu akzeptieren.

Der menschliche Geist ist wie der Fallschirm –
beide arbeiten am besten, wenn sie weit geöffnet sind.

Ich hatte das Glück, zwei große Lehrer in Sachen Musik zu haben. Ich widme dieses Buch ihnen sowie der mündlichen Überlieferung, die sie beide ausschließlich praktizierten. Beide waren Iren. Das passte mir gut, denn ich habe seit jeher eine starke Beziehung zur keltischen Musik. Willie Reynolds lebte in der Nähe von Athlone und lehrte mich das Spiel auf den Uilleann Pipes. Dazu gehörte eine ganze Lebensanschauung und Werte, die in Irland so stark mit der mündlichen Überlieferung der Musik verknüpft sind: Großzügigkeit, Toleranz, Bescheidenheit und Respekt vor Reichtum und Präzision der mündlichen Überlieferung (Willie Reynolds 1990).

Robert (Bob) Moore hat mir während zwanzig Jahren auf eine wissenschaftliche Weise gezeigt, wie die Energiefelder des Menschen beobachtet und verstanden werden können. Er verwendete in seinem Unterricht sehr viel Musik vom Band und von CDs, indem er uns die subtilen Wirkungen der Klänge an und um uns herum beobachten ließ. Er wusste, wie eine bestimmte Aufnahme nach einer spezifischen Aufmerksamkeitsübung eingesetzt werden konnte, um die Wirkung der Übung zu verstärken. Er hat mich lange Jahre in meinem Studium des Klangheilens begleitet.

Musik hat mich seit jeher an meine wirkliche »Heimat« erinnert. Der Klang eines Dudelsacks zum Beispiel oder einer in der Ferne erklingenden Flöte haben oft eine tiefe Wirkung auf mich. Ich habe oftmals gefühlt, dass musikalische Erlebnisse und ihre Wirkungen auf uns »heilend« wirken können, in dem Sinn, dass wir uns mehr »heil«, ganzheitlicher fühlen. In alten Überlieferungen zur irischen Musik steht geschrieben, dass diese seit jeher drei Arten von Musik kennt: eine, die die Menschen zum Lachen bringt (Scherzlieder und Tanzmusik), eine andere, die sie zum

Weinen bringt (die kathartische, emotionale Seite der Musik), und eine weitere Art, die unsere Seele zu nähren versteht.

Dank der Arbeit mit den fünf Elementen Erde, Wasser, Feuer, Luft und Raum kann eine eingeschränkte Musikalität, ein Fehlen an Ausstrahlung in Zusammenhang mit spezifischen Körperzonen, entsprechenden Gedankenstrukturen, Emotionen und Glaubensüberzeugungen gebracht werden. Alle diese Zusammenhänge können eingesetzt werden, um die Qualität des (musikalischen) Ausdrucks zu verbessern, um die Hintergründe spezifischer Disharmonien erkennen und angehen zu können. Umwelt und Innenwelt vereinen sich. Die Weisheit unserer vorchristlichen Vorfahren, unser Bezug zur Natur und den Elementen wird endlich wieder greifbar. Musikalische Harmonie wird zur Harmonie überhaupt.

Der Schleier lüftet sich.

Tonart G-Dur, Sternzeichen Stier, Element Erde

1 Der psycho-energetische Ansatz in der Musik

Der psycho-energetische Ansatz in der Musik umfasst folgende Hauptmerkmale:

- die spirituelle Dimension,
- die menschlichen Energiefelder,
- die Schlüsselfunktion unserer angeborenen Qualitäten,
- die Wirkung der Klänge auf den Menschen,
- die auschlaggebende Rolle von Bewusstsein, geistiger Entwicklung, ves Fühlens und der Intuition.

Der Begriff »psycho-energetisch« erinnert uns daran, dass wir nicht nur physische und psychologische Wesen sind, sondern auch eine subtile, energetische Anatomie besitzen: Energiefelder und deren Strukturen. Um die Wirkungsweise der Klänge verstehen zu können, müssen wir deren Einfluss auf die Psyche (Gedanken, Imagination, Emotionen und Gefühle) sowie auf unsere Energiefelder beobachten. Letztere befinden sich in unserem Körper und umgeben ihn. »Psycho-energetisch« bezieht sich deshalb auf die ganze psychosomatische Dimension zuzüglich der spirituellen Ebene. Diese ist energetischer Natur, also nicht-physisch. In meinem Verständnis sind die spirituelle und die materielle Ebene untrennbar. Ich unterstreiche den psycho-energetischen Ansatz als Gegensatz zu einem rein akustischen, musikologischen, physischen oder psychologischen. Ich hebe damit auch die Bedeutung des Bewusstseins hervor, das heißt die Kombination unserer bewussten Empfindungen und Gedanken wie auch der Wirkungen der Klänge auf allen beobachtbaren Ebenen. Ohne diese Kombination von Klang und Bewusstsein sind meines Erachtens alle therapeutischen Bestrebungen im klanglich-musikalischen Bereich von nur kurzlebiger Wirkung und demzufolge von geringem Nutzen.

Ausgangspunkt: Die angeborenen spirituellen Qualitäten

Unsere angeborenen spirituellen Fähigkeiten sind der Schlüssel für tiefgehende Heilungsprozesse. In vielen westlichen Ländern besteht eine zwiespältige Haltung gegenüber der Spiritualität. Die Kirche hatte mit ihren Dogmen lange Zeit das Quasi-Monopol auf diesem Gebiet. Heutzutage hat ihre verminderte Bedeutung, die Trennung von Kirche und Staat, von Kirche und Schule dazugeführt, dass viele Menschen sich bei diesem Thema hilflos und orientierungslos fühlen. Der Einfluss der kirchlichen Dogmen ist unterschwellig in unserem Glaubenssystem immer noch verankert und wurde selten durch eigene oder neue Glaubensstrukturen ersetzt. Vieles, was mit dem Thema Spiritualität zu tun hat, wird als suspekt erlebt und lässt den Geist einer erstickenden, allmächtigen Autorität mit zuweilen sektiererischen und okkulten Tendenzen aufsteigen. Dazu kommt ein übertriebener Skeptizismus gegen alles Irrationale (rational = was in den Bereich der linken Gehirnhälfte fällt), gegen alles, was unser Intellekt nicht analysieren, messen und benennen kann. Man nennt diese Einstellung leichthin das »kartesianische Denken« und vergisst dabei, dass Descartes selbst weit über den Bereich der reinen intellektuellen Vernunft hinausgegangen ist.

Wir sind gezwungen einzusehen, dass das spirituelle Vakuum vom Menschen schlecht ertragen wird. Der steigende Medikamentenkonsum mag ein beredetes Zeugnis dafür sein. Dieser Mangel an Orientierung wird erst recht tragisch, wenn es um therapeutische Arbeit geht. Denn, kann der Mensch seinen Platz im globalen, universellen Kontext nicht erkennen, findet er schwer zu einer inneren Ruhe. Die angebotene Hilfeleistung ist amputiert. Glücklicherweise gibt es heutzutage eine Reihe qualitativ hochstehender Kurszentren, welche allen zugänglich sind, die hier nach Antworten suchen. Da es jedoch keine allgemeingültige Autorität mehr gibt, welche die Qualität des vorgeschlagenen Wegs »garantiert«, müssen wir selber zu unterscheiden lernen, was authentisch und ehrlich oder unecht ist.

Nach meinem Dafürhalten ist es im musikalisch-therapeutischen Ansatz unerlässlich, sich mit einigen wesentlichen Fragen auseinanderzusetzen, um sich eine eigene, unabhängige Meinung zu bilden: über den Sinn des Lebens, über Spiritualität, Geist, Bewusstsein, subtile Energieanatomie, Intuition, Inspiration, Tod, was nach dem Tod kommt oder vor der Geburt, Kreativität, unsere angeborenen Qualitäten und woher sie kommen.

Der psycho-energetische Ansatz unterscheidet sich von einem rein psychologischen dadurch, dass er der spirituellen Dimension des Menschen eine zentrale Rolle zuordnet. Spirituell will nicht religiös heißen, insofern Spiritualität zunächst an keine Religion gebunden ist. Der Kontakt mit unseren angeborenen Qualitäten ist der Angelpunkt des psycho-energetischen Ansatzes. Damit wird den Leiden und Traumata der Kindheit und des Lebens allgemein nicht die Hauptrolle zugewiesen. Persönlich bin ich überzeugt, dass die einzige Art und Weise, das Leiden zu besiegen, letztlich darauf beruht, ihm weniger Bedeutung zuzumessen, nicht indem wir es verdrängen, sondern indem wir es durch etwas Übergeordnetes ersetzen. Mit anderen Worten, dem Spirituellen muss mehr Gewicht gegeben werden. Der Kontakt zu unserer spirituellen Dimension gibt uns den erforderlichen Abstand, eine Vision und Kraft. Es ist nicht immer möglich, den existenziellen Problemen beizukommen, indem wir mit gesenktem Kopf auf sie losstürmen. Je mehr wir sie bekämpfen, desto mehr Energie und Wichtigkeit geben wir ihnen. Die buddhistische Tradition sieht dies ganz ähnlich.

Der therapeutische Ansatz verändert sich

»Federleicht« hatte rote, gelockte Haare. Sie war die meiste Zeit schlecht gelaunt und überraschte alle mit ihren manchmal blitzartigen Bewegungen. Jemand erhielt einen Fußtritt ins Schienbein oder bekam Speichel zugeschleudert, bevor er sich vorsehen konnte. Ihre Familiensituation war auch nicht die einfachste. Ich dachte zuerst, ich könnte sie mit einem anderen Kind zusammen in die Musiktherapie nehmen. Ich musste diesen Plan bald aufgeben, denn sie benötigte meine ganze Aufmerksamkeit. Zuerst war sie oft depressiv und hockte sich auf den Boden bei der Tür oder in einer Ecke des Raums. Dann kam eine Phase, während der sie mir dauernd auf den Rücken klettern oder auf meinen Knien sitzen wollte. Was mich jedoch faszinierte, war, wie sie mit völlig steifen Beinen tanzte, als fehlten ihr die Knie.

Wie viele der Kinder, die unsere Tagesklinik besuchen, hatte sie schwerwiegende Sprachprobleme. Wir mussten beinahe alles erraten, was sie uns sagen wollte. Nach etwa drei Monaten Musiktherapie versuchte sie mir zu zeigen, dass sie tanzen wollte. Sie hob dazu die Arme in die Höhe und bestand darauf, dass ich sie bei den Händen fasste und sie in die Höhe springen ließ. Sie wollte kleine Glockenbänder an den Fußgelenken befestigt haben. Ich nahm an, dass der Klang der Glöckchen ihr half, ihre Energie in die Füße hinunterzubringen, damit sie bei jedem Fußtritt und Stampfen eine besser Erdung erhielt. Ich hob sie wiederholt an den Armen in die Höhe, bis meine Arme schmerzten. Doch jedesmal, wenn ich damit aufhören wollte, begann sie wie am Spieß zu schreien.

Dieses Ritual dauerte Wochen, so dass ich einigermaßen verzweifelt nach einem Ausweg suchte. Glücklicherweise kam mir die Idee, dabei ein rhythmisches Lied zu singen. Nach einigen Minuten ließ ich kurz ihre Arme fahren und überzeugte sie, mit mir in die Hände zu klatschen, weiterzutanzen und zu singen. Sie ahmte mich nach, und ich ergriff dann wieder ihre Arme, um sie erneut hochzuziehen. Das nächste Mal, als ich sie losließ, gelang es uns, uns einmal um unsere eigene Achse zu drehen, bevor ich ihre Arme wieder fasste. Nach einiger Zeit konnten wir um die große Rahmentrommel herumtanzen, die sich in der Raummitte befand. In dem Augenblick geschah das kleine Wunder: Sie breitete tanzend ihre beiden Arme aus, während ein breites Lächeln auf ihrem Gesicht erschien. Während eines Bruchteils einer Sekunde schien mir, als könnte ich ein winziges blaues Sternchen oben auf ihrem Scheitel erblicken. Einige Minuten später, als wir – zu meiner Erleichterung – zu etwas anderem übergegangen waren, drehte sie sich zu mir und sagte: »Ich hab dich gern!« Ich dachte, ich schmelze auf der Stelle. Welche Veränderung!

Bevor sie die Tagesklinik aus Altergründen verließ, sagte ich zu ihr: »Erinnere dich stets daran, dass du beim Tanzen glücklich bist. Der kleine Stern, den ich auf deinem Kopf sah, der lebt permanent in deinem Herzen. Niemand kann ihn dir nehmen.« Derartige Augenblicke dürfen nicht verlorengehen, und ihr ganz wesentlicher Wert sollte erkannt werden. Sogar, wenn sie nur einen Bruchteil einer Sekunde lang dauern, können sie uns den Weg vom Leiden hinweg weisen. Deshalb ist es so wichtig, in der therapeutischen Arbeit den wesentlichen Wert unserer Qualitäten erkennen zu können. Wenn ein Patient sich an solche Momente erinnern kann, hält er den Schlüssel in der Hand zu weitergehenden Wandlungen.

»Federleicht« war überglücklich, als eines Tages eine professionelle Tänzerin in die Klinik kam, um eine Aufführung zu geben. Während der ganzen Show stand »Federleicht« und kommentierte aufgeregt, was die Tänzerin eben vorführte. Es ist nicht ausgeschlossen, dass dieses kleine Mädchen eines Tages womöglich selbst eine professionelle Tänzerin wird, eine *Danseuse etoile*, wie sie so schön auf Französisch sagen.

Unsere Beobachtungen lehren uns, dass sich der spirituelle Teil unserer Aura ganz am äußeren Rand unseres Energiefelds befindet, ungefähr auf Armlänge vom physischen Körper entfernt. Die spirituelle Aura umgibt uns vollständig und stellt die feinste und am schnellsten vibrierenden Sphäre des Energiefelds dar. Dies macht sie zur durchdringendsten Kraft, über die wir verfügen.

Wenn wir den Kontakt zu unserer spirituellen Dimension herstellen, gewinnen wir eine völlig andere Perspektive gegenüber unserer persönlichen Geschichte. Wir erhalten eine gewisse Distanz zu all dem Leiden in uns. Spiritualität versieht uns mit einer Vision, einem Überblick. Sie stärkt uns in unserem Innern. In dieser spirituellen Energieschicht sind unsere angeborenen Qualitäten eingelagert. Sie gehören uns allein und können uns durch keinerlei noch so schwierige Lebensumstände genommen oder beschädigt werden. Sie stehen dort zur Verfügung, um gebraucht und ausgedrückt zu werden. Es liegt an uns, sie zu aktivieren. Wir können mit ihnen Kontakt aufnehmen, indem wir unsere Aufmerksamkeit auf den Individualitätspunkt oder die Fokalisierungszone richten. Sie befinden sich beide über unserem Kopf (siehe dazu die Grafik zu den Energiefeldern). Der Aufbau des Kontakts erfordert Geduld und oft auch Beratung oder Erklärung dessen, womit wir in Kontakt kommen. Alte Glaubensstrukturen und Emotionen können uns dort hineinpfuschen.

Die Qualitäten sind individuell verschieden. Gemäß Bob Moore gibt es sieben Kategorien. Diese können als sieben verschiedene, feine Farben gesehen werden.

Jede besitzt konkrete Eigenschaften. Jeder Mensch besitzt eine, manchmal auch zwei Kategorien (Perret, 2005). Im Grunde genommen kennen wir sie. Sie sind uns nicht fremd, denn es sind unsere natürlichen Stärken. Wir haben jedoch oft Mühe, sie ernstzunehmen. Doch wenn wir sie ausdrücken und anwenden, fühlen wir instinktiv, dass wir uns auf dem »richtigen Weg« befinden. Dann kann es vorkommen, dass unsere Träume uns dies bestätigen und wir uns wie ein Segelschiff fühlen, dessen Segel endlich mit Wind gefüllt werden, der es in Fahrt bringt (Perret 1998).

In der therapeutischen Arbeit bringt der Kontakt zur eigenen spirituellen Aura sowie der des Patienten subtile, aber entscheidende Veränderungen im ganzen Ansatz. Intuition spielt hier eine entscheidende Rolle. Der Kontakt zur spirituellen Energieschicht bringt Gedankenblitze im richtigen Augenblick. Nur die Arbeit an uns selbst (siehe die Erklärung zur Zentrierungsübung im Anhang) verleiht uns die Sicherheit, diese Gedankenblitze auch konkret anzuwenden.

Ich arbeitete mit »Nachtigall«, einem fünfjährigen Knaben, seit wenigen Monaten. Er war mit seinen Eltern vor einem Jahr aus einem anderen Land zugezogen. Dort hatte er Musiktherapie erhalten, welche sich auf ein psychologisches Problem konzentrierte. Als ich »Nachtigall« zum ersten Mal sah, erkannte ich in ihm vor allem seine Lebensfreude, seine Reife und seinen starken Sinn für Autonomie. Ich hätte mich auch darauf konzentrieren können, dass er ungern das tat, was ich ihm vorschlug oder dass er mich selten direkt ansah. Stattdessen ließ ich ihn den Weg zeigen. Es stellte sich heraus, dass er liebend gern Lieder erfand und tanzte. Instrumente spielen stand nicht so sehr im Vordergrund. Er wusste ganz genau, dass ich Gitarre spielen sollte, um seine spezielle Art der Kreativität zu fördern. Binnen weniger Monate entwickelte er eine große Freude am Singen, sowohl in der Schule, wie auch zuhause, wo er französische Kinderlieder von der CD am Karaoke-Mikrofon mitsang. Die Schwerpunkt der Eltern wechselte vom Fixiertsein auf ein dominierendes Problem zu Lebensfreude. Ich schlug vor, er brauche nur zu kommen, wenn er das Bedürfnis dazu empfand und anmeldete. Denn seine Integration in Schule und Dorf ging gut voran. Er sang häufig zuhause und im Auto und erhielt kürzlich sogar die Rolle eines singenden Rockstars in seinem Schultheater.

Energie beobachten

Das Studium der subtilen Anatomie, also der Energiestrukturen des Menschen, fehlt in Erziehung, Kultur und Schulprogrammen gänzlich. Dies heißt freilich nicht, dass es sie nicht gibt. Wie für jedes Studium ist es erforderlich, dafür Zeit einzusetzen, will man sie näher kennenlernen. Energie ist ein natürliches Phänomen. Ich studiere sie seit über dreißig Jahren. Dabei geht es uns wie beim Studium der Ozeane oder des Klimas: Das Thema ist außerordentlich reich und komplex. Selbst nach all diesen Jahren wünschte ich mir, ich wüsste mehr. Oft müssen wir auch eine Hemmschwelle überwinden, eine Art negative, anerzogene Programmierung unserer Gedanken. Denn über subtile Energie zu sprechen grenzt an ein Tabu. Wir stoßn auf Vorurteile und viel Ignoranz.

Wenn es um menschliche Energiefelder geht, finde ich es ebenso irreführend, von »Esoterik« zu sprechen, wie wenn es um Quantenphysik geht. Beide, Energiefelder und Quantenphysik, sind der wissenschaftlichen Untersuchung zugänglich. Beide Gebiete grenzen aneinander. Eine zusätzliche Schwierigkeit stellt sich uns in den Weg: Dem meisten, was über menschliche Energiefelder geschrieben wird, mangelt es an gesundem Menschenverstand, Bescheidenheit und Aufrichtigkeit. Allzu oft wird uns das Blaue vom Himmel versprochen oder wild gesammeltes und wiedergekäutes Wissen vorgelegt, ohne dass dieses einer Prüfung unterzogen worden ist. Tabuierung, mangelndes Wissen, der unsichtbare Charakter der Energie, vermessene Ambitionen und Unsicherheit bilden eine Mischung, die einem gut geerdeten Studium wenig förderlich ist.

Selbstverständlich ist das Studium der menschlichen Energiefelder nicht unerlässlich. Viele Forscher machen eine ausgezeichnete Arbeit, ohne sich mit diesem Thema auseinanderzusetzen. Colwyn Trevarthen sagte mir, dass er keinerlei Bedürfnis verspüre, sich mit subtiler Energie zu beschäftigen. Denn er finde alles, was er brauche, wenn er z. B. die äußerst reichhaltige Kommunikation zwischen Mutter und Neugeborenem beobachte. Colwyns Mitgefühl, seine natürliche Großzügigkeit und sein scharfer Beobachtungssinn führen ihn dazu, dass er den subtilen Dimensionen der zwischenmenschlichen Beziehungen Rechnung trägt, ohne sie »Energie« nennen zu müssen. Ich bin zudem überzeugt, dass jegliche Evolution auf Mitgefühl angewiesen ist, ebenso wie auf eine ehrliche und detaillierte Beobachtung. Beides führt letztlich von allein zu einer Einbeziehung der subtilen Phänomene und der Intuition. Tatsache ist, dass die energetischen Phänomene ganz natürliche Bestandteile unseres Alltags sind, ob wir sie so nennen oder nicht. Viele unserer psychosomatischen Ausdrücke beziehen sich darauf, wie z. B. »schweren Herzens« oder dass einem »etwas auf den Magen schlägt«, es einem »kalt den Rücken hinunterläuft«, etwas einem »unter die Haut geht«, mir »der Kragen platzt«, etwas mir »mir Bauchweh macht« etc.

Die energetische Dimension zu verleugnen, kann allerdings schwerwiegende Konsequenzen haben. Die Entfesselung der Elemente in den letzten Jahren könnte eine davon sein. Energie verbindet alles mit allem: Menschen, Pflanzen, Tiere etc. Energie verbindet aber auch die verschiedenen Ebenen und Aspekte in uns selbst: Denken, Fühlen, schmerzliche Emotionen, den physischen Körper, unsere tieferen Bedürfnisse, die spirituelle Ebene. Energie erlaubt es, die Welt, das Leben und uns als Teile eines Ganzen zu begreifen. Genauso wie wir die Phänomene auf molekularer oder atomarer Ebene nicht begreifen können, ohne ein Elektronenmikroskop zu Hilfe zu nehmen, so können wir auch die subtilen Wirkungen der Klänge nicht verstehen, ohne uns dem Verständnis der Energiefelder gegenüber zu öffnen.

Indem wir feststellen, dass wir auch jenseits der Grenzen unseres physischen Körpers noch existieren, drängen sich uns einige Fragen auf. Wo genau hören unsere Energiefelder auf? Sind wir mit anderen Energiefeldern verbunden, mit denjenigen anderer Menschen, Tieren, der Erde, und warum nicht der Sterne? Was bleibt auf energetischer Ebene nach dem Tod des physischen Körpers? Woher stammen unsere angeborenen Qualitäten? Wo befinden sie sich vor unserer Geburt, und wohin gehen sie nach unserem physischen Tod? Wo genau befindet sich unser Geist, unser Ich? Wo entstehen unsere Gefühle? Unsere Energiefelder enthalten eine gewaltige Menge an Information. Wir können hier nicht weiter darauf eingehen. Sie sind Gegenstand eines ausgiebigen Studiums und anderer Bücher.

Wir können durchaus ohne energetische Begriffe auskommen und z. B. ein Energiezentrum (Chakra) als eine Körperzone auffassen, mit welcher wir eine Reihe von Beobachtungen psychosomatischer oder psycho-energetischer Natur verbinden können, die wir selbt in unserem Alltag machen. Zahlreiche Phänomene unseres Alltags lassen sich ohne große Mühe in das Konzept der subtilen Energie integrieren und erklären oder beziehen sich direkt darauf, ohne dass dies uns bewusst ist.

Die subtilen Energiefelder lassen sich auf verschiedene Arten beobachten. Die einen können sie mit der Hand spüren (Eindruck von Wärme, von Dichte oder Druck in der Luft, leichtes Prickeln). Oft ist die eine Hand empfindsamer als die andere. Andere Menschen wiederum können Energie mit den Augen wahrnehmen (objektiv mit offenen Augen oder subjektiv mit geschlossenen Augen), oder sie hören oder riechen sie. Es gibt auch einen aurischen Sinn, eine räumliche, intuitive Wahrnehmung, eine Art sechsten Sinn. In diesem Fall weiß man mit Sicherheit, dass vor uns im Raum oder in unmittelbarer Nähe eines Menschen eine energetische Struktur existiert, ohne sie zunächst mit einem der üblichen Sinne wahrnehmen zu können. Dieser Eindruck lässt sich danach leicht mit einem der gewohnten Sinne nachprüfen. Natürlich ändert das Beobachten von Energie unsere Auffassung von Leben von Grund auf.

Das Beobachten von subtiler Energie ist heute allen möglich, denn es gibt unter anderem ein akustisches Phänomen, welches es erlaubt, Energie zu hören. Man nimmt eine langanhaltende und relativ konstante Klangquelle, die man z. B. entlang dem menschlichen Körper oder auf ihn zu bewegt, und beobachtet dabei die Veränderung des Klangs. Eine Klangschale kann sehr gut dazu dienen, denn ihr Klang bleibt, obwohl stetig abnehmend, über eine Minute lang gut hörbar.

Die Mitarbeiter der Firma »Harmonia« in Montignac, ganz in der Nähe von uns, stellen ein speziell zu diesem Zweck geschaffenes kleines Gerät her, das sie INES nennen und das aus einem Vollmetallstab aus einer Aluminiumlegierung besteht (siehe Abbildung).

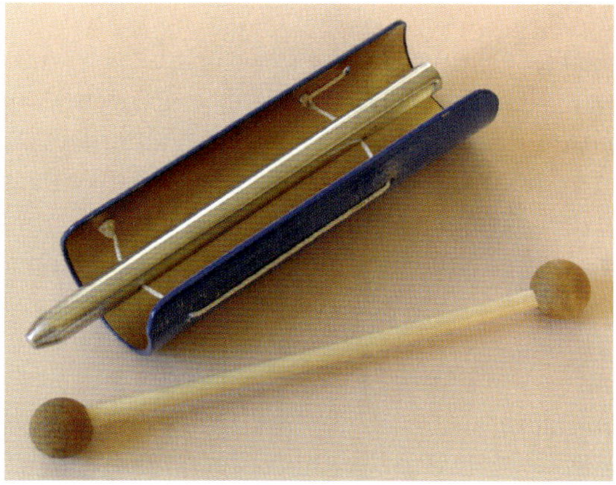

Man muss sehr gut hinhören, denn die Veränderungen des Klangspektrums sind geringfügig, doch für alle im Raum Anwesenden deutlich hörbar. Es handelt sich um Veränderungen einerseits der Lautstärke (laut – weniger laut – bis hin zum vorübergehenden Verschwinden des Tons) und andererseits der Klangfarbe (des Obertonspektrums). An bestimmten Orten kann plötzlich mehr Brillanz gehört werden oder aber das Gegenteil, eine Absorption des Klangs erfolgen. Diese Veränderungen stammen von energetischen Strukturen, denen das Klangobjekt begegnet. Sie sind nicht akustischen Ursprungs, beispielsweise durch die Klangspiegelung an einem Objekt. Dies lässt sich leicht überprüfen.

Wir können somit Veränderungen oder Strukturen im Energiefeld feststellen. Ich kann mir das Phänomen nur so erklären, dass sich am Rand einer Energieschicht etwas wie eine Membran befindet, also eine dichtere Stelle, ähnlich der Schale einer Frucht, eines Eis oder einer Körperzelle. Andere dichtere Stellen können von Energieansammlungen, etwa von Energieblockaden herrühren. Dichte absorbiert Klang in vermehrtem Maß. Dieselbe Beobachtung kann mit jedem anderen Klanginstrument nachvollzogen werden, sofern dessen Klang über die Zeitspanne von einer Minute relativ stabil bleibt: Stimmgabel, Klangschale, Metallophon etc. Mit etwas Übung gelingt dies auch mit der menschlichen Stimme. Schamanen sollen ihre Rahmentrommel zu diesem Zweck einsetzen können.

Diese Methode erlaubt es, energetische Phänomene zu lokalisieren und sie für alle Anwesenden klar hörbar zu machen. Dieses Erlebnis ermöglicht, mentale Blockaden abzubauen, die wir gegenüber der Beobachtung von Unsichtbarem haben könnten. Was wir auf diese Weise beobachten, müssen wir danach noch zu interpretieren lernen. Mit diesem Vorgehen können wir auch eine Menge energetischer Phänomene beobachten, die sich um einen einfachen Tisch, über dem Boden, um eine Hand, ein Musikinstrument oder eine Pflanze herum abspielen.

Indem wir Bewusstseinsübungen praktizieren, die unsere Wahrnehmung gegenüber ätherischer Energie verfeinern, verbessern wir auch den Kontakt zu allen Teilen unseres physischen Körpers und damit zu den entsprechenden Emotionen und dem unterbewussten Gedächtnis. Die Verbesserung dieses Kontakts erhöht unsere Wahrnehmung der subtilen Energie. So ist es uns mit etwas Übung durchaus möglich, die Wirkung unserer Gedanken auf unsere Hautoberfläche an jeder beliebigen Körperstelle fühlen zu können. Wenn wir unsere Gedanken z. B. auf den Rücken der linken Hand richten, können wir dort nach einiger Zeit ein leichtes Vibrieren, ein Kribbeln spüren. Diese kleine Übung bestätigt eine alte Regel: Die Energie folgt der Aufmerksamkeit. Dies hat gewichtige Konsequenzen für unsere Auffassung der Welt. Auf praktischem Gebiet kann es uns helfen, die Blutzirkulation in einem Fuß oder Bein zu verbessern.

Die feine Wahrnehmung setzt sich aus zwei Komponenten zusammen: aus dem mentalen Willen einerseits, unsere Gedanken irgendwohin zu richten (z. B. auf den Handrücken oder den Fuß) und andererseits aus der fühlenden, qualitativen Wahrnehmung, was an jenem Ort energetisch geschieht. Es ist diese gerichtete und empfundene Wahrnehmung, die es uns erlaubt, unterbewusste Informationen (Erinnerungen, Querverbindungen) einzufangen, die zu dieser Körperstelle und deren Energiestrukturen gehören.

Die Energiefelder und ihre Funktionen

Es bestehen keine Zweifel: Energiefelder umgeben uns, umgeben jede Pflanze, jedes Tier, jeden Stein und damit die ganze Erde. Wir brauchen uns nur dafür zu interessieren und lernen, dies selber festzustellen. Doch von der Beobachtung bis zum Verstehen ist ein langer Weg. Die Tatsache, dass sich die Wissenschaft, und damit die westliche Medizin, nicht dafür interessiert, bleibt ein Rätsel. Denn eine Wissenschaft, die diese Bezeichnung verdient, sollte einen offenen Geist haben und unvoreingenommen forschen und erweitern, was zum Wissensgebiet gehört. Es ist ihre Aufgabe, sich in den Dienst der Menschheit, der Erde und all ihrer Bewohner zu stellen. In Anbetracht all der Begrenzungen, die sich die Wissenschaft auferlegt hat, und all der Fragen bezüglich Krankheiten und Umweltproblemen, auf die sie keine Antwort findet, grenzt dieses Desinteresse an Unverantwortlichkeit. Energiefelder gibt es, seit es die Erde gibt. Sie sind seit jeher der Menschheit bekannt. Wir können sie z. B. auf den orthodoxen Ikonengemälden sehen, auf den Darstellungen von Christus oder den buddhistischen Heiligen.

Damit wir die Funktion der menschlichen Energiefelder verstehen können, führe ich ein vereinfachendes Beispiel an. Wir können Krankheiten oder Schwachstellen in unserem physischen Körper haben, die der Heilung bedürfen. Diese können von einem phyischen (Unfall, Virus etc.) oder von einem emotionellen Einfluss (Schock) herrühren. Die Ursachen können in unserem unterbewussten Gedächtnis (dieses ist nach unserem Verständnis ein Teil des Ätherfelds), im emotionalen Gedächtnis (der so genannten astralen oder emotionalen Aura) oder in unserer Art

Energiefelder und Chakren

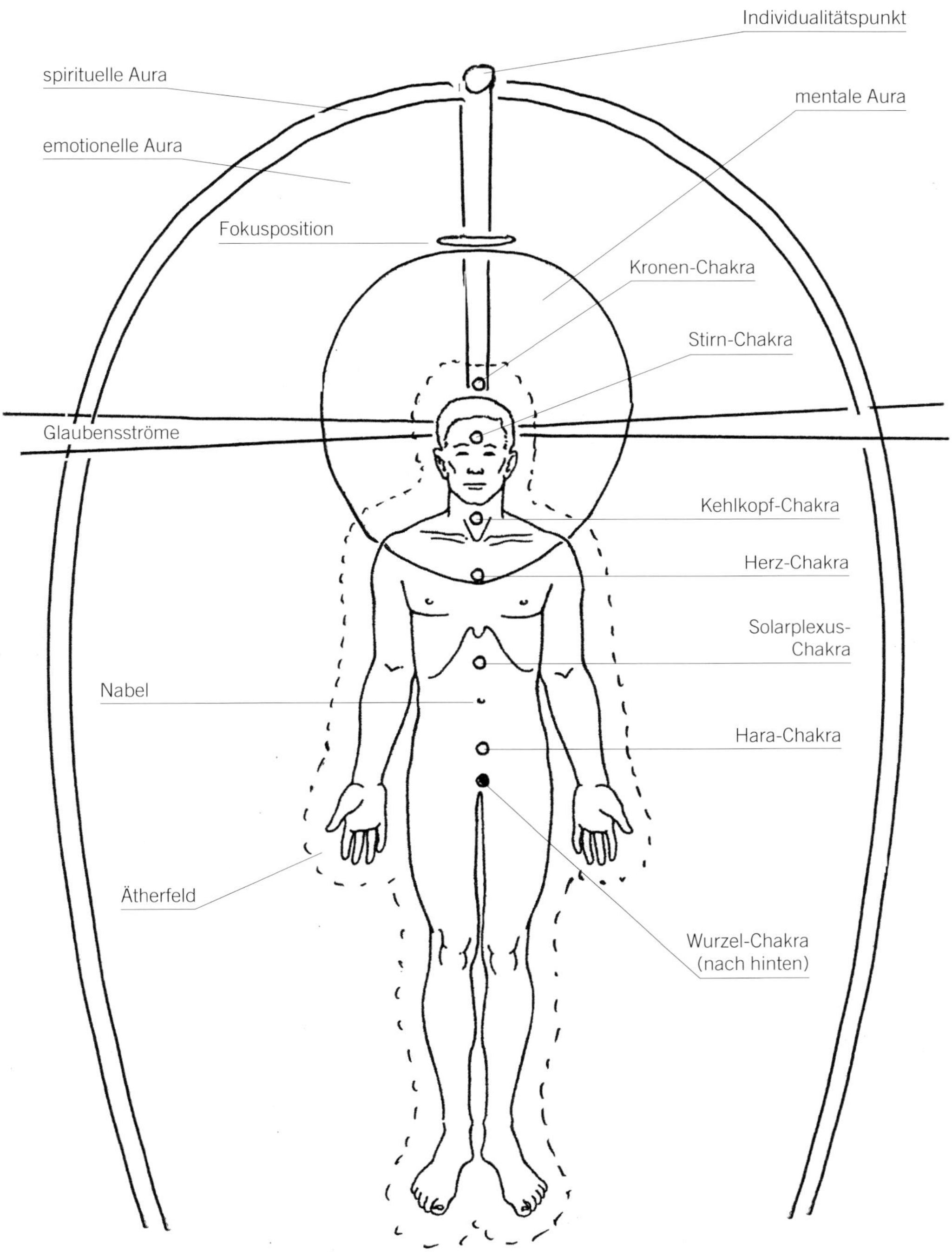

zu denken (mentale Aura) Spuren hinterlassen haben. Die Ursachen können weit bis in die Kindheit, zu unserer Geburt, in die vorgeburtliche Zeit und sogar in vergangene Leben zurückreichen.

Diese verschiedenen Ebenen zu heilen bedarf einer bewussten Anstrengung, damit wir besser verstehen können, wie wir in Beziehung zu Dem-was-Ist stehen. Das Gedächtnis jedes Energiefelds erinnert uns an die Ursachen eines Ungleichgewichts und wie wir womöglich selbst dazu beigetragen haben. Wir benötigen diese Erinnerungen, damit wir geistig wachsen können. Das bedeutet auch manchmal, auf falsche Entscheidungen aus der Vergangenheit zurückzukommen, um sie zu ändern.

Die Aura oder die menschliche Energiehülle umfasst im Wesentlichen vier verschiedene Energiefelder:

- den Ätherkörper oder das ätherische Energiefeld,
- das emotionale Energiefeld,
- das mentale Energiefeld sowie
- den spirituellen Teil der Aura.

Ich verwende die Begriffe »Aura« und »Energiefeld« synonym (siehe dazu die Zeichnung der Energiefelder auf der vorigen Seite). Das Verständnis der Energiefelder benötigt ein lebenslanges Studium. Alles, was wir hier über Energiefelder, Gehirn, Musik und die fünf Elemente schreiben, ist deshalb eine Vereinfachung. Wir sollten dies nicht vergessen.

In unserem Ätherfeld speichern wir alle Eindrücke, die wir durch unsere Sinne sammeln: Sehen, Hören, Tastsinn, Geschmack, Geruchssinn. Diese Informationen werden dort ohne Unterschied eingelagert – wie Fotos in einem Fotoalbum oder Gegenstände in einem Lagerhaus. Das Ätherfeld durchdringt den ganzen physischen Körper und reicht 12 bis 15 Zentimeter über ihn hinaus. Unser unbewusstes Gedächtnis scheint hier eingelagert zu sein, also in unserem physischem Körper und unmittelbar um ihn herum.

Die Erinnerung an einen physischen Schock, der z. B. unserem rechten Fuß zugestoßen ist, wird in dessen unmittelbarer Nähe eingelagert. Dies schafft eine Behinderung oder Blockierung des Energieflusses an dieser Stelle. Blockierungen in unserem Ätherkörper können mit der Zeit körperliche Beschwerden verursachen. Beobachtungen bezüglich ungewöhnlicher Energieansammlungen in unserem Ätherkörper können demnach helfen, gewisse körperliche Krankheiten zu vermeiden, falls die Blockaden rechtzeitig festgestellt und behandelt werden.

Physisch empfundene Schmerzen können auch von anderen Energieschichten herrühren (ätherisches, emotionales bzw. mentales Energiefeld) und gelindert werden, wenn mit der der betreffenden Energieschicht gearbeitet wird.

Wir können mittels Klängen und Energiebehandlungen Energie verteilen, einen Energiefluss wieder herstellen oder aktivieren. In aller Regel wird der Patient jedoch vermehrt sein Bewusstsein auf diese Stellen richten müssen. Schmerz z. B. lässt uns automatisch unsere Hand auf die Stelle legen, eine Salbe auftragen oder darauf blasen. Dies trägt dazu bei, dass wir vemehrt unser Bewusstsein auf die Stelle richten. Wir können auch unsere Gedanken auf diese Stellen fokussieren und lernen, dort die subtileren Energiestrukturen wahrzunehmen und mit ihnen zu arbeiten.

Die emotionale Information, die sich z.B. auf einen Schock bezieht, ist im emotionalen Energiefeld eingelagert (auch astrales Energiefeld oder astrale Aura genannt). Dieses erstreckt sich von der Grenze des Ätherfelds (12 bis 15 Zentimeter über der Körperoberfläche) bis etwa auf Armlänge von unserem physischen Körper weg. Schmerzliche Emotionen scheinen in der emotinalen Aura näher beim Körper eingelagert zu werden, Gefühle eher im äußeren Teil. Das emotionale Energiefeld besitzt – im Gegensatz zum Ätherfeld – offenbar eine eigene Intelligenz. Das Astrale hat eine Tendenz, Veränderungen zu widerstehen. Mit anderen Worten, wir tun uns, wie wir wissen, schwer damit, emotionale Gewohnheiten zu verändern.

Gedankenstrukturen, die durch einen Unfall oder Schock beeinflusst wurden, werden im mentalen Energiefeld (mentale Aura) eingelagert. Die Verbindungen zwischen den verschiedenen Gedächtnisstellen und -ebenen sind meistens unbewusst. Sie können jedoch aktiviert werden, manchmal, indem wir wieder in ähnliche Situationen geraten oder aber durch eine bewusste Anstrengung, wie z.B. durch energetische Bewusstseinsübungen, indem wir über den Anlass nachdenken, darüber sprechen und uns generell mehr Klarheit darüber verschaffen.

Das mentale Energiefeld zieht sich in seinem Ruhezustand in eine kugelförmige Zone zurück, die den Kopf umgibt. Dessen Rand kann leicht mit der Hand gespürt werden. Dieses Energiefeld ist auf vielen christlich-orthodoxen Ikonen oder buddhistischen Gemälden abgebildet. Auf einigen Ikonen sind zudem der vertikale Strom vom Individualitätspunkt zum Kronenchakra eingezeichnet sowie die zwei Glaubensströme, welche sich oberhalb der Ohren horizontal auf beide Seiten hin ausbreiten. Die Glaubensströme enthalten unsere fundamentalen Glaubensüberzeugungen und grundlegenden Gedankenstrukturen, die unser ganzes Handeln beeinflussen.

Das mentale Energiefeld lagert unsere Gedanken ein. Das obere mentale Energiefeld befindet sich oberhalb unserer Ohren und unserer Augenbrauen. Die Linie entspricht etwa den Glaubensströmen (siehe Zeichnung der Energiefelder). Es lagert klare Gedanken und Symbole ein, die tedenziell weniger von Emotionen beeinflusst sind. Das mentale Energiefeld reflektiert und beeinflusst, was im physischen Gehirn abläuft. Das untere mentale Energiefeld ist stärker dem Einfluss der Emotionen unterworfen. Es befindet sich unterhalb der beschriebenen Linie. Wir finden demnach auch viele unserer Stresszonen genau im Bereich des unteren mentalen Energiefelds: Nacken, Schultern, Unterkiefer etc.

Der psycho-energetische Ansatz erklärt im Detail, was die Neurowissenschaften vor wenigen Jahren festgestellt haben, nämlich den engen Zusammenhang von Körperempfinden, Emotion, Denk- und Entscheidungsvermögen (Damasio,

1996). Ich kann auch den Artikel von Jakob Bösch »Heilen und Energiememedizin« im ausgezeichneten Magazin »Energie & Charakter« (Boesch 2003) oder sein Buch »Spirituelles Heilen und Schulmedizin« (Boesch 2002) empfehlen.

Neben dem psycho-energetischen System gibt es vergleichbare Systeme wie die traditionelle chinesische Medizin, die antrophosophische Medizin, die ayurvedische Medizin Indiens, das Medizinrad der nordamerikanischen Indianer, die traditionelle tibetische Medizin oder die konventionelle westliche Medizin. Diese Systeme widersprechen sich nicht grundlegend, sie ergänzen sich. Ich wünschte mir, Toleranz und geistige Öffnung würden sich einfinden, dies zu erkennen.

Persönlichkeitsentfaltung

Sokrates sagte es mit wenigen Worten: Erkenne dich selbst. Jeder Therapeut muss hier beginnen und damit fortfahren, solange er diesen Beruf ausüben will, damit er besser beobachten, unterscheiden und verstehen lernt. Allein das Lesen von Büchern genügt nicht. Nur die Arbeit an sich selbst bringt Erkenntnis. Persönlich empfehle ich psycho-energetische Übungen. Spezifische Bewusstseinsübungen können helfen, Energie besser wahrzunehmen, Intuition zu entwickeln, den Kontakt zu unseren angeborenen Qualitäten und denjenigen unserer Patienten herzustellen, besser zu verstehen, was Spiritualität ist und wer wir sind. Immer müssen die linke und die rechte Gehirnhälfte in ein harmonisches Verhältnis gebracht werden, Gefühl und Analyse, unvoreingenommene Beobachtung und Unterscheidungsvermögen. Das Prinzip der dahin führenden Übungen und Praktiken gibt es seit Urzeiten. Der Mensch hat sei jeher ein Bedürfnis empfunden, diese Fähigkeiten auszubauen. Doch sind wir heute möglicherweise erstmals in der Lage, zwischen einer Vielzahl von Lehrsystemen und Übungen auszuwählen. Das Wissen, das daraus hervorgeht, ist in manchen Schulungsgängen systematisiert und der Wissenschaft zugänglich gemacht worden (Bertelsen 1982; Boadella 1987; Diolosa 2000; Perret 1997; Saraswati 2000; Wangyal 2002). Doch ist Unterscheidungsvermögen gefragt. Das ist der Preis, den wir für die neu errungene Freiheit bezahlen müssen, zwischen verschiedenen Ansätzen wählen zu können.

Diese Horizonterweiterung erfordert ein besseres Gleichgewicht zwischen linker und rechter Gehirnhälfte. Die rechtshirnige Beobachtung muss lernen, Empfinden und Intuition mit Systematik und Wissenschaftlichkeit zu verbinden. Persönlichkeitsenfaltung kann nicht auf die leichte Schulter genommen werden. Denn sie zieht unweigerlich Veränderungen in unserem Leben nach sich, zeitweise schmerzliche und grundlegende Veränderungen. Bob Moore[2] beschreibt diese treffend in seinem Vorwort zu meinem ersten Buch. Zudem liegt es in der Natur unserer Emotionen (astrale Energiefelder), sich mit Verteidigungsmechanismen gegen jegliche Veränderung zu schützen. Diese dürfen nicht unterschätzt werden. So gibt es hartnäckige Glaubensgrundsätze, die sich nur widerwillig verändern lassen.

Im Prozess jeder Persönlichkeitsentfaltung kommen wir früher oder später wohl immer vor eine scheinbar unüberwindliche Mauer. Ein dicker Nebel umhüllt sie und versucht uns allerhand vorzugaukeln: Es seien die andern, die falsch liegen; die Mauer existiere gar nicht; dass wir sie umgehen könnten; dass wir sie ignorieren könnten; dass das Hindernis gar nicht so wichtig sei oder zu schwierig, nicht der Mühe wert und so fort. Mit allen Mitteln versucht der Verteidigungsmechanismus, uns glaubhaft zu machen, dass wir besser aufgeben sollten oder dass da gar kein Problem sei. Wir müssen uns deshalb mit Disziplin wappnen, mit Beharrungsvermögen, Geduld, Unterscheidungsvermögen, Mut, Vertrauen, Liebe zu uns selbst und Glauben an die Richtigkeit unseres Ziels.

Musikalität und menschlicher Geist

Welche Rolle spielt die Musik im bisher Besprochenen? Was geschieht wirklich, wenn wir spontan improvisieren? Woher kommen musikalische Einfälle? Was vermitteln wir mit diesen Einfällen? Was ist Geist? Was Bewusstsein? Könnte Musikalität eine feinfühlige Eigenschaft sein, die es erlaubt, grundsätzlich *alle* Dimensionen des Geistes auszudrücken und damit bewusst werden zu lassen?

Ich glaube, dass der musikalische Ausdruck seine Einfälle aus ganz unterschiedlichen Bewusstseinsschichten bezieht: aus dem unteren Astralen (dem Sitz der schmerzlichen Emotionen), dem oberen Astralen (dem Sitz der Gefühle von Freude, des Mitgefühls, des inneren Friedens, der Liebe, der inneren Ruhe etc.), dem unteren mentalen Bereich (dem Intellekt, oft unter dem Einfluss der Emotionen), dem oberen Mentalen (Intuition, Klarheit, Einsicht), dem individuellen Spirituellen (Seele, angeborene Qualitäten) oder dem kollektiven Spirituellen.

Der kreative Ausdruck braucht also nicht von vornherein »über jeden Zweifel erhaben« zu sein. Er kann sehr wohl seine Inspiration in trüben, emotionsgeladenen Wassern schöpfen. Um Antworten auf die gestellten Fragen zu erhalten, müssen wir woanders als nur in den physischen Manifestationen des Gehirns suchen. Denn diese machen nur sichtbar – mittels hochentwickelten neuronalen »Scannern« aller Art – was lediglich den elektrochemischen Niederschlag von tatsächlich nicht-physischen Phänomenen darstellt: Gedanken, Bilder, Gefühle, Emotionen, Intuitionen. Wir sind nicht bloß biologische Objekte.

Der Neurobiologe Colwyn Trevarthen öffnet uns eine Tür, wenn er bemerkt, dass »... Musik spielen, und in einem etwas weiteren Sinne ›die aktive Musikalität‹, bewirken die Aktivierung von Bewusstseinszuständen und die Entwicklung der Intelligenz, welche hervorgerufen wird durch die Verbindung einer explorierenden Neugier mit Kommunikation« (Trevarthen 2000). Das Hören und aktive Spielen von Musik lösen gleichzeitig eine Aktivierung verschiedener Bewusstseinsebenen aus (siehe Anhang zu den Erlebnisebenen). Indem Musik gemäß den Gesetzen der Harmonie funktioniert – und damit potenziell alle betroffenen Ebenen respektiert und in einen osmotischen Prozess zueinander setzt – erleichtert die Musik den spielerisch-experimentellen Austausch zwischen den Bewusstseinszuständen.

Damit dieser Prozess optimal ablaufen kann, ist es erforderlich, Ausdruck und Gefühl in Übereinstimmung zu bringen und damit die unmittelbare »Übersetzung« eines Einfalls in eine musikalische Sprache zu leisten. Dies erlaubt eine harmonische Integration, ein harmonisches Zusammenspiel der Bestandteile. Dabei handelt es sich um einen endlosen Prozess des Geistes, der sich den fortwährenden äußeren Veränderungen anzupassen, ja sie vorwegzunehmen versucht. Jeder hochentwickelte Organismus sucht dies zu verwirklichen, um seine Überlebenschancen zu optimieren.

Die Musiker – ob Amateure oder Profis – sind dabei selber Instrumente. Ihr geistiger Zustand bestimmt oft voraus, welche Bewusstseinsebenen sie mit Hilfe »ihrer« Musik zu vermitteln vermögen. In dem Maß, wie wir erfolgreich an unseren schmerzlichen Emotionen gearbeitet haben, befreien wir uns von ihrer Umklammerung und gelangen ganz natürlich in musikalische Bereiche, die von anderen Bewusstseinsebenen befruchtet werden.

Jeder Mensch befindet sich in einem stetigen Entwicklungsprozess, unabhängig davon, ob er sich dessen bewusst ist und ob er behindert ist oder nicht. In einem Sommerferienlager für körperlich und geistig Behinderte im schweizerischen Simmental bot ich vor einigen Jahren Musikateliers an. Als wir während unserer Improvisationen die wunderbarsten Klanggemälde entstehen ließen, waren nicht immer diejenigen die »Behinderten«, die man aufgrund ihrer Körperlichkeit hätte meinen können. Unsere Kultur produziert mehr musikalische Analphabeten, als wir gemeinhin annehmen. Die Musikinstrumente, die wir für solche Klanggemälde verwenden, erlauben jedem die Teilnahme (siehe Liste im Anhang). Melodie, Rhythmus, Dissonanzen und Harmonie im konventionellen Sinn verlieren an Bedeutung. Nichts klingt von vornherein »falsch«.

Die meisten Klanggemälde begannen auf spontane Art und dauerten oftmals bis zu einer Stunde. Jeweils eine behinderte Person wurde gebeten, zu beginnen, ganz wie sie es wollte. Selbst wenn ihr Anfang noch so minimal war, beeinflusste sie Rhythmus, Intensität und die gewählten Klangfarben. Die Klanggemälde waren denkbar unterschiedlich. Einmal »schwammen« wir durch metallige Klangwelten voller Glöckchen, Zimbeln, Klangröhren, kleiner Gongs und Metallophonen. Ein anderes Mal tauchten wir in eine Kristallhöhle ein, oder wir feierten ein imaginäres »Jahr des Drachen«. Dann wieder umgaben wir uns mit trockenen, kurzen Klängen, die uns in einen Urwald voller fremdartiger Geräusche versetzten.

Konzentration, Intensität und Freude waren für mich die Qualitätszeichen der Gruppenarbeiten. Da ging es nicht um lautes, schnelles oder virtuoses Spiel, um die Aufmerksamkeit auf sich zu lenken. Ganz in die Klangwelt eingetaucht, entdeckte jeder, wieviel Freude und Musikalität in ihm steckte. Die Unterschiede zwischen den verschiedenen Behinderungen verwischten sich zusehends. Alle schienen sich durch den Klangfluss davontragen zu lassen. Sprachbehinderungen verloren an Bedeutung, denn niemand sprach. Die Kommunikation geschah im Raum zwischen uns. Ein Gewebe entstand, aus feinen Fäden aus Klängen und Gefühlen gewoben.

Diese Art zu musizieren stellt jeden Teilnehmer auf dieselbe Stufe. Sehr selten bleibt jemand abseits. Eine besondere Atmosphäre stellt sich ein, in der sich die individuelle Kreativität entfaltet. Wenn Toleranz und Vertrauen sich ausbreiten, verbindet sich der Ausdruck mit tiefen Schichten des Unterbewusstseins. Diese steigen nach oben und können bewusst ins Leben integriert werden. Während einer freien Improvisation spinnt jeder seinen eigenen Faden sanfter Verrücktheit, doch auf niemanden wird mit dem Finger gezeigt.

Diese sanfte »Spinnerei« erlaubt den Selbstheilungskräften – dem spirituellen Teil in uns –, das Steuer in die Hand zu nehmen, auf individueller wie auf Gruppenebene. Wenn Intensität und Freude dabei sind, scheinen sie die Kontrolle zu übernehmen, wie wenn unsere Seele in direkter Verbindung mit unserem Körper und Geist stünden. Dies sind wertvolle Augenblicke für das Selbstwertgefühl. Sie erinnern uns daran, wer wir sind, woraus unsere Träume und tiefsten Wünsche gemacht sind und was letztlich unsere Seele nährt. Sie offenbaren uns den anderen und uns selbst. Gruppenimprovisationen können dem Selbstwertgefühl auf die Beine helfen und schmerzliche Emotionen in ihr empfundenes Gegenstück, wie Freude und Klarheit, transformieren. Sie können den Einzelnen wie die Gruppe einen Schritt weiter bringen. In der Musiktherapie können freie Improvisationen im Rahmen einer Familientherapie, einem Team am Arbeitsplatz, einer Schulklasse etc. wirksam sein.

Ich habe einige Jahre mit Musikworkshops in Behinderteneinrichtungen gearbeitet, in denen das Bedürfnis nach Persönlichkeitsentfaltung der Behinderten nur mangelhaft bewusst war. Zum Teil fehlte die therapeutische Dimension fast ganz und war durch Medikamente und Fernsehen ersetzt worden. Trotz einem zum Teil übermenschlichen Einsatzes von Seiten des Personals war die Überzeugung verbreitet, dass behinderte Menschen kaum ein Bedürfnis nach persönlicher Entwicklung hätten. Persönlichkeitsentwicklung wurde für einen Luxus gehalten, der »normalen« Menschen vorbehalten sei, und auch hier nur als Hobby. Meine Erfahrung und Überzeugung waren von anderer Art. Ich hatte gesehen, wie ein Licht in den Augen der Behinderten zu leuchten begann, nur weil sie fühlten, dass sie gehört wurden. Die tragische Seite war, dass eine dieser Institutionen durch einen Elternverein geführt wurde. Die Eltern waren für Anliegen, die über die Garantie der materiellen Sicherheit hinausreichten, blind geworden – für ihre Kinder, wie für sich selbst. In einer anderen Einrichtung zog ich mich zurück, weil bei den autistischen Jugendlichen keinerlei Wille nach Veränderung mehr vorhanden war. Durch Verabreichung von Medikamenten und das Fehlen eines therapeutischen Willens im Konzept der Institution war der Funke erloschen. Wie wir alle beobachten können, wird das Streben nach Lebenssinn durch übermäßigen Medikamentengebrauch (wie Antidepressiva und Anxiolytika), aber auch durch gedankenlosen Konsum von Rauschmitteln wie Alkohol, Cannabis oder anderer Geistesverführer (auf Englisch: *mind-alterers)* erstickt.

Spirituelle Entfaltung ist kein Luxus. Wenn die spirituelle Schicht unserer Aura durch Erfahrung und Ausdruck bereichert wird, profitiert nicht nur sie davon. Alle Energieschichten werden nach und nach transformiert, wenn wir uns entfalten. »Entfaltung« will hier heißen, dass der spirituelle Aspekt, der Lichtaspekt oder schlicht eine höhere Ebene das Steuer des Schiffs übernimmt. Die mit Traumata vollgesogene emotionale Schicht verliert an Einfluss. Die untere mentale Ebene wird klarer und befreit sich vom Einfluss der Emotionen auf unser Denken. Die oberen Schichten des emotionalen und des mentalen Felds gewinnen an Einfluss. Dies ist eine Definition der menschlichen Selbstentfaltung oder der geistigen Entwicklung des Menschen.

Es gibt verschiedene Definitionen, was unter Geist verstanden werden kann. Ich verstehe unter Geist ein Konglomerat, das die oberen Schichten des Astralen und Mentalen umfasst sowie die individuelle Schicht des spirituellen Energiefelds (die angeborenen Qualitäten, die Seele) und darüber hinaus die spirituellen Schichten, die wir als kollektiv oder jenseits des Individuums bezeichnen können. Der tibetische Buddhismus spricht von der Natur des Geistes (englisch: *mind)*, indem er zwischen Intellekt (untere mentale Ebene) – *sem* – und der letztlichen Essenz des reinen Geistes – *rigpa* – unterscheidet. Letztere wird als die Wurzel des Verstehens angesehen. Der Buddhismus legt nahe, dass nur die Erfahrung des reinen Geistes uns erlaubt, dessen Natur zu verstehen: »Es ist deine volle Aufmerksamkeit, ohne Fehl, erkennend und leer zugleich, nackt und wach« (Sogyal 1992). Der tibetische Buddhismus ist in seinem Ansatz, den Geist zu verstehen, pragmatisch und zugleich metaphysisch: »Worte vermögen ihn nicht zu beschreiben ... er ist ungeboren ... grenzenlos ...« (Dudjom Rinpoche in Sogyal 1992). Diese Definitionen sind klar, einfach und gleichzeitig sehr offen. Sie tragen damit dem Umstand Rechnung, dass wir über Geist und Bewusstsein recht wenig wissen.

In der indischen Philosophie, wie sie im Wesentlichen in der Jahrtausende alten Yoga- und hinduistischen Tradition vertreten wird, liegen die Gesichtspunkte sehr nahe bei den buddhistischen. In allem, was die Erforschung der Natur des Geistes anbelangt und dem, was jenseits der physischen und sichtbaren Ebene liegt, haben sowohl Buddhismus, wie Hinduismus oder der chinesische Daoismus seit Jahrtausenden ein enormes, klares und detailliertes Wissen angesammelt. Allein das enzyklopädische Wörterbuch des Yogas von Georg Feuerstein (1990) lässt uns eine scharf beobachtende, klare Wissenschaft entdecken, die auf einer konkreten, phänomenologischen Selbstbeobachtung aufbaut. Der untere Mentalbereich *sem* – der Intellekt also – wird in der indischen Tradition *manas* genannt. In der yogischen Tradition wird *manas* mit einem Sinn verglichen, denn er ist völlig von der Wahrnehmung durch die fünf Sinne abhängig. Seine Funktionsweisen sind verankert in Gier, Sehnsucht, Willen, Zweifel, Unentschlossenheit, Schamgefühl, Bücherwissen, Angst, Glauben, Mangel an Glauben und Disziplin. Die macht aus *manas* in ihren Augen ein zweifelhaftes und unzuverlässliches Werkzeug.

Der Neurologe Antonio Damasio unternimmt in seinem Buch »The Feeling of What Happens« (1999) eine tiefreichende Recherche zum Thema Bewusstsein. Er schlägt darin vor, zwischen »Geist«, »Bewusstsein«, »Gewissen im moralischen Sinn«, »Seele« und dem »Spirituellen« zu unterscheiden. Er ist der Meinung, dass das Bewusstsein eines Menschen als »Sinn, den der Mensch von sich und seiner Umgebung hat«, definiert werden kann. Er schlägt vor, Bewusstsein als Teil des Geistes zu verstehen, nämlich als dessen bewussten Teil. Denn es kann Geist ohne Bewusstsein existieren, wie wir dies bei Patienten sehen können, welche das eine ohne das andere haben. Damasio konzentriert sich danach darauf, wie sich das Bewusstsein auf der Ebene des Gehirns manifestiert. Er warnt uns jedoch, dass das bloße Verständnis der Abläufe im Gehirn, die im Zusammenhang mit Bewusstsein zu beobachten sind, nichts oder zumindest sehr wenig darüber aussagt, was den Ursprung des Universums, den Sinn des Lebens anbelangt und worauf das Ganze abzielt. Nach ihm ist Bewusstsein ein Gefühl dessen, was geschieht, wenn wir sehen, hören und berühren. Er unterstreicht damit einmal mehr, wie tief das Bewusstsein in unserem Körper und in unseren Emotionen verankert ist.

Bewusstsein und Emotionen sind in den Vorstellungen unseres Körpers verwurzelt, meint auch Bina John (2003), eine Forscherin und Kinderchorleiterin aus Toronto. Sie ist der Ansicht, dass wir, um die Beziehung zwischen Musik und Geist verstehen zu können, in die Definition von Bewusstsein die Emotionen, die neurologischen und spirituellen Aspekte unserer Erfahrungen einschließen müssen. Sie ist deshalb überzeugt, dass die Musikerziehung von einer fühlenden Grundlage ausgehen muss, die spirituelle Erlebnisse – also mit Sinn – einbezieht, damit junge Kinder motiviert werden können, Musik zu spielen. Stanley Greenspan (1997) ist ebenfalls davon überzeugt, dass die emotionale, das Gefühl betreffende Entwicklung die Basis jeglicher weiterer Entwicklungsformen darstellt. Howard Gardner unterstreicht in seiner »Theory of Artistic Development« (1994), dass musikalische Entwicklung ein holistischer und integrierter Prozess sein muss.

Für mich braucht die Definition von Bewusstsein keinesfalls eine moralische Dimension einzubeziehen, denn diese ist nur teilweise bewusst. Vielmehr umfasst das Bewusstsein unterschiedlische Ebenen unter Einschluss des Selbstbewusstseins. Das Bewusstsein ist der Teil des Geistes, der ihn befähigt, Phänomene auf verschiedenen Ebenen zu beobachten (auf der physischen, emotionalen, mentalen, energetischen etc.), indem er diese mit dem beobachtenden Selbst in Verbindung bringt. Bewusstsein hat die Fähigkeit, sich seiner selbst bewusst zu sein, also Beobachtungen mit uns in Zusammenhang zu bringen, welche unseren Körper, unser psycho-energetisches System betreffen, und sie von Phänomenen zu trennen, welche uns nicht betreffen.

Auch hier können wir nur feststellen, wie ausgefeilt und detailliert die Definitionen der buddhistischen und yogischen Traditionen sind (Feuerstein, 1990). Sie haben unter anderen den Vorteil, uns auf die zahlreichen Fallgruben und Illusionen aufmerksam zu machen, denen der menschliche Geist anheimfallen kann. In diesen Traditionen wird für die Erlangung eines wirklich freien Geistezustands vorgeschlagen, zuerst die fünf Grundfunktionen des Geistes stabilisieren zu lernen, um sich danach von ihnen klarer befreien zu können. Diese sind:

- die genaue Wahrnehmung (der materiellen Wirklichkeit),
- das intellektuelle Wissen,
- die konzeptuelle Fähigkeit (intellektuelles Wiederkäuen),
- die Schläfrigkeit (des Geistes) sowie
- das (lexikale) Gedächtnis.

Für unser Verständnis soll der Ausdruck »spirituell« die Quelle des Geistes bezeichnen, die sich jenseits des menschlichen (intellektuellen) Geistes befindet. Die Inder nennen dies *Atman*.

Musik gibt die Möglichkeit, auf all diese Schichten Einfluss zu nehmen, ohne sich in den emotionellen und intellektuellen Schichten zu verfangen. Die Tatsache, dass Musik ohne Worte auskommt, erleichtert den Vorgang erheblich. Musik ist eine mehr oder weniger genaue und umständliche Übersetzung von Ideen, Impulsen, Intuitionen und anderen kondensierten Konzepten, die uns aus höheren Schwingungsebenen zufallen. Für Damasio macht sich die Grundlage unseres Bewusstseins in erster Linie durch Bilder und nicht durch Worte kund (1999, S. 190). Die eventuelle Übersetzung in Worte und Gedanken erfolgt erst in einem zweiten Schritt. Die Eigenschaften des musikalischen Ausdrucks tragen dazu bei, eine Brücke zwischen Geist und Spirituellem zu schlagen. Diese Ausdrucksform verwendet eine spielerische, poetische, assoziative, empfundene, rechtshirnige Sprache, die es uns erlaubt, mit tieferen[3] (oder »höheren«) spirituellen Schichten in und um uns in Kontakt zu kommen. Die Suche nach Sinn, nach einer Richtung in unserem Leben (dem individuellen wie dem kollektiven) ist wohl die treibende Kraft hinter dieser angeborenen Neugierde des menschlichen Geistes. »Musikalität erscheint als ein menschlicher, psychologischer Prozess, der im Innersten verbunden ist mit der einmaligen Intensität, welche der Mensch empfindet, wenn er lernt, weitergibt und seinen Handlungen im zwischenmenschlichen Bereich einen Sinn zu verleihen sucht« (Trevarthen 2000).

Der künstlerische Ausdruck, insofern er sich durch die spirituelle Ebene führen lässt, erlaubt es, individuelle und kollektive Visionen zu erarbeiten: davon, was wir in unserem tiefsten Inneren sind und welche Richtung einzuschlagen ist, um zu überleben. Carolyn Bereznak Kenny (1996) formuliert dies in einem Artikel, der im Nordic Journal of Music Therapy erschienen ist: »Indem wir unsere Leben mit Hilfe der (improvisierten) Musik formulieren, drücken wir unser menschliches Dasein durch Musikalität, musikalische Muster und Strukturen (englisch: *patterns*) aus.« Sie unterstreicht, wie sehr künstlerische Tätigkeiten – im weitesten Sinn – bereichernd wirken und anderen erlauben, mitzuerleben und mitzuwirken, um schließlich eine Empathie entstehen zu lassen, die alle Anwesenden umfasst und ergreift.

Kimmo Lehtonen meint, dass die Musik eine Art »Meta-Denken« sei (1994), die uns praktisch mit jeder Art von »Sinnform und -struktur« in Kontakt bringt, um sie durch den kreativen musikalischen Akt in unser Bewusstsein, unser Leben zu integrieren. Er ist überzeugt davon, dass das aktive Musikspielen die psychische Arbeit und die symbolischen Prozesse des Individuums beschleunigt. Die durch die Musiktherapie ausgelösten Prozesse aktivieren das Unterbewusste des Patienten wie des Therapeuten und fördern unterbewusstes Material zutage (in Form von musikalischen Ideen, inneren Bildern, Fantasien oder mentalen assoziativen Imaginationen), die ansonsten nicht ins Bewusstsein geholt werden könnten. »Das symbolische Material, das in intensiven Musiktherapiesitzungen hervorquillt, ist eng verwandt mit der Arbeit an unseren Träumen, denn sie besitzen ähnliche unbewusste Strukturen, kondensierte Ideen, Spiegelbilder, krebsartige Seitenbewegungen, Bilder anstatt Gedanken etc.«

Wenn sich mir beim Spielen ein »Tor des Bewusstseins« öffnet, weiß ich nie, was dahinter liegt und welcher Raum sich auftut. Ich habe diese Tore in meinem ersten Buch beschrieben (Perret 1998). Es sind Momente, die auftreten, wenn wir die richtige Tonart, den richtigen musikalischen Modus, kurz, die richtigen musikalischen Bestandteile wählen. Wenn ich mich z.B. auf der Konzertharfe in die Logik einer balinesischen *Slendro*-Tonskala einlasse, komme ich über kurz oder lang in eine völlig andere Spielweise. Wenn ich eine »Aulos-Skala« (siehe Anhang) auf einer Koto spiele, habe ich mich auch schon in einem völlig unerwarteten Raum wiedergefunden, den ich »alt-hebräisch« nennen könnte. Andere Anwesende hatten ebenfalls das Gefühl, in einen unbekannten Raum transportiert worden zu sein. Beide Tonskalen sind nicht in unserem herkömmlichen Tonsystem enthalten (Perret 1998). Das Konzept der Energiefelder erlaubt uns zu verstehen – oder zumindest zu akzeptieren –, dass es sehr unterschiedliche Quellen der musikalischen Inspiration gibt.

Wenn wir uns der unterschiedlichen Herkunft und Qualität unserer Einfälle bewusst werden, können wir jene auswählen, die aus dem oberen astralen Bereich (unsere Empfindungen), aus dem oberen mentalen Bereich (abstrakte, symbolhafte aber nicht intellektuelle Musik) oder aber aus spirituellen Schichten stammen. Ich kann deshalb mit Kimmo Lehtonen nicht einig sein, wenn er in einem anderen im Nordic Journal of Music Therapy erschienenen Artikel schreibt, dass die kreativen Impulse sich darauf beschränkten, »archaische Probleme« zu lösen, die durch die Traumata unserer frühen Kindheit entstanden seien. Diese Aussage ist der Prototyp der traditionellen psychologischen Denkweise, die sich jenseits von Traumata und emotionalen Problemen offenbar keine anderen Impulse vorstellen kann.

Während einer meiner Kurse empfand eine Teilnehmerin das Bedürfnis, etwas in sich zu klären. Ein Traum der vorangehenden Nacht ließ dies als erforderlich erscheinen. Sie begann, auf Blumentöpfen zu improvisieren. Rasch gelangte sie in einen intensiven Strom des Musizierens, der in mir das plötzliche Gefühl entstehen ließ, inmitten von Hunderten von Wildgänsen zu sein, in dem Augenblick, wo sie sich von einer Wasserfläche erheben, um ihren Zug fortzusetzen. Das Gefühl war sehr lebhaft, und mir war, als hörte ich den überwältigenden Lärm all dieser Flügel und Schreie um mich herum.

Zuvor hatte jene Frau eine Energiebewegung beschrieben, die von ihrer Bauchgegend zum Herzen hinauf führte und sich dann bis in die Kopfgegend fortsetzte. Im Kapitel über die fünf Elemente werden wir sehen, dass das Wasser einen starken Bezug zur Bauchgegend hat. Die Vögel erhoben sich in das Luftelement, das die Brust- und Herzgegend symbolisiert. Dann schienen die Vögel einem Bestimmungsort zuzufliegen, den sie schon in einigen Tagen oder Wochen erreichen würden. Ich schloss daraus, dass die Kursteilnehmerin womöglich innerhalb dieses Zeitraums mehr Klarheit darüber gewinnen würde, was sie in diesem Kurs durchlebt hatte. Bilder wie dieses, mit ihrem Symbolgehalt, tauchen nicht zufällig auf. Es lohnt sich, ihren Sinn zu erspüren und sie nicht zu vergessen.

Es liegt in der Natur der Musik, unsere rechte Gehirnhälfte, unsere Gefühle aktivieren zu können. Dies erlaubt uns, in ganz unterschiedliche Bewusstseinsschichten vorzustoßen, die uns oft unbekannt und schwer mit (linkshirnigen) Worten zu beschreiben sind. Die Tatsache, dass unser Gehirn in zwei verschiedenen Hälften ausgeprägt ist, unterstreicht die Notwendigkeit, die Wirklichkeit auf zwei gegensätzliche Weisen sehen zu können. Offenbar war dies mit einem ungeteilten Gehirn nicht zu schaffen. Man hat diese beiden Wahrnehmungsarten mit der Tages- und der Nachtwahrnehmung verglichen, erhellt durch das Sonnen- und das Mondlicht. Die Wahrnehmung in einer Vollmondnacht ist ganz verschieden von derjenigen an einem Sonnentag und begünstigt das Hochkommen poetisch empfundener Fantasien. Das rechte Gehirn beherbergt die »Intelligenz des Herzens« mit dessen Fähigkeit, das Unsichtbare wahrzunehmen, die subtile Energie, die Dimensionen des Empfundenen, des Spirituellen. Die linke Gehirnhälfte ist dagegen der Sitz der intellektuellen, rationalen und materiellen Intelligenz.

Die Wirkung von Klängen auf die Energiefelder

Klänge haben die Besonderheit, durch Resonanz in die Energiefelder hineinzuwirken. Klang, Denken und Emotionen sind genauso wie die Materie letzlich nichts anderes als Vibration und Energie. Resonanz ist die Fähigkeit, durch klangliche Vibration auch ohne direkte Berührung ein benachbartes Objekt oder eine Energieansammlung in Mitschwingung zu versetzen. Die reiche Erfahrung, die seit den frühen 80er-Jahren über die klangliche Wirkung auf Organe, Muskeln und Knochen in den Forschungsgebieten Vibro-Akustik (Wigram in D. Aldridge 2005) und Bio-Akustik gesammelt wird, ist hochinteressant.

Die Wirkung von Klängen ist jedoch in aller Regel eine mehrfache und kann nicht durch vereinfachende monokausale Erklärungen erfasst werden. Es scheint, dass wir erst am (Neu-)Anfang einer Wissenschaft der Behandlung durch Klang stehen. Bescheidenheit und Geduld sind angebracht. Allerdings sind bereits zahlreiche Recherchen zugänglich, die von Medizinern, Musik- und Klangtherapeuten vorgenommen wurden.

Viele Musiktherapeuten sind jedoch noch in der Defensive, wenn das Thema der direkten Wirkung von Klängen angesprochen wird. Wahrscheinlich fehlte in ihren Lehrgängen das entsprechende Fach und damit das Werkzeug, um ihre eigenen Beobachtungen verfeinern und vergleichen zu können. Dies ist der Hauptgrund, weshalb ich das Studium der Energiefelder nahelege. Wir können die Wirkungen von Klängen aber auch über die differenzierte Pulsdiagnostik gemäß der traditionellen chinesischen Medizin messen oder mit Hilfe von allerlei medizinischen Messgeräten für Blutdruck, Herzfrequenz, Hautwiderstand, Immunglobulingehalt im Blut etc.

Beim jetzigen Stand des Wissens ist Vorsicht geboten, wenn von einfachen Ursache-Wirkungs-Zusammenhängen im Bereich der Klangwirkung gesprochen wird. Wenn wir uns nur vor Augen halten, dass an der Wirkung einer Klangbehandlung mindestens fünf Faktoren mitwirken, ist ersichtlich, dass die Beschreibung der Klangwirkungen äußerst komplex sein kann (siehe nachfolgende Aufzählung). Erinnern wir uns daran, dass jeder Mensch dank seiner kulturellen, sozialen und geistigen Herkunft ganz andere emotionale Reaktionen auf ein gegebenes Musikstück oder Klangereignis zeigt. Jeder Klang wirkt gleichzeitig auf verschiedene Ebenen und Körperstellen ein. Einige Wirkungen sind unmittelbar feststellbar, andere können erst nachts in Träumen oder Tage später auftauchen. Die Erfahrung zeigt uns allerdings, dass wir bestimmte Wirkungen erwarten können, wenn wir ein spezifisches Instrument auf eine bestimmte Art und Weise klingen lassen. Ich führe dies in meinen beiden Büchern »Meditative Heilmusik« (Perret 1998) und vor allem in »Heilklänge der fünf Elemente« (Perret 2005) näher aus.

Selbst wenn uns noch ein langer Weg bevorsteht, scheint es mir klar, dass wir mit Musik und Klängen ganz erheblich zu einer Harmonisierung und Heilung des Menschen beitragen können. In der aktiven Musiktherapie zeugt eine umfangreiche Literatur davon. Die rezeptive Klangtherapie ist sehr schnell am Aufholen. Die Wirkung der Klänge geht deutlich über eine einfache Entspannung hinaus. Damit die Wirkungen nachhaltig sind, ist jedoch die Berücksichtigung des menschlichen Bewusstseins im Behandlungsprozess Voraussetzung. Wie jede Psychotherapie will auch die Musik- und Klangtherapie keinesfalls die Medizin ersetzen, sei sie nun allopathisch, homöopatisch, westlicher oder traditioneller Art. Wie jede ernsthafte

Therapie ist sie jedoch den psychosomatischen Einflüssen gegenüber hellhörig und kennt die Schlüsselrolle des Geistes in der Harmonisierung und Heilung des Menschen.

Die fünf Faktoren der Klangwirkung

1 *Die Empfangsbereitschaft des Patienten:* Ist er/sie für eine Klangbehandlung offen? Ohne Offenheit ist die für nachhaltige Wirkungen unerlässliche Verbindung von Klang und Bewusstsein nicht gegeben.
2 *Die Anziehungsebene, auf der der Therapeut arbeitet:* Was ist seine Motivation, wie tief ist sein Kontakt zu sich selbst? Dies bestimmt die Tiefenwirkung der Behandlung.
3 *Die verwendeten musikalischen Bestandteile:* Frequenzen, Rhythmen, Klangfarbe, Tonart, Modus, Intervalle, Klangvolumen, Obertonspektrum etc.
4 *Die Qualität der Klangquelle.*
5 *Die im Raum vorhandenen Energien:* Ort, anwesende Personen, Zeitpunkt etc.

Der Einfluss des professionellen und soziokulturellen Hintergrunds des Empfangenden ist in den beiden ersten Faktoren enthalten.

Nachdem wir die Erlebnisebenen näher beschrieben haben, können wir uns nun den Qualitätsunterschieden im musikalischen Ausdruck zuwenden. Ich schlage zu diesem Zweck das metaphorische System der fünf Elemente Erde, Wasser, Feuer, Luft und Raum vor.

Tonart Ais-Dur, Sternzeichen Wassermann, Element Luft

2
Die fünf Elemente

Eine qualitative Beobachtung

ZAHLREICHE PHÄNOMENE – speziell auf dem Gebiet der Musik – bleiben unverständlich, solange wir uns auf eine linkshirnige, intellektuelle Beobachtung beschränken. Genau diese Phänomene faszinieren mich seit Jahren. So wollte ich verstehen, warum uns ein Musikstück unter die Haut geht und tief bewegen kann. Ich habe mich deshalb damit beschäftigt, wie wir qualitative Unterschiede in der Musik beobachten, unterscheiden und verstehen können. Im Lauf der Jahre habe ich sehr viel nicht-melodische Musik gehört, also in der Art von »Klanggemälden« oder »Klanglandschaften«. Diese Musikart scheint ganz besonders dafür geeignet zu sein, qualitative Merkmale und Atmosphären beobachtbar zu machen.

Worauf beruht die Beobachtung von qualitativen Unterschieden, wo es doch in »Klanggemälden« meist weder Melodie, Tonart oder Rhythmus gibt? In meinen Kursen lasse ich die Teilnehmer zum Beispiel sechs Aufnahmen von verschiedenen Didjeridoo-Spielern oder sechs verschiedene Aufnahmen von Klangschalen hören. Woher stammen die eindeutigen qualitativen Unterschiede bei Klangschalen-CDs? Eine Klangschale wird ab und zu angeschlagen, ohne Rhythmus, Melodie, Tonart etc., und dennoch steigt schnell der klare Eindruck einer bestimmten Qualität hoch. Didjeridoo-Aufnahmen sind meist auf einem einzigen Grundton gespielt. Auch hier lassen sich qualitative Unterschiede nicht logisch erklären.

Das erste Mal, als mir dieses Phänomen klar wurde, wollte ich eine bestimmte Version der »Gavotte en Rondeau« finden. Die Gavotte ist Teil einer Partita für Solovioline von Johann Sebastian Bach (Perret 1998). Ich hatte vor einiger Zeit eine sehr schöne Interpretation gehört, doch kannte ich den Interpreten nicht. Ich ging zur Stadtbibliothek und konnte dort zum Glück zwischen fünf oder sechs verschiedenen Versionen wählen. Obschon es immer dasselbe Stück war, war ich erstaunt, wie verschieden es klingen konnte, je nachdem, wer es spielte. Ich entschied mich für eine Aufnahme von Itzhak Perlman, die in meinem Empfinden ein ausgezeichnetes Gleichgewicht zwischen männlichen und weiblichen Elementen aufwies. Doch worin genau bestanden die Unterschiede zwischen diesen Versionen?

Vor demselben Rätsel stand ich, als ich mir verschiedene Aufnahmen von Gesängen der Hildegard von Bingen anhörte. Schon in den ersten Sekunden stand der qualitative Unterschied von einer Sängerin zur anderen klar fest. Seither habe ich das Phänomen mit zahlreichen Kursteilnehmern, Freunden und Musikern überprüfen können.

Als ich 1981 mein erstes Album mit meditativer Musik auf einem Flügel aufnahm, versuchte ich, die Atmosphäre von sieben verschiedenen Bäumen einzufangen. Logisch ist das Vorhaben wiederum nicht erklärbar. Ich erinnere mich, zwei der Aufnahmen Schülern einer Grundschulklasse vorgespielt zu haben, die spontan dazu Zeichnungen anfertigten. Die betreffenden Bäume wurden ihnen erst im Nachhinein genannt. Ihre Zeichnungen zeigten jedoch eindeutig, welches die Eiche und welches die Birke gewesen war.

In Kursen zu diesem Thema lasse ich oft die Teilnehmer ihre Höreindrücke mit Farbstiften zu Papier bringen, während einer von ihnen auf einem Musikinstrument improvisiert. Dabei gebe ich dem Musizierenden meistens eine präzise Vorgabe, z. B. einen »sehr breiten Fluss« oder eine »Wolke« zu spielen. Es ist immer wieder erstaunlich, wie schnell sich die Teilnehmer in dieser scheinbar unmögliche Aufgabe zurechtfinden, wie sie einerseits das Bild genau wiedergeben und wie andererseits die Zuhörer dies auch auf ihren Zeichnungen einfangen, ohne dabei das Thema zu kennen.

Durch die Anwendung von Metaphern, Bildern und Symbolen können viel umfangreichere und weitgehend unbekannte Dimensionen eingefangen werden, also auch das Unergründliche und Mysteriöse. Auch wenn wir in unserer Kultur oftmals glauben, dieser Phänomene mit Worten habhaft werden zu können, bleiben die Möglichkeiten der Sprache doch sehr beschränkt. Freilich gibt es auch Worte und Gedichte, die mehrere Verständnisebenen zu erschließen vermögen, doch scheinen Klänge und Musik noch ein Stück weiter gehen zu können. Jahrtausende alte Traditionen wussten dies, als sie das metaphorische System der fünf Elemente schufen. Sie wussten, dass sie damit das Mysteriöse, das Unsagbare einfangen konnten und dass alles, was über die nicht-materielle, unsichtbare Seite mit Worten erklärt werden kann, nicht mehr ist, als »der Finger, der auf den Mond zeigt«. Die Beschreibung mittels Metaphern wie den fünf Elementen kommt wahrscheinlich der Wirklichkeit näher, als das, was der Intellekt allein bewerkstelligen kann.

Um die Qualität des Gespielten näher erfassen zu können, ist der Einbezug der Wahrnehmung mit der rechten Gehirnhälfte erforderlich, die Empfinden, Intuition und ganzheitliche Eindrücke verarbeitet. In einem zweiten Schritt ist es durchaus möglich, das Wahrgenommene mit Präzision zu analysieren, was dann eine Tätigkeit der linken Gehirnhälfte ist. Hier nun das Vorgehen:

Eine Jahrtausende alte Tradition

Um die Gesetze zu verstehen, die die Natur im Gleichgewicht halten, wurden zahlreiche Modelle erfunden. Ich denke z. B. an das chinesische Prinzip von Yin und Yang, das in die fünf Wandlungsphasen der Energie mündet (Holz – Feuer – Erde – Metall – Wasser, oft auch die »fünf Elemente« genannt). Ich verwende jedoch die fünf Elemente, wie sie bei den alten Griechen, den Indern, den Tibetern, den nordamerikanischen Indianern und zu Zeiten des Paracelsus verwendet wurden: Erde, Wasser, Feuer, Luft und Raum. Beide Systeme sind verwandt, doch betrachten sie sehr unterschiedliche Aspekte und können deshalb nicht direkt miteinander verglichen werden. Das chinesische System ist beispielsweise auf die körperlichen Organsysteme bezogen, wobei »unser« System eher auf die energetische Ebene zielt. Die Tibeter haben eine interessante Synthese zwischen den beiden Systemen herausgearbeitet.

Ich habe den Ansatz der fünf Elemente seit 1980 in meiner Arbeit als Musiktherapeut und Musiker entwickelt, und dies mit sehr unterschiedlichen Teilnehmern: Beinderte, Nicht-Behinderte, Gefängnisinsassen, Kinder, Erwachsene, Mitmusiker, Schüler oder Komponisten. Als Quelle meiner Inspiration möchte ich vor allem Bob Moore vom Psykisk Center in Ringkøbing in Dänemark danken, dessen Kurse ich von 1979 bis 1999 besuchte. Ferner haben mir Bücher anthroposophischer Richtung und aus chinesischen, indischen, indianischen und tibetischen Quellen geholfen und vieles bestätigt, was ich im Lauf der Jahre bereits selber gefunden hatte (Bertelsen 1982; Crossmann & Barou 1996; Diolosa 2000; Gamborg 1998; Irwin 1988; Khenchen Thrangu 2002; Peukert 1976; Saraswati 2000; Satyangananda 2000; Wangyal 2002).

Der Idealzustand eines Elements ist einerseits sein Gleichgewicht im Verbund mit den vier andere Elementen und andererseits seine kontinuierliche Evolution auf eine höhere spirituelle Ebene hin. Jedes Element ist demnach in einer dynamischen Progression auf der kontinuierlichen Suche nach einem Gleichgewicht zu verstehen, dies als Antwort auf die fortwährenden Veränderungen der Umwelt. Wir können das Verhalten der Elemente sehr schön in der Natur beobachten und verstehen lernen. Wir werden später sehen, wie sich die Arbeit mit den fünf Elementen in drei Ebenen aufteilt: die äußere, schamanische, die innere, tantrische und die Arbeit auf der Essenzebene.

Auf der Gefühlsebene verbinden uns die fünf Elemente mit spezifischen schmerzlichen Emotionen sowie deren erstrebenswerte Umwandlung, den feineren Empfindungen. Das Element Erde hat einen starken Bezug zu »Unsicherheit« und »Fehlschlag« sowie zu den komplementären Merkmalen »Sicherheit«, »Erfolg« und »Akzeptanz« unserer selbst. Beim Wasser finden wir »Ärger« und »Wut« sowie ihr Gegenteil, »inneren Friede« und »innere Ruhe«, aber auch den Ausdruck von »Vitalität« und »körperlicher Harmonie« etc. Für das Feuer gelten Begriffe wie

»Angst« und »Liebe« oder »Verstehen«, für Luft »Depression« und »Freude«, und schließlich für Raum »Unterdrückung«, »Verdrängung« sowie »Ausdruck« und »Stille«.

In der traditionellen tibetischen Medizin sind die fünf Elemente ebenfalls mit den ersten fünf Energiezentren verbunden (den Chakren). Jedes Element ist damit auch an einen evolutionären Idealzustand gebunden (Khenchen Thrangu, 2002). *Chakra* ist das Hindu-Wort für die Energiezentren, die wir in unserem Energiesystem finden. Nach hinduistischer Lehre unterscheidet man 7 Hauptchakren und 21 sekundäre Chakren. Ein Hauptchakra ist nach unserer Definition ein Energiezentrum, das sich durch bewusste Arbeit an sich selbst entwickeln lässt. Die Hauptchakren für sich sowie deren Verbindungen untereinander sind äußerst komplexe Phänomene. In den verschiedenen tibetischen Traditionen (Buddhismus, Bön, Dzogchen, Tantra) sowie in den indischen Traditionen (Yoga, Buddhismus, Tantra) gewähren die fünf Elemente eine Zugang zu inneren Transformationspraktiken. Diese Traditionen greifen auf Jahrtausende alte Überlieferungen zurück. In ihnen finden wir ein äußerst differenziertes Verständnis der fünf Elemente, die alle Aspekte unserer Welt umfassen. Ich kann im Lauf des Kapitels nur auf einige Werke hinweisen, die dieses Wissen weiter ausführen.

In seinem Buch »Das Tibetanische Buch vom Leben und vom Sterben« beschreibt Sogyal Rinpoche (1994), wie in der tibetischen Tradition der Sterbeprozess als eine Bewegung durch die fünf Elemente hindurch verstanden werden kann. Während dieses Prozesses verlässt die Energie zuerst das Erd-Element und zieht sich damit von unseren Füßen und Beinen zurück, bis wir nicht mehr aufrecht stehen können; danach verlässt die Energie das Wasser-Element, und wir verlieren die Kontrolle über die Körperflüssigkeiten; dann zieht sich die Energie aus dem Feuer-Element zurück, und unser Körper wird immer kälter. Die Energie verbleibt sodann eine Weile in der Herzgegend und in den Lungen, also im Luft-Element, bis mit den letzten Atemzügen die Energie den Körper ganz verlässt (Sogyal 1994).

Die fünf Elemente und ihre Zusammenhänge

Das Fünf-Elemente-System vermittelt uns fundamentale Metaphern, die uns helfen, die Dynamik zu verstehen, welche den verschiedenen wissenschaftlichen Disziplinen unterliegt, wie der Chemie, der Physik, der Medizin oder der Psychologie. Tenzin Wangyal Rinpoche beschreibt, wie die fünf Elemente schon im vorbuddhistischen Tibet verwendet wurden: »Mit Hilfe des Verständnisses der Elemente können wir erkennen, dass scheinbar unterschiedliche Dimensionen des Erlebens im Grunde genommen nur feinere oder gröbere Erscheinungsformen der Elemente sind. Ein Überschuss an Feuer zum Beispiel manifestiert sich auf der materiellen, der energetischen, der mentalen und der spirituellen Ebene ... Feuer ist sowohl die lebensspendende Energie der Sonne als auch die lebenszerstörende eines Waldbrandes.« (Wangyal 2002) Für Tenzin Wangyal ist Feuer die »Hitze des Verdauungssystems, die Kreativität des Geistes, die rote Farbe des Regenbogens, das Phänomen der Temperatur, die Emotion von Hass und Gier, die Wärme des Mitgefühls, die Weisheit des Unterscheidungsvermögens und gleichzeitig eines der fünf subtilsten und fundamentalen Aspekte der Existenz.« (Wangyal 2002)

In der Tradition, die Tenzin Wangyal vertritt, führen die fünf Elemente auch zu einem medizinischen Aspekt und schlagen damit die Brücke zu den fünf chinesischen Wandlungsphasen und seinen Organsystemen, den dazugehörenden Akupunkturmeridianen und psychosomatischen Dimensionen:

- Erde – Milz,
- Wasser – Nieren,
- Feuer – Leber,
- Luft – Lungen und
- Raum – Herz.

Weiter erinnert uns Tenzin Wangyal Rinpoche daran, wie sehr jedes Element uns auch Freude bringt. Wenn wir die Weiten des blauen Himmels betrachten oder uns Nachts im Sternenhimmel verlieren, nährt und regeneriert uns das Element Raum. Der Flug der Schwalben oder eines Segelflugzeugs, das Flattern von Fahnen im Wind, die gefüllten Segel eines großen Schiffs, die Wolken – sie alle füllen uns mit der Großzügigkeit des Windes und der Luft. Die Flammen des Lagerfeuers oder das Licht einer Kerze bringen und Wärme und Wohlbehagen. Der Spaziergang am Wasser, die Gegenwart eines Wasserfalls, der warme Regen an einem Sommertag, die Dusche am Morgen besänftigen und reinigen uns. Die Ansicht eines Bergs oder eines frisch gepflügten Ackers berühren etwas in unserem tiefsten Inneren.

In meiner Arbeit als Musiktherapeut sehe ich mich regelmäßig mit der klassischen Frage konfrontiert: Gibt es so etwas wie Effizienz in dieser Arbeit? Wie kann ich die Qualität des musikalischen Ausdrucks eines Menschen, die Natur seiner Schwierigkeiten oder seine Fortschritte erfassen? Ich spüre eine Dringlichkeit bei dieser Frage vor allem bei Kindern, denn ab einem Alter von sieben oder acht Jahren können sie Entwicklungsstörungen nur mehr schwer aufholen.

Das primäre Ziel in meinen Therapiesitzungen ist zunächst einfach. Es scheint mir vordringlich, dass Intensität und Freude im musikalischen Ausdruck vorhanden sind. Ich bin überzeugt, dass diese beiden Eigenschaften die Schlüssel sind, um tiefere Prozesse in Gang zu setzen. Doch wie sind sie im Zusammenhang mit dem Entwicklungsprozess zu verstehen? Was steht dem Patienten bzw. Klienten im Weg, sein Leben mit Intensität und Freude zu leben? Wer von Freude spricht, spricht auch von einer Öffnung des Herzens, also von einem Bezug zur Seele und einer starken spirituellen Komponente. Intensität offenbart eine totale Präsenz – des Wesens des Betreffenden – im Handeln. Sobald Freude und Intensität vorhanden sind, scheinen die fünf klassischen Widerstände der Entfaltung, wie sie im

Die fünf Elemente und ihre Zusammenhänge

Element	Erde	Wasser	Feuer	Luft	Raum
Qualität des Elements	solide	flüssig	Hitze, Licht, Wärme	leicht, unsichtbar, frei, flexibel	Leere
Körperzone	von den Füßen zum Sakrum	Hitzepunkt (drei Finger unterhalb des Nabels)	bis zum unteren Rand des Sternums	Brustbereich	bis zu den Augenbrauen
Energieart	männlich	weiblich	männlich	weiblich	vereint
Tendenz	sinkend, haftend	sinkend, sammelnd	steigend, expansiv, reifend	verteilend	auflösend
Symbol	□	◡	△	○	⊙
Sternzeichen	♉ ♍ ♑	♓ ♋ ♏	♈ ♌ ♐	♒ ♊ ♎	
musikalische Eigenschaft	Basisstruktur	lebendige Rhythmen	strahlend, dynamisch	fluktuierend, Melodie, Akkorde	Stille, Raum, nicht geschäftig
Chakra	Wurzel	Hara	Solarplexus	Herz	Hals
endokrine Drüsen	Nebennierendrüsen	Eierstöcke, Testes	Pankreas	Thymusdrüse	Schilddrüse
Lage des Chakras	Sakrum	fünf Finger unterhalb des Nabels	Magengrube	Mitte Brustbein	Hals
Blockadezonen nach Reich	Gesäß	Bauch	Zwerchfell	Brust	Nacken
Sinn	Riechen	Schmecken	Sehen	Berühren	Hören
Emotion	Unsicherheit, Misserfolg	Wut, Ärger	Angst	Depression, Selbstmitleid	Unterdrückung
Widerstände	Schläfrigkeit	Unmut	Zweifel	Ruhelosigkeit	Bequemlichkeit
Gefühl	Sicherheit, Erfolg	Ruhe	Liebe, Akzeptanz	Freude	Ausdruck
Qualität	Stabilität, Konzentration	Vitalität, Kreativität	Transformation der Emotionen	Inspiration	Essenz, Leere
Ebene	physische Ebene	ätherische Ebene	astrale Ebene	mentale Ebene	Bewusstseinsebene
Äther	Lebensäther	chemischer oder Zahlenäther	Lichtäther	Reflektor- bzw. Wärmeäther	

Buddhismus beschrieben werden (Bequemlichkeit, Zweifel, Schläfrigkeit, Ärger und innere Unruhe) abwesend zu sein.

Im Lauf der Jahre, in denen sich mein Bild davon mehr und mehr verfeinerte, lernte ich die Nützlichkeit des Fünf-Elemente-Ansatzes in Bezug auf eine qualitative Beurteilung des musikalischen Ausdrucks zu schätzen. Die Elemente lassen uns eine natürliche Brücke erkennen, die zwischen Musik und Mensch besteht, zwischen der äußeren und der inneren Welt. Sie zeigen uns, in welchem Maß der musikalische Ausdruck eines Menschen einem eigentlichen Fingerabdruck gleichkommt und seine ganze Persönlichkeit enthält. Sie erlauben uns, die Verbindungen zu verstehen, die zwischen musikalischem Ausdruck oder Ausdruck generell und Gedankenstrukturen, Emotionen, Körperzonen (und ihren Blockierungen), Unterbewusstsein und Spiritualität bestehen. Die fünf Elemente überbrücken den scheinbaren Graben zwischen Intellekt und Intuition, zwischen linker und rechter Gehirnhälfte.

Die Arbeiten des Neurobiologen Colwyn Trevarthen zu Musikalität, Gehirn und Kommunikation zwischen Müttern und Neugeborenen unterstützen unsere These. Wir werden darauf zurückkommen.

Das Werkzeug der fünf Elemente funktioniert in beiden Richtungen: Wir können es als Ausgangspunkt nehmen, um einen Menschen in Richtung größerer Harmonie seiner Elemente beraten zu können. Die Arbeit an seinem improvisierten musikalischen Ausdruck wäre dann eine psychotherapeutische Arbeitsmethode. Wir können auch eine verbesserte Musikalität, also eine größere Ausstrahlung beim Musizieren, zum Ziel haben und von seinem inneren Gleichgewicht der Elemente, der ganzen psycho-energetischen Struktur ausgehen. Dies wäre ein musikpädagogischer Ansatz. Doch besser wäre festzustellen, dass Musikpädagogik, Musiktherapie und persönliche Entfaltung alle gleichermaßen Inhalt des Fünf-Elemente-Ansatzes sind.

Denn nicht nur können wir feststellen, ob jemand Feuer in sich hat, einen mangelnden Erd-Kontakt besitzt oder bei ihm das Element Raum kaum vorhanden ist. Wir werden gleichzeitig sehen können, inwiefern er Wärme ausstrahlt, mit beiden Füßen auf der Erde steht oder einen weiten Horizont und eine innere Ruhe hat. »Die Art und Weise, wie wir sprechen, unsere Lieblingsfarben oder die Art, wie wir gehen oder unsere Hände bewegen, sind Ausdruck der Elemente, und aus all dem – wenn wir wissen, was wir beobachten – können wir ermitteln, welches Element oder welche Elemente dominieren.« (Wangyal 2002)

Im Katalog zu einer Ausstellung von Sandzeichnungen der Navajo-Indianer schreibt Harry Walters: »Die Elemente, aus denen wir gemacht sind, sind auch an der Schaffung der Welt beteiligt. Diese Elemente finden sich im Universum in freier Form. Somit betrifft, was dem Licht und der Luft widerfährt, auch uns. Das Überleben der Menschheit hängt direkt davon ab, dass wir das Wasser, die Luft, das Feuer rein erhalten. Das Wasser, die Luft, das Feuer ... sind Werte, die uns allen gemeinsam sind, die universell sind, gut für die Navajos wie auch für die Nicht-Navajos.« (Walters, in Crossmann und Barou 1996)

Qualitatives Hören, kombiniert mit den fünf Elementen, kann auch in der Arbeit mit Paaren, Familien oder Gruppen sehr nützlich sein. Hören wir, wie Menschen zusammen musizieren, können wir feststellen, ob sie eine Tendenz haben, eines oder mehrere Elemente in ihrer Funktionsweise zu vernachlässigen. Da es sich hier um die gefühlsmäßige Wahrnehmung der psycho-energetischen Aspekte eines Individuums oder einer Gruppe handelt, braucht sich die Beobachtung nicht auf das Spielen eines Musikinstruments zu beschränken. Diese Art der Beobachtung eignet sich ebenfalls für Singen, Bewegung, Tanz, Sprechen und Kommunikation generell.

Die vier Elemente Erde, Wasser, Feuer und Luft sind bei uns mindestens seit der griechischen Antike bekannt. Sie sind Teil unserer Kultur. Unzählige Redewendungen beziehen sich darauf. Häufig sind diese Redewendungen treffend und erhellen, was ich hier ausführe. Der Leser kann sich selbst davon überzeugen, indem er aufmerkt, wenn in Gesprächen auf ein Element Bezug genommen wird. Wir finden die vier ersten Elemente auch in unseren Horoskopen. Jedes Sternzeichen ist einem der vier Elemente zugeordnet. Die Anzahl Planeten, die wir in einem Element haben, kann uns wertvolle Anzeichen über unser psycho-energetisches System geben. Ist unsere Beziehung zu Wasser schwierig oder sind wir sehr erdig? Die Tradition der vier Elemente bildet die Grundlage des Medizinsystems des Schweizer Gelehrten und Arztes Paracelsus (1493–1541); bei ihm findet sich auch das fünfte Element wieder: Raum oder Äther.

Das Bedürfnis, uns mit All-dem-was-Ist verbunden zu fühlen, ist zutiefst menschlich. Es darf deshalb nicht erstaunen, dass in praktisch allen Kulturen vergleichbare Modelle verwendet wurden. Die Indianer Nordamerikas kennen die vier Himmelsrichtungen zuzüglich Himmel und Erde, aber auch die fünf Elemente, die Chinesen die fünf Wandlungsphasen, die ayurvedische Medizin und die tibetische Tradition dieselben fünf Elemente wie wir. Dies Sich-in-Bezug-Stellen mit allem Leben, dem Universum, den Schöpfungsmythen gibt uns eine Orientierung, einen Sinn im Leben. Es findet sich in allen großen Heilungssystemen wieder, seien dies der nahöstliche Sufismus (die gnostische Ausprägung des Islams), die zahlreichen Varianten des Schamanismus[4] in Asien, Afrika und Amerika oder die keltische Tradition Westeuropas. Musik, Gesang und Tanz spielen darin seit Urzeiten eine zentrale Rolle. So verschieden diese Systeme auf ersten Blick erscheinen mögen, sie alle haben ein Ziel: uns zu zeigen, wie die Harmonie zwischen Mensch und Umwelt wiedererlangt werden kann. Dies umfasst Gesundheit, Ökologie, Frieden, Musik, Streben nach Harmonie, nach Gleichgewicht, nach gebührender Achtung vor dem feinen Zusammenspiel der fünf Elemente. Harmonie ist untrennbar.

In der Musik wie im Leben

Die fünf Elemente bilden eine Progression vom festen Zustand – Erde – hin zum subtilsten: Raum. Umgekehrt, vom Element Raum her kommend, werden die Elemente immer fester und materieller. Die Weisen Indiens sagten, dass letztere Progression dem Schöpfungsprozess unseres Planeten entspreche. Die Beziehung zwischen den Elementen und den fünf unteren Energiezentren im Körper setzt jedes Element in Bezug zu einem spezifischen Bewusstseinszustand: Erde mit der physisch-materiellen Ebene, Wasser mit der ätherischen Ebene, Feuer mit dem Astralen, Luft mit dem mentalen Bewusstsein und Raum mit dem reinen Bewusstsein.

In der Musik wie in der Natur sind die Elemente stets miteinander verbunden. Es ist unmöglich, ein Element isoliert von einem anderen zu betrachten. So ist zum Beispiel die Erde feucht, kalt, heiß oder trocken. Wir finden aber auch Kombinationen davon, wie feucht und kalt oder feucht und heiß. Luft kann Feuer zum Leben entfachen, wenn das Feuer stark genug ist; doch wenn das Feuer sehr klein ist, wie bei einer Kerze, kann Luft es auslöschen, und die Qualität des Feuers wird geändert. Wir sollten diese wechselseitigen Beziehungen nicht aus den Augen verlieren, wenn wir uns jetzt den Eigenschaften jedes einzelnen Elements zuwenden.

Erde □

Wie können wir das Element Erde aus dem musikalischen Ausdruck eines Menschen heraushören und fühlen? Wie ist es mit seiner psycho-energetische Struktur verbunden?

Füße, Beine und der untere Rücken (Sakrum) haben einen engen Bezug zum Element Erde. Ein guter Kontakt zu diesen Körpergegenden bringt uns eine »gute Erdung«, eine gute Verankerung. Menschen, die zu *speedy* sind, also zu sehr aus der mentalen Energie leben, mangelt es an Erdkontakt. Oft vermissen sie eine stabile Grundlage im Leben, eine Struktur, auf der sie sicher fußen und auf die sie sich verlassen können. Dazu kommt meist ein mangelndes Erfolgsgefühl und ein vermindertes Selbstvertrauen. Ein Gefühl von Unnütz-Sein hat von ihnen Besitz ergriffen. Eine Ursache dafür ist, dass sie sich vom gefühlsmäßigen Erlebnis ihrer Emotionen abgeschnitten haben. Sie haben eine Barriere auf der Solarplexus-Ebene geschaffen, die die Atmung einschränkt und die Emotionen ins Unterbewusste ausgesondert hat (siehe Wasser).

Emotionale Schocks können ein traumatische Erlebnisse wie »Erdbeben« in ihrer unterbewussten Erinnerung zurückgelassen haben. Ein derartiges Schockerlebnis lässt Knie und Beine erzittern und beeinträchtigt erheblich das Geerdetsein. Es wird einem »der Teppich unter den Füßen weggezogen«, »der Boden öffnet sich«, man hat »die Füße nicht auf der Erde«, ist »abgehoben«, steht »mit beiden Füßen auf dem Boden (der Realität)«, hat »einen Standpunkt«, »versteht«, ist ein »erdiger Mensch«, ist »bodenständig«. Die gesprochene Sprache kennt sehr wohl die vielfältigen Verbindungen zwischen den psycho-energetischen Aspekten des Lebens und den Elementen.

Die Grundeigenschaften der Erde sind Stabilität, Dauerhaftigkeit, Schwere und Solidität – sowohl auf physischer, mentaler und ökologischer Ebene. Zuviel Erde kann sich auch in einem Wunsch nach übermäßigem Schlaf oder einem Gefühl von Schwere äußern. Wenn Sie Einschlafprobleme haben, können Sie sich während zehn Minuten ganz auf Ihre Füße konzentrieren, sie gut fühlen, sich vorstellen, dass Sie sie in warmer Erde oder in warmem Sand eingegraben haben. Das hilft oft. Sie können sich sogar vorstellen, den ganzen Körper im Sand liegend eingegraben zu haben oder mit einer kleinen Schicht warmer, duftender Erde von den Füßen bis zur Brust zugedeckt zu sein.

Alle Elemente beeinflussen sich gegenseitig. So enthält Erde meistens auch etwas Wasser. Wasser vermischt sich mit Erde und macht sie frucht- und knetbar. Wenn die Erde darüber hinaus auch genügend Wärme (Feuer) erhält und gut durchlüftet ist, wird alles gut gedeihen. Hat sie im Gegenteil zuviel Hitze und nicht genug Wasser, wird die Erde leicht zur Wüste. Erde und Luft wirken nicht gut zusammen. Der Wind kann Berge abtragen und Dünen verschieben.

Das Erd-Element kann verschiedenen symbolische Formen annehmen. Jede hat ihre Bedeutung, ihre Nuance, die uns wertvolle Details zum Verständnis ihres Zustands liefert. Sie kann in der Form von Sand am Meeresstrand erscheinen, als Düne, als Steinwüste, als Felsen, als Berg, als Flussbett, als Fundament eines Hauses, als Höhle (die weibliche, beschützende Qualität unterstreichend), als frisch gepflügtes Feld, als Kristallen oder Edelstein (auf Zufuhr von Licht und damit von spiritueller Energie hinweisend).

Wir können auch in symbolischen Kontakt mit Tieren kommen, die einen direkten Bezug zur Erde haben (Schlangen, Mäuse, Maulwurf, Stier etc.) und uns einen Teil der verborgenen Geschichte des Klienten erzählen. Schamanen, Psychoanalytiker und Traumdeuter wussten seit jeher wertvolle und präzise Schlüsse daraus zu ziehen.

Alles, was zu den Grundlagen unseres Lebens zählt, gehört zum Element Erde, so unser Bezug zu unserem Körper, unserer Wohnung und Arbeit, zu Sicherheit und Erfolg und zu den Menschen, mit denen wir diese Bereiche eng teilen. Das Quadrat ist das Symbol des Elements Erde. Es stellt die solideste Form eines baulichen Fundamentes dar, wie wir es z. B. in den Pyramiden haben. Das Symbol enthält die Zahl Vier, welche die Zahl (der Energiespiralen) des Wurzel-Chakras ist. Unser DNA-Code, Träger unserer genetischen Information, besteht auch nur aus vier Bausteinen. Das radiästhetische Hartmann-Gitter wird als rechtwinkliges Netz von ätherischen Energielinien wahrgenommen, die in Abständen von 1,2 Metern die ganze Erde schachbrettartig überziehen. Auch hier ist die Zahl Vier enthalten. Interessanterweise ist der Geruchssinn dem Wurzel-Chakra, also dem Element Erde zugeordnet. Dieser ist, zusammen mit dem Gehörssinn, der erste Sinn, mit dem der Fötus im Mutterleib wahrnimmt. Der Gebärmutterflüssigkeit wegen ist er noch mit dem Geschmackssinn gekoppelt.

Unsere ersten Gefühlseindrücke wurzeln in der frühen Kindheit, der Geburt und reichen bis in die vorgeburtliche Zeit zurück. Sie legen die Grundsteine unseres emotionellen Lebens. Waren wir wirklich von unseren Eltern gewünscht? Hatten sie überhaupt die Voraussetzungen, uns so zu akzeptieren, wie wir sind? Das Gefühl, als Kleinkind willkommen und akzeptiert zu sein, wird später weitgehend unsere Ausdrucksqualität bestimmen. Eine gegenteilige Situation kann oftmals die Grundlage von Pathologien schaffen, wie Autismus, Psychosen, disharmonische Entwicklungen. Nicht selten kann man z.B. in der Geschichte autistischer Kinder einen Todesfall im näheren Familiekreis feststellen, der vor oder unmittelbar nach der Geburt stattfand. Wenn die Emotionen der Erwachsenen im Zusammenhang mit diesem Todesfall intensiv waren, wenn die Aufmerksamkeit der Mutter während ein oder zwei Monaten sich vom Kind abgewandt hat, wird sich dieses möglicherweise derart verlassen gefühlt haben, dass ein Trauma daraus entstehen konnte. Die Grundlagen seines Lebens, also seine Erde, können durch so ein Vorkommnis entscheidend geprägt werden.

Marie Ainsworth, eine englische Kinderpsychiaterin, hat dies in ihren langjährigen Recherchen bestätigt gefunden. Sie konnte zwischen verschiedenen typischen Kinderprofilen unterscheiden: Das sich »sicher fühlende« Kind konnte sich auf eine mütterliche Figur abstützen, die selber eine sichere Basis hatte. Demgegenüber waren die anderen Kindertypen »verängstigt«, »widerstrebend« oder »fliehend« (Ainsworth et al. 1978).

Um unser Denken gut erden und uns konzentrieren zu können, ist der Kontakt zum Element Erde unabdingbar. Wenn unsere mentale Energie nicht gut verankert ist, bleibt sie zu sehr um den Kopf herum angesammelt und entgleitet leicht unserer Kontrolle. Oft liegt der Grund in einer Unterbrechung der ganzkörperlichen Energiezirkulation, die von Kopf (den Glaubensströmen) bis Fuß und zurück reichen sollte. Diese Unterbrechung kann, wie erwähnt, im Sonnengeflechtbereich entstehen, aber auch weiter unten im Beckenbereich, in den Knien, den Knöcheln oder irgendwo in den Beinen. Ein emotioneller Schock fährt uns in die Knie und kann dort eine dauerhafte Energieblockade hinterlassen. In der Tabelle auf Seite 57 führen wir die von Wilhelm Reich entdeckten Körperblockaden auf. Jeder Ort entsteht nicht zufällig, sondern hat eine ganz spezifische psycho-energetische Funktion und damit eine entsprechende Ursache. Ein Unterbinden starker Emotionen im Solarplexus-Bereich, also in der Feuer-Zone, behindert die Transformation und die Verdauung der Emotionen. Diese wüten dann im Unterbewusstsein weiter, außer Reichweite für unser Bewusstsein. Sie wirken allerdings auf unser Denken ein, dringen in die untere mentale Aura und bewirken das unablässliche Grübeln und Sich-Sorgen.

Indem wir unseren Erdkontakt verbessern, kann unsere mentale Energie überall hin frei zirkulieren und damit besser an einer bewussten Verarbeitung emotionaler Ereignisse teilnehmen. Beim Musizieren wird es dem Betreffenden möglich sein, mehrere Minuten lang auf einem Instrument spielen zu können. Bei extrem ungeerdeten Menschen kann schon ein zwanzig Sekunden andauerndes Spiel einen wesentlichen Fortschritt darstellen.

Ich schätze, wie Matthew Fow das Wurzel-Chakra mit unserer Kapazität in Zusammenhang bringt, uns mit dem All, dem Kosmos verbunden fühlen zu können. Mit Hilfe unserer Erdung können wir mit der ganzen Schöpfung in Verbindung stehen. Dieses Chakra verbindet uns also gleichzeitig mit der Erde und dem Himmel (Fox 2000).

Wenn wir diesen Erdkontakt im musikalischen Spiel zu aktivieren suchen, können wir mit Vorteil Instrumente auswählen, die stehend gespielt werden. Um eine große Trommel spielen zu können, müssen wir gut auf beiden Beinen stehen und den ganzen Körper einsetzen. Wir können als Therapeuten darauf achten, dass der Betreffende gut bis in den Bauch hinunter atmet, um seinen eventuellen Zwerchfell-Block aufzuweichen. Das Didjeridoo, spezielle, zu diesem Zweck besonders gestimmte Gongs sowie tiefe Klänge und Stimmlagen können ebenfalls gute Dienste leisten. Ich bin jedoch überzeugt, dass ein Therapeut einem Klienten nur soweit nützlich sein kann, als er selber einen guten Erdkontakt hat. Erdung verlangt eine fortwährende Anstrengung. Es ist nicht ein Zustand, den wir ein für alle Mal erreichen können.

Gleichzeitig ist der Erdungsprozess außerordentlich tiefgreifend, wie mir wieder kürzlich bei einem Knaben deutlich wurde. Er konnte sich beim Trommeln kaum konzentrieren, obschon er sehr gerne trommelte. Ständig schweiften seine Gedanken ab. Ich beharrte darauf, dass er sich konzentriere und einen einfachen Rhythmus lerne, den ich ihm zeigte (links – rechts – links – Pause, also ein durchaus langsamer 4/4-Rhythmus). Dies gelang ihm nicht. Nach zehnminütiger gemeinsamer Anstregung fragte ich ihn, woran er denn die ganze Zeit denke. Er habe eben Probleme. Er denke an seinen verstorbenen Großvater. Dieser war für ihn eine positive Figur gewesen, die im Kontrast zu Misshandlungen stand, denen er zu Hause ausgesetzt war.

Wir sehen hier, wie mangelnde Konzentration direkt in Bezug zu Problemkreisen der »Erdzone« wie fehlende Sicherheit zu Hause steht. Erdung verlangt letztlich, dass eine von oben kommende (Licht-)Energie durch den Kopf hinunter durch alle Chakren bis hin zum Wurzel-Chakra gelangt, um von da bis hinunter zu den Füßen zu reichen. Auf ihrem Weg müssen Energie und Bewusstsein die Schwierigkeiten jedes Chakras einigermaßen aus dem Weg räumen, damit eine wirkungsvolle Erdung überhaupt möglich wird – keine leichte Aufgabe.

Die Qualität der Emotionen wird schwerfälliger und dichter, je näher wir, von oben her kommend, zum Wurzel-Chakra gelangen: Bei der »Verdrängung« im Halschakra ist das Bewusstsein noch nicht dabei, bei der »Depression« im Herz-Chakra (Luft) nur halb. Ein spiritueller Impuls, ein »Heimweh« erinnert den Menschen daran, dass etwas nicht stimmt. Die »Angst« im Solarplexus (Feuer) ist noch diffus, doch entschieden schmerzlicher und dichter. Die »Wut« im Hara-Wasser-Bereich ist womöglich die dichteste, heißeste Emotion. Die Emotion »Nutz- und Erfolgslosigkeit« im Wurzel-Chakra (Erde) rüttelt endlich am Fundament.

Bewusstseinsübungen, die helfen, die Erdung zu fördern, werden demnach darauf abzielen, unsere Aufmerksamkeit zu unseren Füßen hinunterzubringen, das Wurzel-Chakra, ja alle Chakren mit den Füßen zu verbinden, indem die Atmung zu Hilfe genommen wird. Aber auch Bewegungen können einbezogen werden, indem wir beispiesweise, gekoppelt mit Ein- und Ausatmung, alternierend unser ganzes Gewicht auf ein Bein, dann auf das andere verlegen. Wesentlich dabei ist, Absicht und Empfinden (also konkretes Erleben) miteinander zu verbinden.

Die musikalischen Bestandteile, die den Erdkontakt fördern und ein Gefühl von Sicherheit verbreiten, sind Strukturen wie langsame, regelmäßige Rhythmen, ein Bordunton oder auch minimalistische Ton-Patterns (sich wiederholende Mini-Melodien aus 5 bis 6 Tönen). Der therapeutische Ansatz muss meines Erachtens immer die Denkverfassung des Klienten (und des Therapeuten!) einbeziehen. Kleine Schellenbänder um die Fußknöchel zu binden, zieht automatisch die Aufmerksamkeit in die Füße. Fuß- und Beinmassagen, Fußbäder mit steigender Temperatur und entsprechende Visualisationen (sich die Füße in die Erde oder Sand eingegraben vorzustellen) können ebenfalls sehr nützlich sein.

Grundlegende Denk- und Glaubensstrukturen sind ein nicht zu unterschätzender Bestandteil jeglicher Erdung. Sind diese nicht auf eigene Erfahrungen gestützt, sondern von äußeren Autoritäten übernommen, behindern sie häufig die Erdung. Wird an derartigen Denkstrukturen gerüttelt und verändern sie sich, kann dies wie ein inneres Erdbeben erlebt werden.

Die Qualität »Berg« ist eines der möglichen Symbole der Erde. Ihr Gegenteil ist das Tal. Während der Berg männliche Eigenschaften besitzt, wie Stabilität, Unverrückbarkeit, Einsamkeit, Raum und Stille gegen seine Spitze hin, so stellt das Tal weibliche Seiten dar und ist mit (Fort-)Bewegung (Verkehr), Geschwindigkeit, Fließen (Bach) und sozialem Leben verbunden. Um diese beiden Gegensätze Berg – Tal musikalisch überzeugend ausdrücken zu können, müssen wir die damit verbundenen Eigenschaften innerlich erschließen und stärken. Wenn eine Teilnehmerin Mühe hat, Erde oder Berg spielen zu können, muss ihr Zeit gelassen werden, sich mit dem Bild innerlich zu verbinden und die Qualitäten spüren zu können. Dann kann es geschehen, dass sie während des Spiels gleichzeitig mit inneren Widerständen und Hindernissen in Kontakt kommt. Das spielerische Umgehen mit den Hindernissen, das Suchen nach einer adäquaten, empfundenen Ausdrucksform arbeitet an den Hindernissen, hilft, sie wegzuschmelzen. Dies ist der therapeutische Entfaltungsaspekt der Arbeit. Geduldig wird man auf das Zusammenführen von Empfindung und Ausdruck hinarbeiten müssen. Wenn beide in direktem Kontakt stehen, treten Veränderungen ein. Die Beobachtung des Elements Erde in der Natur zeigt uns alles, was wir darüber wissen müssen. Einmal in den psycho-energetischen Zusammenhang gebracht, entsteht eine andauernde Dynamik.

Pädagogische Überlegungen:
Stabile, regelmäßige Strukturen geduldig spielen lassen, Borduntöne, einen Rhythmus halten, den Körper ins Spiel einbeziehen (z. B. bei einer großen Trommel wie eine Djembe, einer Tischtrommel, einem Gong, einer Gongtrommel), auf Bauchatmung achten, Schellenbänder um die Knöchel binden, mit den Füßen stampfen lassen, Fußmassagen, barfuß spielen und tanzen lassen.

Wasser

Während das Element Erde die Zone von den Füßen bis zum Becken und dem unteren Rückenende umfasst, zieht sich die Zone des Wassers direkt anschließend bis unterhalb des Nabels hin, die Nieren eingeschlossen. Es ist die Körperzone mit dem größten Wasseranteil; außer der Wirbelsäule enthält sie keine Knochen. Die Wasser-Zone schließt das Energiezentrum des Haras ein, den Schwerkraft-Mittelpunkt des Körpers, der für Taiji und andere fernöstliche Kampfkünste zentrale Bedeutung hat. Hier ist auch der Sitz unserer instinktiven Intelligenz. Wasser reinigt und steht in engem Zusammenhang mit den Ausscheidungsprozessen des Körpers.

Das Symbol für Wasser, der liegende Halbkreis, formt einen Behälter, der Flüssigkeit aufnehmen kann. Er erinnert uns an den Halbmond. Der Mond hat eine starke Beziehung zum Wasser, denken wir nur an die Gezeiten, aber auch an den Menstruationszyklus. Mond, Gezeiten, Menstruationszyklen sind Rhythmen unterworfen, und Rhythmen sind charakteristisch für das Element Wasser, wie wir sehen werden. Es besteht ein symbolischer Bezug vom Mond zum Unterbewusstsein, während die Sonne das Tagesbewusstsein symbolisiert. Der liegende Halbkreis zieht unsere Aufmerksamkeit auf seinen tiefsten Punkt hin, dem Gleichgewichtspunkt, dem Schwerkraftzentrum. Das Symbol enthält auch das Bild der Schüssel, die Flüssigkeiten auffangen kann. Sie erinnert an unser Becken, das die Wassergegend des Körpers aufnimmt.

Die natürliche Verwandschaft vom Halbkreis zum ganzen Kreis, Symbol der Luft, weist auch auf eine weitere Komplementarität auf ätherischer Ebene hin. Der Ätherkörper besitzt vier Schichten. Die innerste Schicht, der chemische Äther, hat einen besonderen Bezug zum Wasserelement, während die äußerste Schicht, der Wärme- oder Reflektoräther, mit dem Luftelement verbunden ist. Der chemische Äther kann die Körperzellen nicht mehr genügend nähren, wenn die Verbindung zum Reflektoräther unterbrochen ist. Nach Bob Moore ist die volle Zirkulation von Außen nach Innen (Ernährung, Eindrücke etc.) und von Innen nach Außen (Ausdruck von inneren Gefühlen) für Gesundheit und Gleichgewicht erforderlich. Wir kommen auf die Bedeutung der Übereinstimmung von innerer und äußerer Wirklichkeit, von Gefühlsleben und Ausdruck noch zurück.

Matthew Fox unterstreicht den verbindenden Charakter des Wassers. Jeder Tropfen, jedes Bächlein strebt zur Einheit zurück, zum Ozean. Das Hara-Zentrum ist auf ein Gleichgewicht des männlichen und des weiblichen Teils in uns angewiesen. Nach Fox steht es damit auf der Seite der »weiblichen Philosophie« im Rahmen seines Konzepts der »Schöpfungsspiritualität«. Wasser- und Luftelement werden in der indischen Tradition als feminine Energien bezeichnet, Erde und Feuer als männliche. Während das Element Erde auch mit dem Berg symbolisiert werden kann, dem männlichen Dreieck mit nach oben weisender Spitze, stellt das weibliche Dreieck, mit der Spitze nach unten, das Tal dar.

Der Geist des Tales lebt immerfort.
Er ist das mysteriös Weibliche.
Das mysteriös Weibliche
kennt das Tor zu Himmel und Erde
Kaum sichtbar,
erahnen wir seine Existenz.
Man schöpft in ihm, ohne es je zu erschöpfen.
(Laozi, »Daodejing«, Vers 6)

Die Wasserzone des Körpers hat einen besonderen Bezug zum Ätherkörper und dem darin enthaltenen unterbewussten Gedächtnis. Dieser Teil unseres psychoenergetischen Systems enthält wesentliche Informationen, was unsere Vitalität, Sexualität und Kreativität anbelangt. Wenn diese vitalen Aspekte unterdrückt oder verdrängt werden, staut sich das Wasser. Es kann nicht mehr frei fließen. Staudruck und Frustration, ja Wut entstehen. Ein Mensch, der seinem Wasserelement natürlichen Lauf lässt, ist meist friedlich, ruhig, flexibel und spielerisch. Seine Bewegungen und Gedanken sind harmonisch und fließend.

Die indische Tradition hat einen Schöpfungsmythos überliefert, der mit dem Element Raum (auch Äther genannt) begann, dem am wenigsten materiellen Aspekt, und bis zum Erd-Element führte, welches das solideste und am meisten materielle Element ist. Wasser ist das erste mit Händen spürbare Element, doch fehlt ihm das Solide. In dieser Tradition wurde jedes Element aus dem vorangehenden Element geschöpft. Durch weitere Verdichtung entstand Wärme und das Element Feuer. Das Feuer brachte eine Ausweitung, die eine progressive Abkühlung einleitete und zum Erscheinen des Wassers führte. Wasser wurde damit die kreative Grundlage jeglicher physischen Manifestation (Erde). Wenn uns diese Gedankengänge zunächst etwas fremd erscheinen, können wir uns daran erinnern, dass auch wir aus dem Wasser (der Gebärmutter) entstanden sind. Der Schöpfungsmythos der Bibel folgt denselben Etappen. Dies erklärt, warum die Zone des Wassers in unserer Kreativität eine derart ausschlaggebende Rolle spielt.

Die Behinderungen in der Wasser-Zone werden nicht nur in unserer Körpersprache sichtbar, sondern auch auf symbolischer Ebene. In den Träumen, Tagträumen, in Fantasien wird Wasser zu Eis und Schnee, ist also gefroren, erstarrt, nicht mehr frei fließend. Dies geht Hand in Hand mit einer Starrheit im Denken und Bewegen. Stagnierende Gewässer können in Bildern auftauchen oder Staudämme, eingedämmte Flussläufe, die vor dem Überlaufen stehen, Haie, Krokodile und andere Wasserungeheuer. Sie alle deuten auf verdrängte Aggressionen und Ängste hin. Die Angst kann eine Angst vor dem Wasser sein, vor dem, was unter der Oberfläche verborgen liegt, was aus den Tiefen des Wassers auftauchen könnte – eine bekannte Metapher für das Unterbewusste. Träume von riesigen Wellen können einen nahenden Schub aus dem Unterbewusstsein ankündigen. Da kann es ratsam sein, sich in den kommenden Tagen etwas Zeit zu nehmen, Erdungs- und Atmungsübungen zu machen.

Autisten haben häufig ein zwiespältiges Verhältnis zu Wasser und damit zu ihrem Körper. Sie können durch Phasen gehen, in denen intensive Ängste vor dem Wasser hochkommen, aber auch eine Faszination durch Wassergeräusche aller Art, auch z. B. von Wasserabläufen in Badewannen, Duschen und WCs, wie wenn sie instinktiv wüssten, dass sie diese Wasser-Dimension wieder integrieren müssten. Wir kommen in Kapitel 3 darauf zurück .

Bilder von metallischen Strukturen in Wasser müssen uns aufhorchen lassen, denn sie symbolisieren den übermäßigen Einfluss starrer Gedankenstrukturen auf die Wassergegend. Dies führt zur Unterdrückung der Vitalität und zeigt sich oft in abgehackten, steifen Bewegungen mit mangelhaft kontrolliertem Krafteinsatz. Dieser Mensch kann z. B. mit erstaunlicher Gewalt und roboterähnlichen Armbewegungen auf eine Trommel einschlagen, ohne sich dessen wirklich bewusst zu sein. Ich würde ihm in diesem Fall häufig die Schlegel wegnehmen, so dass er mit bloßen Händen feststellen kann wie sehr es schmerzt, wenn man so übertrieben stark auf die Trommel einschlägt.

Es ist in dieser Wassergegend, dass wir die Mechanismen beobachten können, die zum Faschismus führen. Dieser steht in der Tat im Gegensatz zur Kreativität. Eine faschistische Erziehung, die immer noch mehr oder weniger in Familien und Schulen verbreitet ist, ist charakterisiert durch einen mangelnden Respekt vor dem Individuum und einem autoritativen Eingriff in dessen Vitalität, Körperbezug, Sexualität; sie erstickt die Kreativität. Daher ist es so wichtig, die Kreativität eines Menschen richtig einschätzen und fördern zu können. Wir wären weit weniger mit Selbstmorden bei Jugendlichen, Depressionen und Gewalttaten konfrontiert. Auch der übermäßige Medikamentenkonsum, der Vitalität und Kreativität noch mehr unterdrückt, wäre obsolet.

Wir können uns in diesem Zusammenhang kurz Gedanken machen, wie unsere Zivilisation mit Wasser in der Natur umgeht und inwiefern dieses Verhalten mit den zunehmenden Überschwemmungskatastrophen zu tun hat. Denn wo großflächig zubetoniert wird, Hecken entfernt werden, schwere Traktoren den Erdboden seit Jahrzehnten zusammenpressen, Bach- und Flussläufe gerade ausgerichtet und natürliche Überlaufzonen entsumpft werden, hält nichts mehr das Wasser eines

Platzregens zurück. Vielfach also sind es metallene und betonierte Strukturen, die in den natürlichen Verlauf eingreifen. Es sind dieselben Denkstrukturen, die sowohl auf die Natur wie auf das menschliche Energiesystem einwirken.

Die Transformation eines Chakras erfordert die Zufuhr von spiritueller Energie, die *per definitionem* von einer Ebene jenseits der Emotionen und des Mentalen stammt. Im Fall des Hara-Chakras müssen dessen destruktive Tendenzen – Wut, Gewalttätigkeit, unkontrollierte Sexualität, instinktive Triebe, Hang zu faschistischen Verhaltensweisen, unkontrollierte Einflüsse des Unterbewusstseins – unter die Steuerung einer spirituellen Ebene gestellt werden, also z. B. den angeborenen Qualitäten des Individuums. Das Spielen auf einer Trommel dürfte hier nicht ausreichen. Soll eine echte Veränderung in Gang gesetzt werden, wird es notwendig sein, die Arbeit auf musikalischer Ebene mit der persönlichen Entfaltung zu verbinden, indem z. B. systematische Bewusstseinsübungen psycho-energetischer Art angewendet werden. Wir können im Rahmen dieses Buchs allerdings kaum darauf eingehen, denn die Vermittlung dieser Übungen und das sinnvolle Umgehen mit ihnen kann nur direkt erfolgen.

Auf musikalischer Ebene drückt sich das Element Wasser durch fließend-spielerische Übergänge von einer musikalischen Idee zur nächsten aus, durch lebende, sich laufend leicht verändernde Rhythmen, die sich klar von einer Pulsation unterscheiden: Eine Pulsation ist strikt regelmäßig und formt dadurch eine verlässliche, stabile Struktur; sie gehört damit eher dem Element Erde an. Wenn wir vom Flugzeug aus den natürlichen Verlauf eines Bachs oder Flüsschens beobachten, sehen wir, wie dieser immer Mäander zieht und damit die natürliche Tendenz des fließenden Wassers für lebende Rhythmen zeigt. Ein Bach, der nicht mehr frei fließen kann, hat seine Selbstreinigungskapazität und Vitalität weitgehend verloren.

Große, weiche Handtrommeln, deren Felle nicht zu stark gespannt sind, Rahmentrommeln (irisches Bodhran, nordafrikanisches Bendir, Schamanentrommel etc.), Talking Drum und Udu (nigerianische Tontrommel) scheinen mir ganz besonders geeignet, um den Zugang zum Element Wasser zu verbessern. Die Tatsache, dass der ganze Körper beim Trommeln einbezogen wird, trägt dazu bei. Um einen Rhythmus halten zu können, muss er in das »Körpergedächtnis« integriert worden sein (Unterbewusstsein, Hara) und aus dem Bauch heraus gespielt werden. Die traditionelle chinesische Medizin schlägt seit Jahrhunderten Trommeln vor, um die Wandlungsphase Wasser musiktherapeutisch zu unterstützen. Regenstab, Oceandrum und die vielen Aufnahmen von Wasser (Meeresbrandung, Regen, Bachrauschen etc.), die auf dem Markt erhältlich sind, wirken in dieselbe Richtung.

Tancerituale – die auf Tanz und Rhythmen beruhen – haben seit jeher die Funktion, uns mit der Wasserzone in Harmonie zu bringen. All die zeitgenössischen Musiktrends, wie Rap, Rave, Reggae, Techno, zeigen, wie stark unser Bedürfnis nach Rhythmus ist. Leider wirken ihre manchmal mechanischen, computerisierten Beats tendenziell wieder eher erstarrend und verhärtend. Auch die Djembe-Welle, das Aufkommen des Didjeridoo und anderer Tranceinstrumente unterstreichen das Bedürfnis – und die Schwierigkeiten –, die unsere Kultur dabei hat, wieder ein natürlicheres Verhältnis zum Wasser herzustellen. Mir scheint es wesentlich zu sein, die bewusste Seite der Trance zu fördern wie auch den Respekt vor der Individualität im Gegensatz zu Gruppen- und Massenphänomenen, in denen der individuelle Ausdruck an den Rand gedrängt wird (siehe dazu den Abschnitt in Kapitel 4).

Die Qualität Wasser drängt sich beim Hören des musikalischen Ausdrucks von Patienten oder Klienten in Form von Bildern oder Empfindungen von Wasser und Wassertieren in ihren verschiedenen Erscheinungsformen auf. Diese Art der assoziativen, medialen Wahrnehmung verläuft über die rechte Gehirnhälfte. Sie ist nicht intellektuell, logisch oder analytisch und verlangt etwas Übung. Es handelt sich um eine »weiche«, »periphere« Beobachtung, gewissermaßen aus den Augenwinkeln heraus gesehen. Es lohnt sich, auf die Details der inneren Bilder zu achten. Sie haben in der Regel eine präzise Bedeutung, erhellen nicht nur die Natur eines Problems, sondern auch den gangbaren Weg zur Heilung. Wie in jeder therapeutischen Arbeit müssen wir jedoch lernen, zwischen eigenen Projektionen und echten Informationen, die vom Patienten stammen, zu unterscheiden.

Gesteuerte musikalische Improvisationen mittels Bildervorgaben, vor oder während des Spieles, können hier nützlich sein. Wir können z. B. vorschlagen, aus einem »stehenden« in Richtung eines »fließendem Gewässer« vorzudringen. Die Vorstellung eines Delphins, eines Wals oder eines Seepferdchens können den Zugang zu den Tiefen einer Wasserfläche erleichtern. Ein Sonnenstrahl, der in die Tiefe dringt, kann das Ganze nochmals erleichtern. Es ist immer wieder erstaunlich festzustellen, mit welcher Präzision diese Art innerer Bilder oder das Gefühl eines der fünf Elemente in der Qualität des musikalischen Ausdrucks auftauchen können.

In einer Gruppensituation flüstere ich oftmals zwei, drei Teilnehmern eine Bildvorgabe zu, damit sie diese improvisatorisch auszudrücken versuchen. Die übrigen Teilnehmer bitte ich, zuzuhören, zu fühlen und ihre Eindrücke als Zeichnungen zu Papier zu bringen. Die Übereinstimmung der Zeichnungen mit der urspünglichen musikalischen Anweisung ist immer von neuem überraschend. Ein Bild zu spielen kann natürlich überhaupt nicht über die Logik gelingen. Auch klang-pantomimische Ansätze sind noch zu intellektuell. Der Spielende muss seinem inneren Erleben, seinem spontanen Ausdrucksvermögen vertrauen.

Die Arbeit mit Visualisationen oder Bildern, die aus dem Unterbewusstsein aufsteigen, ist der Interpretation von Träumen sehr verwandt. Anfänglich können die auftauchenden inneren Bilder flüchtig und undeutlich sein. Diese Phase kann sehr schnell vorübergehen. Ich bin mehrmals fasziniert gewesen, festzustellen, dass über die anfängliche Szene hinaus durch Befragung rasch andere, periphere Details ins Bild geholt werden können. Wir können den Betreffenden Fragen zum Wetter stellen, zu den Lichtverhältnissen im Traum oder der inneren Szene, zum Vorhandensein von Tieren oder Menschen, zu dem, was hinter ihrem Rücken abläuft, zur gefühlsmäßigen Atmosphäre in der Szene etc. Meistens können sie ohne weiteres darüber Auskunft geben. Es ist wichtig, in der Beschreibung genau zu sein und festzustellen, wo sich die Objekte oder Lebewesen befinden. Ist der kleine Bach auf der rechten oder linken Seite? Denn diese Bilder entstehen nicht zufällig. Sie sind präzise und erlauben, wenn erforderlich, eine detaillierte Interpretation.

Ganz erstaunliche Begegnungen können stattfinden. Während eines Kurses schlug ich den Teilnehmern vor, sich hinzulegen und sich von der Musik tragen zu lassen. Plötzlich hatte ich den Eindruck, dass eine große, friedliche Wildkatze sich der Gruppe näherte. Sie umkreiste die Gruppe im Halbdunkeln und setzte sich nahe bei einer Frau nieder, kehrte allen den Rücken zu und schaute ruhig in die Ferne. Normalerweise lasse ich derartige Eindrücke einfach stehen ohne groß darüber nachzudenken. Was mich hier allerdings erstaunte, war der Bericht der Teilnehmerin: Sie hatte große, leichte Pfoten über ihren Bauch, dann über den Brustkorb gehen gefühlt, als wenn eine große Katze über sie hinweggegangen wäre.

Ein andermal, anlässlich eines Kurses, den ich in Kopenhagen gab, hatte ich einer Frau in den Sechzigern vorgeschlagen, ein einfaches Instrument in der Raummitte auszuwählen und loszuimprovisieren. Sie wählte ein kleines afrikanisches Daumenklavier aus. Anstatt es, wie üblich, an den Metallzungen zu zupfen, drehte sie es um und begann, leicht auf dessen Bauch zu schlagen. In wenigen Sekunden hatte sich eine intensive Atmosphäre eingestellt. Ich hatte bald den Eindruck, sie im hohen Norden in der Natur sitzen zu sehen. Die Nacht nahte, und mehrere Tiere umgaben sie. Darunter war auch ein großes Tier, das ich nicht klar erkennen konnte. Es hatte etwa die Größe eines Elchs.

Als sie mit ihrem Spiel aufgehört hatte, erzählten wir uns gegenseitig die Eindrücke. Bevor ich etwas sagte, sprach eine Frau kurz von einem Elefanten und ging dann zu etwas anderem über. Dann erzählte die Frau, die eben so wundervoll gespielt hatte, wie sie vor wenigen Tagen nachts erwachte und das Trompeten eines Elefanten gehört hatte. Lachend erzählte sie vom Zweifel an ihrem Geisteszustand, wenn jemand nachts in Dänemark auf dem Land einen Elefanten dröhnen höre. Doch tags danach rief sie ihr Sohn an, und er erzählte, wie er mit seinem Sohn anderswo in Dänemark auf dem Strand im Sand saß, als ein junger Elefant sie von hinten sanft anstieß.

Dies war nun eine Serie von Zufällen, die in unserem Zusammenhang nicht mehr einfach beiseite geschoben werden konnten. Ich war überzeugt, dass darin eine Information lag, die für die betreffende Frau von Bedeutung sein durfte. Ich teilte ihr meinen Eindruck mit. Ich bemerkte ihr gegenüber, wie sehr mir ihre sensible Wahrnehmungsfähigkeit auffiel und dass sie wahrscheinlich eine ausgesprochene

Fähigkeit besitze, mit der Natur und den Tieren in Harmonie zu sein. Dies sei heutzutage eher selten, und sie könne andere Menschen davon profitieren lassen.

Kommen wir zum Wasser zurück. Unterdrückte, verdrängte Emotionen lagern sich gerne um die Becken- und Oberschenkelgegend herum ab. Das Ziel der persönlichen Entfaltung ist eine generelle Harmonisierung, die alle Ebenen einbezieht. Die Arbeit am Aspekt Wasser in uns ist demnach komplex und entspricht der Arbeit am Hara-Chakra. Wenn in einschlägigen Inseraten behauptet wird, in einer Behandlung oder in einem Wochenendkurs das Hara-Chakra – wenn möglich gar alle sieben Chakren – wieder ins Lot bringen zu können, so hat dies nicht viel mit der Wirklichkeit zu tun. Nur schon das Gleichgewicht zwischen weiblichen und männlichen Aspekten in uns herzustellen, eines der Hauptthemen des Haras, ist nicht einfach und braucht Zeit und Geduld. Vielfach ist der Weg das Ziel. Denn speziell im Bereich Wasser ist es wichtig, jegliche Härte uns gegenüber, jedes Forcieren zu vermeiden.

Pädogagische Überlegungen:
Kann der Betreffende seiner Vitalität Ausdruck geben? Hat er musikalisch Zugang zu seiner weiblichen Seite (linke Körperhälfte, Hand, Fuß), zu seiner männlichen Seite (rechte Körperhälfte, Hand, Fuß)? Kann er fließend von einer (musikalischen) Idee zur anderen hinüberleiten? Sind seine Bewegungen eher ruckartig, nicht fließend? Hat er eine Tendenz, die Instrumente zu mishandeln oder grob anzupacken?

Die ungeraden Rhythmen zu 3, 5, 7 etc. Schlägen sind für eine Harmonisierung der Wassergegend besonders gut geeignet. Sie führen zu einer Pendelbewegung des Körpers, da der Hauptschlag sich fortwährend von einer Seite zur anderen verlagert.

Geführte innere Reise mit Bächlein
Eine Frau von Mitte Dreißig hatte Mühe, mit der unteren Bauchgegend in guten Kontakt zu kommen. Sie fühlte sich oft überflutet von Gefühlen von Wut und Zerstörung. Offensichtlich saß sie auf halb verschollenen schmerzlichen Erlebnissen, die nach einer Transformation verlangten. Sie hatte mehrere Schwangerschaftsabbrüche hinter sich, die sie nicht richtig verdaut hatte. In den Kurspausen hatte ich sie oft am Balafon sitzen sehen. Etwas träumerisch und lustlos versuchte sie darauf zu spielen. Ich schlug ihr vor, sich etwas tiefer ins Balafonspiel einzulassen und ein kleines Bächlein zu spielen. Ihr Spiel war anfänglich sehr mechanisch und nicht spielerisch. Es fehlte ihm die Intensität.

Ich schlug ihr deshalb vor, sich einen gurgelnden Bach mit etwas mehr Wasser vorzustellen, der über große runde Bachkiesel hinwegfloss. Sie konnte sich immer noch nicht richtig einbringen. So schlug ich ihr vor, etwas spielerischer damit umzugehen, und sich ein Blatt oder ein kleines Papierschiffchen vorzustellen, wie sie vom Wasser hinuntergetragen werden. Ihr Spiel gewann an Intensität. Ich regte sie an, sich Sonnenstrahlen vorzustellen, die durch die Wasseroberfläche bis auf die Steine hinunterschienen. Ihr Spiel wurde leichter, doch immer noch nicht frei und flüssig wie ein Bächlein.

Sie solle sich vorstellen, wie das Bächlein in einen kleinen See einmünde, bat ich sie. Dann solle sie ihre Aufmerksamkeit unter die Wasseroberfläche in die Tiefe gleiten lassen. Sie sagte, sie fühle sich zunehmend von Dunkelheit umhüllt, doch auch in Sicherheit. Ihr Spiel gewann an »Tiefe«, wurde bestimmter. Die anfänglich mechanische Qualität des Spiels hatte aufgehört. Sie fühlte sich sicherer, auch verborgenen Aspekten des Wasser-Elements zu begegnen. Die Nacht danach träumte sie, wie sie auf der Toilette saß und viel Blut verlor, das von ihrer Gebärmutter herrührte. Dies war ein deutliches Symbol dafür, dass sie einiges von ihrer Geschichte hatte loslassen können. Wir hatten die vorhergehenden zwei Tage im Kurs mit Energieübungen gearbeitet, die mehr Licht in die Körpergegend unterhalb des Nabels bringen sollten. Wie oft, war es die Kombination von Konzentration und empfundener Wahrnehmung, die eine so tiefgreifende Arbeit mit Musik erlaubt hatte.

Feuer △

Das Symbol des Elements Feuer ist ein Dreieck mit nach oben weisender Spitze. Es erinnert uns an das Prisma, mit dessen Hilfe das Licht in seine Bestandteile zerlegt werden kann. Offene Feuer tendieren in ihrer Form zum Dreieck oder Kegel, breit unten und spitz am oberen Ende. Der Aufbau eines Feuers erfolgt am besten über eine Pyramidenform.

Normalerweise empfinden wir keinerlei Schwierigkeiten, unser analytisch-intellektuelles Denken einzusetzen (linke Gehirnhälfte). Wir wenden es derart oft an, dass wir große Mühe haben, auch in der Musik einmal unsere intuitive Gehirnhälfte zu Worte kommen zu lassen. Dies ist umso erstaunlicher, als die Musik eben diese Gehirnhälfte besonders gut stimuliert und uns das Tor zur Gefühlswelt öffnet. Ein Teil der Erklärung, warum dem so ist, liegt in der Armseligkeit unseres Kontakts mit dem Element Feuer in uns selbst und in unserer Kultur generell. Wir haben großartige Feuerwaffen, Raketen, Explosionsmotoren und Atomkraftwerke geschaffen. Gleichzeitig haben wir das Feuer weitgehend aus unseren Häusern verbannt. Es gibt kaum mehr offene Kaminfeuer, kaum mehr richtige Weihnachtskerzen. Wir können beobachten, wie seit einigen Jahren unkontrollierbare, großflächige Waldbrände ganze Landstriche verwüsten und »Terroristen« sich und andere aus blinder Verzweiflung mit Sprengstoff in die Luft jagen. Wir haben Angst vor dem Feuer. Angst ist genau die Emotion der Feuerzone in uns.

Diese Zone reicht, grob gesagt, von kurz unterhalb des Nabels bis zum unteren Rand des Brustbeins. Feuer transformiert Nahrung, Emotionen und psychosomatische Schmerzen. Wir haben Sodbrennen. Es kann geschehen, dass wir von Feuer träumen, dass wir mit einem brennenden Gefühl im Sonnengeflecht aus einem Alptraum erwachen, in dem uns mysteriöse Urängste plagten.

Psycho-energetisch gesehen, liegt inmitten der Feuerzone das Sonnengeflecht mit dem gleichnamigen Energiezentrum – auch Solarplexus genannt. Das Sonnengeflecht ist das Haupttor für Emotionen, die von außen auf uns eindringen. Wer sich vor schmerzlichen Emotionen schlecht zu schützen weiß, wird sich früher oder später so dagegen wehren, dass er sie nicht mehr spüren will. Durch Abschnürung des Zwerchfelles und der damit verbundenen Unterbindung der Bauchatmung schneiden wir uns von den schmerzlichen Gefühlen ab, die in der Bauchgegend erst richtig zum Tragen kommen. Der Bauch wirkt als Resonanzkörper[5], als natürlicher Verstärker für Emotionen. Wenn einmal die Bauchatmung erst abgeschnitten ist, fühlen wir unseren Bauch weniger. Die schmerzlichen Gefühle bestehen fortan wohl weiter, aber im Unterbewusstsein. Sie sind für das Bewusstsein nunmehr außer Reichweite und tun dort, was sie wollen. Meistens richten sie Schaden an, doch wir merken dies erst wieder in der Form von Krankheiten. Dieser Mechanismus führt dazu, dass Ängste dauernd unser Leben versauern und wir Angst davor haben, von den Emotionen anderer überrannt zu werden. Wir ziehen uns zurück, verschanzen uns.

Menschen, die von Ängsten besessen sind, fehlt es an menschlicher »Wärme«. Sie bleiben kalt. Leider stellen sich diese Abwehrmechanismen schon früh in der Kindheit ein. In Extremfällen können sie zu Wachstumsverlangsamung, zu Behinderungen im Gehirn und zu Verhaltensstörungen wie Autismus, Psychosen oder Schizophrenie und evolutionären Dysharmonien führen. Der Nabel mit seinem besonders starken Bezug zu vor- und nachgeburtlichen Ereignissen ist Teil der Feuer-Zone. Wir können vier kollektive Ängste unterscheiden: Angst vor Sexualität, vor Geisteskrankheiten, vor körperlichen Krankheiten und vor dem Tod – ein weites Gebiet, wenn wir mit dem Thema Feuer arbeiten. Die Transformation dieser schmerzlichen Emotionen kann nur durch die Akzeptierung unserer selbst, unserer persönlichen Geschichte, unseren Charakterschwächen und unseren angeborenen Stärken erfolgen. Dann wird aus Angst ein Gefühl der Liebe, Verstehen und Akzeptanz.

Feuer ist für Transformationen unerlässlich. Wir verwenden die Wörter »Emotion« bewusst für schmerzliche Phänomene (Hass, Angst, Eifersucht, Verzweiflung, Depression, Unsicherheit; das untere astrale Energiefeld) und »Gefühl« für nichtschmerzliche Phänomene, also umgewandelte, transformierte Emotionen (Sicherheit, innere Ruhe, Liebe, Freude etc.; das obere astrale Energiefeld). So, wie das Ätherische einen besonders starken Bezug zum Hara (Wasser) hat, so besitzt das Astrale einen besonderen Bezug zum Solarplexus (Feuer) und das Mentale zum Herz-Chakra (Luft). Das astrale oder emotionale Energiefeld erstreckt sich vom Ätherfeld bis hinaus zum spirituellen Energiefeld, wobei das untere Astralfeld, also die schmerzlichen Emotionen, in der Regel näher beim physischen Körper liegt (siehe Abbildung Seite 37). Das Element Feuer bringt Reifung, sowohl in der Natur, wie in uns selbst.

Die Auflösung einer Energieblockade im unteren Körperteil kann eine Wärmewelle auslösen, die dann ganz natürlich wie jede Wärme aufsteigt. Die gelungene Transformation von Emotionen erlaubt es erst, Energie von der unteren Körperhälfte hinaus in das Herzzentrum (Luft) zu leiten. Dies erfolgt in zwei Phasen. Zuerst muss stagnierende Energie in der Hüft-, Becken- und Bauchgegend aktiviert und dem Solarplexus zugeführt werden (Transmutation). Dort wird diese Energie dann transformiert. Wir werden noch davon sprechen.

Feuer bringt uns Kontakt zum Licht. Licht ist ein unabdingbares Ingredienz für jegliche Transformation, denn es steht für spirituelle Energie, die von jenseits unseres Energiefelds stammt. Feuer bringt uns Licht und Hoffnung. Damit können wir eine Richtung, einen tieferen Sinn in unserem Leben erkennen.

In der evolutiven Konzeption der Elemente ruft die Luft das Feuer durch Zusammenballung und Reibung ins Leben. Mit dem Licht können wir die Objekte erkennen, woran uns die yogische Tradition Indiens richtigerweise erinnert (Satyasangananda, 2000). Bewusstsein sieht zum ersten Mal die Objekte, wird sich dadurch erst seiner selbst als separate Einheit bewusst. Gemäß der indischen Tradition entsteht dadurch das Ego. Es ist deshalb nicht weiter überraschend, dass ein starker Zusammenhang zwischen dem Solarplexus-Chakra, dem Sehsinn, den Emotionen und dem unteren Mentalfeld (Intellekt und egozentrische Denkmuster) besteht, denn das untere Mentalfeld kann herangezogen werden, um das bewusste Erleben von Emotionen durch den beschriebenen Mechanismus zu unterbinden. Unsere Sicht wird durch Störungen im Solarplexus getrübt.

Die universelle Intelligenz oder die Schöpfungskraft des Universums wird unter anderem mit einem Dreieck dargestellt, in dem ein offenes Auge zu sehen ist. Die Themen »spirituelles Licht«, »Verständnis«, »Sehsinn« und »Transformation« kommen auch hier wieder zusammen.

Im musikalischen Ausdruck kann ein ungenügender Kontakt zum Feuer leicht erkannt werden. Das Spiel bleibt fade, verschwommen, neblig, langweilig, wenig strukturiert oder zu rigid. Vergessen wir nicht, dass das mangelhafte Funktionieren eines der Elemente sich auch auf die anderen Elemente auswirkt. Immer geht es um ein Gleichgewicht. Hören wir jemandem zu, dem es an Wärme und Ausstrahlung (Licht) fehlt, so wird uns nicht »warm ums Herz«. Werden wir vom Feuer dominiert, müssen wir versuchen, Wasser und Erde zu aktivieren. Ist die Erde dominant, und wir fühlen uns schläfrig, langsam und schwer, brauchen wir mehr Luft und Feuer. Wenn Luft dominiert und wir uns flattrig, nervös und flüchtig fühlen oder uns zu konzentrieren, müssen wir Erde und Wasser aktivieren (Wangyal 2002).

Der Alltag liefert uns alle erforderlichen Beispiele, um ein besseres Gleichgewicht zu erlangen: Wir machen nass-kalte Umschläge, um das Feuer einzudämmen, wir trinken Wasser, wenn wir durstig sind. Das Wetter, bestimmte Emotionen und Gedanken, was wir essen, eine Krankheit, ein Luftzug, Menschen, denen wir begegnen, Lärm, Luftverschmutzung – beinahe alles kann entweder ein Ungleichgewicht der Elemente in und um uns bewirken oder aber uns helfen, diese auszugleichen.

Während wir Erde musikalisch mit Struktur und Grundlage in Zusammenhang bringen können, werden wir Wasser mit lebendigen, wechselnden Rhythmen verbinden und Feuer mit Dynamik, dem Wechsel von laut und leise, Ausstrahlung und Wärme im Ausdruck. Eine therapeutische Arbeit am Element Feuer mag eine große Trommel, einen Gong, ein Becken oder kleinere Metall-Perkussionsinstrumente verwenden wollen. In diesem Kontext können sie feurig und laut gespielt werden, aber auch leise, weich und warm. Es ist jedoch interessant, wie gerade Menschen mit großen Solarplexus-Problemen eben die metallenen Instrumente vermeiden wollen. Sie reagieren allergisch auf deren Klänge. Man muss sehr behutsam vorgehen und darf nicht forcieren. Auf der Imaginationsebene können wir Bilder von brüllenden Löwen oder feuerspeienden Drachen, Blitz und Donner heranziehen. Sobald der Betreffende diese grobe Dimension in seinen Ausdruck integriert hat, können wir dazu übergehen, Wärme und Ausstrahlung auszudrücken. Wir können dazu eine aufsteigende Sonne verwenden, die sanfte Wärme einer Kerze, die Glut des Feuers oder den warmen Sand am Strand, auf den wir uns wonnig legen. Ein »Gewitter reinigt die Luft«.

Die Mechanismen des Solarplexus sind sehr komplex. Unsere Ängste wurzeln oft tief. Unsere instinktiven Reaktionen sind deshalb häufig von Vorurteilen geprägt. Unsere mental-emotionalen Abwehrmechanismen sind raffiniert und dürfen nicht unterschätzt werden, weder bei unserem Gegenüber, noch bei uns selbst. Unsere emotionellen Strukturen besitzen eine eigene Intelligenz und haben eine Tendenz, sich dem Wandel zu widersetzen.

Die Interpretation der Feuersymbole in unseren Nacht- und Tagträumen liefert uns wiederum viele Details über die psycho-energetische Struktur des Klienten. Feuer bringt Verwüstung und Transformation. Es ist ein Katalysator, der Veränderungen ermöglicht, Neues hervorbringt wie den Phönix, der aus der Asche kommt. Wie die Erde, so ist das Feuer eine männliche Energie und im energetischen Sinn positiv. Wasser und Luft dagegen sind energetisch negativ und besitzen eine weibliche Energie. Die Bilder unseres Unterbewusstseins zeigen uns, ob wirkliche Reinigungsprozesse durch Feuer in Gang sind oder ob unser inneres Feuer am Ersticken ist. Um Feuer in einem produktiven Sinn unter Kontrolle bringen zu können, braucht es das Element Erde, das eine sichere Abgrenzung (Feuerstelle, Ofen etc.) und Brennstoff liefert. Auch der elektrische Strom (Feuer) wird durch metallene Kabel geleitet (Erde). Die Erde hilft auch, Wasser zu kanalisieren (Bachbett, Kanäle, Wasserleitungen etc.). Dies weist uns wieder auf die Bedeutung der Erdung hin. Die Beobachtung der Elemente in der Welt gibt uns Informationen, wie sie sich gegenseitig ausgleichen. Äußere und innere Prozesse sind sehr ähnlich. Wasser kühlt oder löscht ein überbordendes Feuer. Luft kann das Feuer anfachen oder zumindest mit Sauerstoff versorgen.

Pädagogische Überlegungen:
Hat der Teilnehmer Angst vor bestimmten Klängen? Vor welchen? Bei metallenen Klängen kann dies auf eine Verletzbarkeit in der Sonnengeflechtregion und im Nervensystem schließen lassen. Ist seine Ausdrucksweise warmherzig? Hat er eine Tendenz, die Sitzung kontrollieren zu wollen? Kann dies eine Angst vor innerer Leere und Machtlosigkeit erahnen lassen, vor einem Unvermögen kreativ zu sein, Emotionen und Gefühle nicht spüren zu können?

Um das Ausdrücken von Emotionen zu erleichtern, ist die Stärkung des Feuer-Elements erforderlich. Wir können das »Brüllen des Löwen« vorschlagen, den »Zorn des Drachen«, den »Donner« oder den »Waldbrand«, alles mit Trommel, Gong und, wenn immer möglich, unter Einbezug der Stimme, doch auch sanftere Bilder, wie den »Brotbackofen«, den »Heizkörper«, die »Kerze«, einen »Scheinwerfer« etc.

Eine ganze Reihe von Instrumenten begünstigen die bewusste Integration der Feuer-Qualität in uns: Xylophon mit harten Schlegeln gespielt, Rasseln, Claves, Woodblock, Ratsche, Guiro, Chascas, Becken, Glocken, Gong, Klangschalen aus Metall oder Glas. Vom »Löwengebrüll« abgesehen, gibt es Laute und Silben, auch Mantren, die das Sonnengeflecht stärken: »Heya«, »Hoho«, »Ram« (indisches Bijamantra, Perret 1998) oder Worte wie »Rassel«, »Grollen«, »das macht mich rrrasend«, »rrraus hier!«.

Erst die Arbeit am Element Feuer kann manchmal Zugang zu Emotionen des Wasser- oder Erde-Bereichs ermöglichen. Ich habe einen sechsjährigen Knaben in der Musiktherape, der regelmäßig nach zehn Minuten jegliche Energie verliert und danach am liebsten am Boden liegt. Erst als ich eines Tages darauf bestand, eine Feuer-Phase mit lautstarkem Herumschlagen auf Trommel, Xylophon und Becken einzuschalten, fand er zum ersten Mal im Musikatelier Zugang zu seiner Vitalität und Kreativität. Zum ersten Mal auch gelang es ihm, seinen Körper einzubeziehen, indem er knieend auf seinen Fersen wippte. Wir arbeiten meistens am Boden.

Luft ○

Das Symbol für das Luftelement ist der Kreis. Der Kreis ist seit jeher ein Symbol für Einheit, für das Alles-was-Ist, aber auch für unseren Bezug zu allem, dem Universum und dem Spirituellen, denn, wie es die Indianer so schön sagen: »Wenn wir uns im Kreis gegenüberstehen, sind alle gleich. Wir gehören alle zum Kreis des Lebens.« Der Kreis erinnert auch an einen Luftballon. Die Luft-Gegend in uns umfasst den ganzen Brustkorb und damit die Lungen, das Herz und die Thymusdrüse. Luft, Lungen und Herz sind an einem fortwährenden Austausch beteiligt:

Luft und Lunge mit dem Fernen und Nahen, dem Innen und Außen, dem Unten und Oben – Geist und Materie, wir und die anderen. Das Herz ist an einem inneren Austausch mit denselben Eigenschaften beteiligt, nur vermehrt auf energetischer Ebene über das Herz-Chakra.

Die Luft erlaubt es Distanz zu nehmen, alles aus der Vogelperspektive sehen zu können. Das Herz-Chakra ist die erste Tür zu den spirituellen Dimensionen, zu mehr Freiheit, zur ewigen Quelle und zum Mitgefühl. Mitgefühl und Freude sind denn auch die positiven Seiten der Herzenergie. Sie weisen uns den Weg aus der Sackgasse der Depression und des Selbstmitleids hin zu anderen, höheren Dimensionen. Das Wort »Depression« weist auf die Parallele zur Wetterkunde, zu den Luftdruckverhältnissen hin. Denn Depression ist Tiefdruck. Energetisch bleibt die Herzenergie nahe an die Körperoberfläche gedrückt. Wir fühlen uns bedrückt. Etwas liegt uns schwer auf dem Herzen. Dann wird mit großer Wahrscheinlichkeit bald auch das Immunsystem in Mitleidenschaft gezogen werden, und zwar über die Thymusdrüse, die in unmittelbarer Nähe zum Herz-Chakra liegt, hinter dem oberen Brustbein. Das Wort »Thymus« kommt vom altgriechischen *thumos*. Es bedeutet »Sitz der Leidenschaft« und weist damit auf das hin, was uns leidenschaftlich beschäftigt. Die Tibeter sagen, dass die Luft uns die Schnelligkeit gibt, eine schmerzliche Emotion in ihr Gegenteil zu verwandeln.

Können wir den Zustand des Luft-Elements im musikalischen Ausdruck eines Menschen heraushören? Wie hören wir, dass er depressiv ist und zu »ersticken« droht? Wir finden im Luft-Element die manische Seite (»Hochdruck«, »Schönwetterlage«) und andererseits die depressive, schwere Seite (»Tiefdruck«, »Gemütsschwere«). Die großzügigen Bewegungen einer Melodie, die Leichtigkeit im Spiel lassen die Gegenwart des Elements Luft erahnen. Das Charakteristische des Luft-Elements im musikalischen Bereich kann unter dem Wort »Fluktuation« zusammengefasst werden, also Bewegungen oft unerwarteter Art, inneren Impulsen folgend, weit ausschweifend und wieder ganz in der Nähe herumflatternd, Beschleunigung und Verlangsamung. Melodien tragen uns fort, verleihen uns »Flügel.

Die Musikinstrumente, die den Kontakt zur Luft erleichtern, sind z. B. Flöten oder generell Blasinstrumente und das Monochord (siehe Anhang). Aber auch der Gesang und die (Tanz-)Bewegungen der Arme, die die Musik begleiten, wirken in diese Richtung. Dazu gehören aber auch alle Melodieinstrumente wie Geige oder Oboe, sowie Harmonieinstrumente, auf denen sich Melodien spielen lassen, wie Klavier, Orgel, Akkordeon und dergleichen. Während die Blasinstrumente wie Trompete, Horn, Tuba, Saxophon etc. eine deutliche Tendenz zum Feuer haben, haben die metallenen Perkussionsinstrumente wie Gong, Glocken, Klangschalen und Klangröhren eine starken Bezug zu den Lungen (wie dies auch in der traditionellen chinesischen Medizin vorgeschlagen wird) und dem mentalen Energiefeld. Der Klang dieser Metallinstrumente bringt eine Ausweitungsbewegung des Bewusstseins mit sich.

Flötenspieler müssen besonders auf eine gute Erdung achten, denn das Flötenspiel (Tendenz Luft in Instrument und Melodie) kann sie leicht den Boden unter den Füßen verlieren und »abheben« lassen. Dies lässt sich aus ihrem Spiel heraushören. Schon vom Zuhören allein kann uns schwindlig werden. Ihr Spiel wird dann zu luftig und verliert sich in der Ferne. Wir spielen, was wir sind ...

Ein Ungleichgewicht in diesem Teil unseres psycho-energetischen Systems, besonders was den oberen Brustbereich anbelangt, kann aus der frühen Kindheit stammen. Aber auch der ungenügend verarbeitete Todesfall eines nahestehenden Menschen belastet diese obere Luft-Zone. Es ist auch wichtig, nicht auf bitteren Gefühlen sitzen zu bleiben, denn sie tragen zur Niederdrückung der Herzenergie bei. Das Französische kennt die Wörter *rancœur* und *rancune*. Sie setzen sich zusammen aus »ranzig« (frz. *rance)* und »Herz« (frz. *cœur*). *Rancune* bedeutet »nachtragend sein«. Es sind Emotionen, an denen wir hängen bleiben, wenn wir uns als Opfer einer Ungerechtigkeit fühlen.

Erinnern wir uns daran, dass *spirare* im Lateinischen »Atmung« bedeutet und in den Worten »Inspiration«, »spirituell« und »Aspiration« enthalten ist, während »Atmung« vom Sanskrit-Wort *atman*, »Geist«, stammt. Die Thymusdrüse schrumpft nach der Pubertät, wenn sie keine spirituelle Energie zugeführt bekommt.

Die Luft ist in ständiger Bewegung. In der Musik lädt uns das Luft-Element ein, uns selbst zu bewegen, die Arme auszubreiten und zu tanzen. Der Tastsinn ist denn auch dem Luft-Element und dem Herz-Chakra zugeordent. Wir können sehr wohl fühlend hören, ob uns Musik beschwingt, eine Leichtigkeit vermittelt oder ob sie im Gegenteil schwerfällig ist und nicht »abhebt«, ob sie eine innere Freude verbreitet, eine Glut entfacht oder nur oberflächlich ist.

Ein Vogel – allen voran der Adler – oder ein Segelschiff sind Symbole des Luft-Elements. Sie erinnern uns an unsere geistige Heimat, an den Himmel und die »fernen Länder unserer Träume«. Symbolisch fühlen wir, dass der Vogel näher am Göttlichen ist, wenn er hoch oben in den Lüften kreist oder wie die Schwalbe freudig durch die Luft fegt. Sie sind die Botenträger, die Vermittler zwischen Oben und Unten. Wir können sie darum beneiden, Abstand zur Bodenebene nehmen zu können und von oben einen Überblick zu haben, der uns zeitweise fehlt. Wer möchte nicht wie der Vogel sich manchmal über die täglichen Proleme erheben können, den Horizont erweitern und so Meister seines Schicksals sein? Gleichzeitig haben Adler einen scharfen Blick. Nichts entgeht ihnen am Boden. Das Symbol des Vogels bringt uns näher zum Element Raum. Andere Luft-Symbole sind der fliegende Drachen, die Fahnen im Wind, die (schwebende) Feder; letztere ist auch das Symbol für Intuition und Einfälle.

Pädagogische Überlegungen:
Fühlt sich der Betreffende »leicht« an? Hat er »Flügel«, wenn er spielt, eine melodische und harmonische Feinfühligkeit, einen Sinn für das Schöne? Unternimmt er

depressive Rückzüge? Als Anregung kann man den »kreisenden Adler« spielen, die »wirbelnden Herbstblätter im Wind«.

Raum ⊙

Wie lässt sich Raum besser erkennen denn durch seine Abwesenheit? Menschen, die kontinuierlich geschäftig sind, die meinen, immer »Lärm« auf einem Instrument produzieren zu müssen, die weder sich selbst noch anderen Ruhe gönnen, fehlt Raum und Stille. Sie haben ihre eigene Mitte nicht gefunden. Wir können Raum erleben, wenn wir uns auf einen Berg begeben oder wenn wir uns im Blau des Himmels oder im Sternenhimmel verlieren. Wir finden dasselbe Gefühl wieder am Strand am Meer, wenn unser Blick den Horizont absucht, in einer großen Ebene oder in der Oberfläche eines Sees. Wir können uns dann in eine Weite vertiefen, sie in uns aufnehmen und in ihr aufgehen.

Raum bezieht sich auf die Tatsache, bewusst zu sein. Wie das Bewusstsein hat auch Raum weder Anfang noch Ende, weder Farbe noch Form, und dennoch existiert nichts ohne ihn. Wir wissen es von der Atomphysik her: Jedes Atom besteht aus einem winzigen Kern und einigen Elektronen, die in – im atomaren Maßstab – unglaublicher Entfernung um ihn herumkreisen. Alles andere ist Zwischenraum, »Zwischenraum hindurchzuschaun«, wie es im Gedicht heißt. Im Universum wie im Atom – das dominante Element ist Raum. Raum füllt alles, was zwischen den Menschen liegt, zwischen den Objekten. Raum, manchmal auch Äther genannt, erlaubt erst, dass sich etwas zwischen uns abspielt.

Mit diesem Element erreichen wir den Bereich der Meditation, der Begegnung mit der Stille, der Fähigkeit, einfach zu sein. Die zwei Pole des Kehlkopf-Chakras sind Ausdruck und Unterdrückung. Die Wahl steht zwischen Bewusstsein einerseits und Verdrängung und Unbewusstsein andererseits. Die Tibeter sagen: Wer dieses Element meistert, kennt die Natur des Geistes. Er kennt das Wesen der Dinge und braucht nicht außerhalb nach den Ursachen seines Problems zu suchen. Indem er die Ursachen im Raum erkennen kann, braucht er sich nicht mehr länger mit ihnen zu identifizieren (Wangyal 2002). Dies erklärt, warum in den tibetischen Traditionen des Tantra und des Dzogchen der Raum als das wahre innere Zentrum angesehen wird. »Stille ist das absolute Gleichgewicht zwischen Körper, Geist und Seele. Menschen, die diese Einheit des Seins bewahren können, bleiben für immer ruhig, unberührt von den Stürmen der Existenz.« (Ohiyesa-Indianer).[6]

Die Körperzone, die dem Element Raum zugeordnet ist, liegt zwischen dem oberen Rand des Brustbeins und dem Stillepunkt an der Nasenwurzel zwischen den Augenbrauen. Sie schließt damit Hals, Mund, Ohren, Stimmbänder, Schilddrüse und Kehlkopf-Chakra mit ein. Sie umfasst damit auch die meisten Stresszonen des unteren mentalen Bereichs: Schultern, Nacken und Unterkiefer.

Das Symbol des Kreises des Luft-Elements zieht unsere Aufmerksamkeit zu seinem Rand hin, während das Hinzufügen eines Punkts im Kreiszentrum unsere Aufmerksamkeit ins Zentrum zieht, gleichzeitig aber auch auf den Raum zwischen Kreisrand und Mittelpunkt. Dieses Symbol wurde für Bewusstsein und Sonne verwendet.

Da der Klang sich nicht im Nichts verbreiten kann, wird in der indischen Tradition erklärt, dass erst der Raum oder Äther ihm erst das erforderliche Medium dazu liefert. Die yogische wie auch die tibetische Tradition erinnern uns daran, dass uns dieses Element die Kontrolle über die Emotionen verleiht. Sobald das Element Raum die Oberhand gewinnt, wendet sich unser Bewusstsein von der Anhaftung an die sinnliche Welt ab. Raum ist deshalb wesentlich für die spirituelle Entfaltung.

Um dieses Element ausdrücken zu können, ist ein guter Kontakt zu den vier ersten Elementen, den vier unteren Chakren, erforderlich. Guter Kontakt will heißen, dass die schmerzlichen Emotionen der vier unteren Zonen erfolgreich transformiert werden. Unsere Stimme widerspiegelt dieses ganze Geschehen, ebenso der Nacken und die Vielzahl der kleinen Muskeln, welche die Stimmbänder steuern und alle Spannungen des Körpers wiedergeben.

Die Eigenschaften von Raum und Stille sind ein seltenes Ingredienz in der westlichen Musik. Gegen Ende der Sechziger Jahre tauchte jedoch dieses Element plötzlich vermehrt in der Musik auf. Die Aufnahmestudios begannen, Echo- und Halleffekte zu verwenden, und versuchten damit im Studio den weiträumigen Effekt in Kirchen und großen Hallen herzustellen. Die sogenannte New-Age-Musik wurde stark durch Künstler beeinflusst, die jahrelang Meditation praktizierten. Wir können dies in den weiten Klangräumen hören, die aus Synthesizer-Klangteppichen und elektronischen Klanglandschaften kreiert wurden. Diese Entwicklung lief parallel zum neu entdeckten Interesse an gregorianischem Gesang in großen Kirchenräumen, den tibetischen Klangschalen, Gongs, Obertonsingen, Meditationsmusik und der Neuschöpfung von Instrumenten wie dem Monochord. Es ist vermutlich auch kein Zufall, dass in jenen Jahren die großen Abenteuer der Raumfahrt und die Erforschung des interstellaren Raums begann. Erinnern wir uns auch an den Film »Odyssee 2000« von Stanley Kubrick. Die Eigenschaft Raum scheint seit den Sechziger Jahren generell an Bedeutung zugenomme zu haben.

Pädagogische Überlegungen:
Wir müssen beobachten, in welchem Maß der Betreffende das musikalische Spiel eines anderen Menschen hören und kommentieren kann. Kann er einen musikalischen Dialog mit jemandem aufnehmen? Fehlt bei ihm Raum, welche anderen Elemente ziehen unsere Aufmerksamkeit an? Dann können wir möglicherweise mit der Arbeit an diesem Element beginnen.

Indem wir die fünf Elemente im musikalischen Ausdruck hervorheben und Klanggemälde anstatt Melodien schaffen, können sich alle Teilnehmer eines

Klangworkshops auf einer gemeinsamen Ebene treffen. Sind wir nicht im Kontext von Kreativität und spiritueller Entwicklung nicht alle auf derselben Ebene und immer irgendwie Anfänger, ob jung oder alt, Musiker oder Nicht-Musiker, geistig oder körperlich mehr oder weniger behindert? Wenn die musikalischen Vorgaben diese Situation noch fördern, umso besser. Denn kreativ zu sein und innerlich zu reifen, verlangt von uns eine Bereitschaft, Schritte ins Unbekannte zu wagen. Mut und ein spielerisch-leichtes Vorgehen sind gefragt – im Leben wie in der Musik.

Ich hörte von einer dänischen Firma, die Computersoftware herstellt. Sie wollte immer einen Komponisten im Team haben, denn Musiker hätten einen besonders kreativen, spielerischen Geist und könnten damit zu neuen, unerwarteten Lösungen beitragen.

Die Gegenwart oder Abwesenheit gewisser Elemente, die spezifische Form, die ein Element annimmt, sind ebenso aufschlussreich für die Teilnehmer wie für denjenigen, der spielt. Sie erfahren, wie präzise innere Gefühle ausgedrückt werden können und lernen zu schätzen, welcher Reichtum an Information durch eine Improvisation enthüllt wird. Der Ansatz der fünf Elemente gibt viele Schlüssel, um unser psycho-energetisches System, unsere Emotionen und Gedankenstrukturen, die Spannungen in unserem Körper sowie unsere tiefen Bedürfnisse besser zu verstehen. Es ist immer faszinierend zu sehen, wieviel unseres Innenlebens in unserem Ausdruck so offen an den Tag gelegt wird. Musikalität, Inspiration, Kreativität, Ausstrahlung im musikalischen Ausdruck werden zugänglich, verständlich und in eine Dynamik gestellt, die jedermann zu steuern lernen kann.

Die fünf Elemente in der chinesischen und tibetischen Tradition

In der traditionellen chinesischen Medizin (TCM) gibt es sehr alte Texte, die aus der Zeit Huangdis, des mythischen »gelben Kaisers«, stammen, der etwa 600 vor Christus gelebt haben soll. Sie empfehlen die Verwendung von bestimmten Musikinstrumenten, um auf die fünf Wandlungsphasen einzuwirken: Holz, Feuer, Erde, Metall, Wasser. Wenn diese fünf Phasen ähnliche Bezeichnungen tragen und zudem manchmal auch fälschlicherweise »fünf Elemente« genannt werden, sind sie mit unseren fünf Elementen nicht direkt vergleichbar. Denn in der TCM handelt es sich wirklich um fünf Phasen, welche dieselbe Energie, dort Qi genannt, kontinuierlich durchläuft. »Holz« tendiert zu »Feuer«, »Feuer« zu »Erde« usw. Unsere fünf Elemente stellen hingegen fünf verschiedene Verdichtungsebenen der Energie dar, vom subtilsten und flüchtigsten, dem Äther bis hin zum dichtesten, dem Element Erde, das dem physischen Körper entspricht. Die beiden Systeme sind jedoch keineswegs widersprüchlich, und es gibt verschiedene Brücken zwischen ihnen, vor allem in der traditionellen tibetischen Medizin, die Elemente aus der indischen, chinesischen und frühen tibetischen Tradition integriert hat.

In der TCM sind die Wandlungsphasen mit Organsystemen und der physischen Gesundheit verbunden, aber auch mit deren psychosomatischer Seite. TCM arbeitet stark mit der körperlichen und der ätherischen Ebene. Die sogeannten Meridiane sind Energielinien im Ätherkörper. Unsere fünf Elemente dagegen konzentrieren sich weniger auf die körperliche Ebene, sondern versuchen, zu den Ursachen vorzustoßen und legen mehr Wert auf die Integration der astralen, mentalen und spirituellen Energiefelder. Die Arbeit am Verständnis beider Systeme ist befruchtend, doch recht komplex.

Die Musikinstrumente, die in der TCM empfohlen werden, um die fünf Wandlungsphasen zu aktivieren, geben uns zum Beispiel wertvolle Hinweise über das Funktionieren der Klänge. Für die Phase Erde wird geraten, eine Art Okarinaflöte aus Ton zu verwenden (Paul & Paul 1983). Für Metall verwendeten sie Metall-Klangröhren, für Wasser Trommeln, für Holz Instrumente aus Bambus (Flöte, Perkussion) und für Feuer Instrumente mit Seidensaiten, was meines Erachtens heutzutage etwa einer Harfe mit Saiten aus Darm oder Karbon entsprechen dürfte.

Es ist interessant festzustellen, wieviele Eigenschaften die Phase Erde in der TCM mit unserem Element Erde gemeinsam hat, z. B. was Gedächtnis und Konzentration anbelangt. Auch zwischen den Organen der Phase Wasser der TCM, Nieren, Blase und Hara-Chakra (das die Blase einschließt) und dem Element Wasser gibt es viele Entsprechungen. Holz in der TCM schließt die Leber ein, die sich in der Einflusszone unseres Solarplexus und dem Feuer befindet. Das TCM-Feuer betrifft vor allem das Organ Herz, zu dem hin alle Energie aus der Transformation des Feuers in unserem System tendiert.

Die fünf Elemente Erde, Wasser, Feuer, Luft und Raum sind stark in der tibetischen Tradition verwurzelt. Ganz besonders deren Bön-Tradition, die weit in die vorbuddhistische Zeit zurückreicht, scheint sie in einer Art und Weise anzuwenden, die der unseren eng verwandt ist, denn sie folgt dem Verhalten der Elemente in der Natur. Ihre Beschreibung der Element-Eigenschaften ist der unseren sehr ähnlich. Die tibetische Tradition spricht von sechs Chakren in Tenzin Wangyal Rinpoches Tradition (2002), während andere Zweige des tibetischen Buddhismus nur deren fünf verwenden. Wangyals Zuordnung eines Elements zu je einem Energiezentrum oder Chakra und einem Organ nähert sich der chinesischen Tradition, wobei jedoch Metall durch Luft, Holz durch Feuer und das chinesische Feuer durch Raum ersetzt wird. Wie so oft ermutigt uns auch diese Komplementarität, weiter über das Thema zu forschen, um die Zusammenhänge und Unterschiede besser zu begreifen. Schließlich dreht es sich immer um denselben Menschen. Unser Verständnis kann sich durch Studium nur vertiefen.

Tonart E-Dur, Sternzeichen Löwe, Element Feuer

3
Neuro-musikalische Schwellen

Eine Langzeit-Beobachtung

SEIT EINIGEN JAHREN beobachte ich Verhaltensänderungen, die parallel zu Durchbrüchen in der Evolution des musikalischen Ausdrucks eines Menschen erfolgen. Dies lässt sich am einfachsten während freier Improvisationen feststellen, die an sich die Tendenz haben, Ausdruck und inneres Empfinden in Einklang zu bringen. Wir können diese Durchbrüche jedoch auch im Spiel vom Notenblatt oder aus der Erinnerung beobachten. Im Rahmen meiner Arbeit als Musiktherapeut in der Kindertagesklinik CATTP (Centre d'Acceuil Thérapeutique à Temps Partiel) von Corrèze in Zentralfrankreich wurde ich auf diese Schwellen im musikalischen Ausdruck aufmerksam. Dort arbeiten wir, parallel mit einer ganzen Palette von therapeutischen und erzieherischen Ateliers, mit jungen autistischen und psychotischen Kindern und solchen, die disharmonische Entwicklungsstörungen aufweisen. Sie sind meistens zwischen vier und acht Jahre alt, können aber auch schon viel früher zu uns kommen.

Ich sehe ein Kind meistens alleine in einer wöchentlichen Musiktherapiesitzung. Diese dauert in der Regel eine halbe Stunde. Meistens kommt ein Kind zwischen zweieinhalb und vier Jahren zu mir in die Therapie; im Durchschnitt währt eine Therapiephase 32 Monate, was etwa 58 Sitzungen entspricht. Es besucht normalerweise auch andere Ateliers im CATTP, z.B. für Malen und Kneten, für Video, Märchen, Psychodrama oder Computerlernprogramme, es geht zur Schule und bekommt Sprachheilunterricht, es nimmt an Wasserspielen oder körperorientierten Therapien teil etc.

Weil ich das Kind während mehrerer Jahre sehe, kann ich Phänomene beobachten, die bei einer kürzeren Dauer weit schwerer zu ermitteln wären. Was uns auf therapeutischer Ebene interessiert, sind die dauerhaften Verhaltensveränderungen. Diese fallen manchmal klar mit dem Überschreiten einer Schwelle zusammen, die ich als »neuro-musikalische Schwellen« bezeichnet habe. Ich habe mittlerweile sieben Hauptschwellen feststellen können. Diese sieben Schwellen werden allerdings recht selten überschritten. Ich kann im Lauf eines Jahres nur etwa ein halbes Dutzend solcher Ereignisse beobachten, dies bei einer Gesamtzahl von ungefähr 200 Sitzungen. Umso mehr unterstreicht dies deren Bedeutung.

Das erste Mal, an dem ich einsehen musste, dass es solche schwierig zu überschreitenden Schwellen gibt, geschah bei der Arbeit am Thema des Übergangs von der Pulsation zum Rhythmus (Perret 2003). Ich habe während eines ganzen Jahres mit »Artos« daran gearbeitet, ohne ihn jemals zu drängeln, aber immer wieder zum Thema zurückkehrend, um ihm den Unterschied klarmachen zu können. Ich sang den Rhythmus oder klatschte ihn mit meinen Händen, spielte ihn auf einem Instrument oder tanzte ihn. Ich klopfte ihm den Rhythmus sanft auf den Rücken, wenn er sich wieder einmal auf die große Rahmentrommel gelegt hatte. – Viele Kinder lieben es, sich auf diese große tibetische Doppelrahmentrommel zu legen. Womöglich erinnert sie das große Fell der Trommel irgendwie an den Bauch ihrer Mutter. Einmal sprach ein Kind auch das Wort »Bauch« aus (siehe auch den Abschnitt zum Element Wasser im vorigen Kapitel). Dann, eines Tages, begann »Artos« von sich aus, einen komplexen Rhythmus auf der Trommel zu spielen, als wäre es das Einfachste auf der Welt. In der darauffolgenden Pause sah ich ihn mit einem Plastikkübel unter dem Arm umhergehen, auf welchem er munter Rhythmen spielte. Die Schwelle war überschritten.

Ich musste die Bedeutung der neuro-musikalischen Schwellen einsehen, als ich daraufhin weitere Phänomene beobachten konnte, die auf unsichtbare Widerstände schließen ließen. Dies umso mehr, als ich im Gespräch mit meinen Kollegen, mit Lehrern und Eltern feststellen konnte, dass parallel dazu wesentliche Verhaltensänderungen in anderen therapeutischen und pädagogischen Ateliers sowie im Alltagsleben auftraten. Diese Schwellen dürften sehr wahrscheinlich Zeugen von Veränderungen in den neurologischen Schaltkreisen im Gehirn sein, die nur ungenügend aktiviert worden waren und deshalb zeitweise ihre volle Funktionsfähigkeit eingebüßt hatten. Wir werden noch darauf zurückkommen.

Wir können vergleichbare Schwellen in der Evolution der Zeichnungen eines Kindes beobachten. Geneviève Haag beschreibt die Bedeutung der Entwicklung der vertikalen und horizontalen Achsen sowie der Formen, die im Zentrum des Zeichenblatts oder in dessen vier Ecken auftauchen, der Rücklaufschlaufen, der rhythmischen Wischbewegungen, Spiralen oder das erstmalige Auftauchen des ganzen Körpers etc. (Haag 1998).

Die Langzeitarbeit mit einem Patienten, die ganz offensichtlich auf ein bedeutendes Hindernis in seiner Entwicklung gestoßen ist, kann für den Therapeuten oft schwer sein. Denn wir geben uns ganz in eine therapeutische Beziehung hinein und versuchen, uns auf die Natur des Engpasses auf energetischer, emotionaler und mentaler Ebene einzulassen. Wenn wir mit Mitgefühl arbeiten, umgibt unser ganzes Energiefeld den Patienten und fühlt sich in sein Energiesystem ein. Diese Engpässe sind häufig mit tiefen Nöten sowie schmerzlichen Emotionen von Ablehnung und Fehlschlägen verbunden. Dies ist auch der Grund, warum die Überschreitung einer wichtigen Entwicklungsschwelle von Therapeuten, Lehrern und Eltern nicht unbeobachtet vorbeigeht und generell einem Gefühl der Erleichterung Platz macht.

Seit Jahren nun erzähle ich davon, gehe zu Kolloquien, internationalen Konferenzen, versuche Kontakt zu Kollegen und Wissenschaftlern per Internet aufzunehmen in der Hoffnung, auf schriftliche Arbeiten oder Kollegen zu stoßen, die auf diesem Gebiet arbeiten. Sehr wenig scheint dazu geschrieben worden zu sein. Ich werde auf Recherchen in den Neurowissenschaften später zurückkommen, die vor allem die Schwelle von der Pulsation zum Rhythmus zu bestätigen scheinen.

Seit mehr als zwei Jahren arbeitete ich mit »Hase« im Musiktherapie-Atelier. Er stieß ganz deutlich seit jeher an die Kreativitätsschwelle und konnte sie nicht überschreiten. Er blieb in Aggressivität und Langeweile stecken, was klare Zeichen von Selbstzerstörung sind. Dann, eines Tages fühlte ich, wie er bereit schien, dieser Barriere zu begegnen und dass die Zeit reif war, einen entscheidenen Schritt in diese Richtung zu unternehmen. Ich konfrontierte ihn mit meinen Beobachtungen und sprach zu ihm wie zu einem Erwachsenen. Zu jener Zeit war er sieben Jahre alt. Ich bestand darauf, dass er endlich Musik spielen sollte, anstatt Lärm zu machen. Ich wollte, dass er von nun an hier im Atelier selber etwas schuf, ein Lied, eine Melodie, irgendetwas – dass er sich endlich einmal mit den Musikinstrumenten vergnügte!

Ich hatte schon mehrmals festgestellt, dass, wenn ich einem Kind zum richtigen Zeitpunkt klar erkläre, was ich von ihm erwarte und was ich von seinem bisherigen Tun halte, oft erstaunliche Änderungen eintreten können. Dies geschah mit »Hase«. – Wir können nämlich sehr wohl auch das Gegenteil tun und in unbewusster Empathie die innere Haltung des Patienten mitsamt seinen gewohnheitsmäßigen Beschränkungen übernehmen. Indem wir damit aber sein Komplize werden, seine Denkstrukturen übernehmen, schränken wir die Evolutionschancen des therapeutischen Prozesses ein. – Von einer Woche auf die andere änderte »Hase« sein Verhalten radikal und überschritt gleichzeitig drei wichtige Schwellen: Rhythmus, Kreativität und spontanes Singen. All die therapeutische Arbeit, die wir sowohl in der Musiktherapie wie in den anderen therapeutischen Aterliers des CATTP gemacht hatten, schien plötzlich Früchte tragen zu wollen.

Mir war die Bedeutung dieses Augenblicks bewusst. Ich ging deshalb von einer Kollegin zur anderen und fragte sie, ob sie Veränderungen im Verhalten von »Hase« seit jenem Zeitpunkt hatten feststellen können. Tatsächlich hatten auch sie die Verhaltensveränderung bemerkt. »Hase« zeigte viel weniger Aggressivität. Er hatte praktisch aufgehört, von seinem obsessionellen Thema, Töpfen aller Art, zu sprechen, war viel anhänglicher geworden und konnte seinen Emotionen besser Ausdruck verleihen.

Ich erinnere mich an eine vergleichbare Situation mit »Flamingo«, der nach drei Jahren musiktherapeutischer Arbeit endlich die Schwelle zur Kreativität überschritt. Wieder machte ich die Runde bei meinen Kollegen und fragte sie, ob sie Veränderungen in seinem Verhalten seit dem entprechenden Zeitpunkt festgestellt hatten. Und tatsächlich, im Malatelier hatte »Flamingo« zum ersten Mal von sich aus zu malen begonnen, wo er sich bis dato lieber unter dem Maltisch verkrochen hatte. Im Computer-Atelier hatter er endlich eingewilligt, nach der Computerarbeit auf einem Blatt Papier zu zeichnen, was ihm jedesmal bisher erfolglos vorgeschlagen worden war. Er zeichnete zum ersten Mal ein Männchen, das bei den Kinderzeichnungen ebenfalls eine bekannte Schwelle darstellt.

Meine Beobachtungen zu den neuro-musikalischen Schwellen haben sich vor allem im Rahmen meiner Arbeit in der Kindertagesklinik mit jungen Kindern zwischen drei und acht Jahren verfeinert. Die Entdeckung der melodischen Organisation auf einem Instrument geschieht eher in der Kindheit. Die anderen Hauptschwellen können sowohl beim Kind wie bei Erwachsenen mit spezifischen Problemen beobachtet werden. Mir sind drei Arten von Evolutionsschwellen im musikalischen Ausdruck aufgefallen: die elementaren, grundlegenden Arbeits-Achsen, die permanenten Ziele sowie die sieben Hauptschwellen. Das Überschreiten jeder dieser Schwellen entspricht mehr oder weniger wichtigen Verhaltensveränderungen, und zwar auf verschiedenen Ebenen: emotional, kognitiv, sozial, körperlich, den Ausdruck betreffend, manchmal die Sprachentwicklung betreffend und sehr wahrscheinlich auf neuronaler Ebene.

Die elementaren Arbeitsachsen:

1. Gedächtnisschulung,
2. Feinmotorik,
3. Links-rechts-Balance,
4. Beginn von Tanz und Bewegung,
5. Blasen (z. B. in eine Flöte),
6. Stimme, Sprache, Singen,
7. Vertrauen und Freude am Mitmachen.

Die Hauptschwellen:

1. Sich konzentrieren können (Erde),
2. sich in das Klangerlebnis hineingeben können (Luft),
3. Zugang zu einem dynamischen Ausdruck haben (Feuer),
4. Rhythmen spielen können, Übergang Pulsation – Rhythmus (Wasser),
5. Zugang zu seiner Kreativität haben (Wasser und Raum),
6. die eigene Stimme spontan zum Singen einsetzen können (Raum),
7. die musikalische Organisation eines Instruments erfassen können.

Die permanenten Ziele:

1. Die Fähigkeit, zu harmonisieren und etwas in ein Gleichgewicht zu bringen,
2. die Fähigkeit, innerlich zu strahlen und jemanden innerlich zu bewegen,
3. das Ausdrücken von Freude,
4. das Schaffen von Intensität,
5. eine musikalische Kommunikation mit jemandem entstehen lassen können,
6. sich in einen inspirierten Ausdruck einlassen können,
7. Stille, Empfänglichkeit, Raum erleben, zuhören können.

All diese Schwellen liefern präzise und gleichzeitig spielerische Arbeitsthemen. Keine Spielweise ist von vornherein »falsch«. Alles kann in Bezug zur Musikalität beschrieben und als Spiegelung innerer Phänomene verstanden werden. Die Hauptschwellen stehen im Zentrum unserer Überlegungen zu den Entwicklungsschritten auf mentaler und neuronaler Ebene. Einmal überschritten, scheinen sie zu den definitiv erworbenen Fähigkeiten zu zählen. Die elementaren Schwellen betreffen vorwiegend die Arbeit mit jungen Kindern. Sie können jedoch eine gewisse Bedeutung in der Erwachsenenarbeit mit geistig Behinderten oder nach Unfällen beibehalten. Die permanenten Ziele entsprechen ebenfalls gewissen Schwellenphänomenen, sie sind jedoch nie definitiv erworben. Anlässlich jeder Sitzung, jeder neuen Improvisation oder Interpretation müssen sie neu angegangen werden, auch in der Arbeit mit Erwachsenen. In der Arbeit mit Kindern dürften sie meistens erst im Alter ab zehn Jahren interessant werden. Sie werden dann zu Zeugen der Persönlichkeitsentfaltung und werden ab dem Jugendlichenalter besonders wichtig. Sie weisen auf vitale Bedürfnisse der Seele hin.

Worauf können wir hoffen Einfluss zu nehmen, wenn wir mit neuro-musikalischen Schwellen arbeiten? Lassen Sie uns einen kurzen Überblick über den Stand der Gehirnforschung verschaffen.

Einige Begriffe zum Gehirn

Die Gehirnforschung hat in den letzten zwei Jahrzehnten spektakuläre Fortschritte verzeichnen können, dies vor allem dank der immer leistungsstärkeren Scan-Technologien: IRM (Bildgewinnung durch magnetische Resonanz), PET (Positron-Emmissions-Tomographie), SMTR (Rapid Transcranial Magnetic Stimulation) und wie sie alle heißen. Die Arbeit von Forschern wie Hannah und Antonio Damasio an der Universität von Iowa in den Vereinigten Staaten haben mich fasziniert. Ich war besonders froh, den Neurobiologen Colwyn Trevarthen aus Edinburgh kennenzulernen. Mit seiner jahrzehntelangen Erfahrung in der Beobachtung der Kommunikation zwischen Müttern und ihren Neugeborenen konnte er feststellen, mit welch differenzierter Musikalität wir auf die Welt kommen. Seine Arbeit brachte mir das Bindeglied zwischen der Gehirnforschung und dem, was ich seit langem wusste, nämlich dass die musikalischen Gesetze universal sind und dem Aufbau des Menschen zugrundeliegen. So wie ein Fisch nach den Eigenschaften und Gesetzen des Wasserelements aufgebaut ist und der Vogel nach denjenigen der Luft, so sind alle Lebewesen nach den Naturgesetzen den Klangs gestaltet.

Die Neurowissenschaften, also die Gehirnforschung, haben uns in den letzten Jahrzehnten viel darüber gelehrt, wie das Gehirn geformt wird und sich organisiert. Wesentliche Fragen bleiben jedoch unbeantwortet. Große Anstrengungen wurden unternommen, um die kognitiven Aspekte des Gehirns kennenzulernen, also Wahrnehmung, Lernfähigkeit und intellektuelles Begreifen der Welt. Die Forschung hat jedoch sehr darunter gelitten, dass sie lange Zeit das Gehirn mit einem Computer und seinen Schaltkreisen verglichen hat. Das erklärt, warum bis heute vergleichsweise wenig unternommen wurde, um die Mechanismen zu verstehen, wie unserer Emotionen und Gefühle das Gehirn nutzen und beeinflussen. Wir wissen zwar, welche Teile des Gehirns durch diese Handlung oder jene Emotion stimuliert werden. Wir wissen jedoch herzlich wenig darüber, wie neuronale Tätigkeit in Bilder und spezifische Emotionen übersetzt wird und umgekehrt, wie ein Bild und eine Emotion zu einer spezifischen neuronalen Aktivität werden.

Bei Geburt enthält unser Gehirn rund tausend Milliarden Neuronen. Neuronen sind Nervenzellen, die miteinander kommunizieren, indem sie sich »Botschaften« zusenden. Die Kommunikations-Schnittstelle zwischen zwei Neuronen wird Synapse genannt (Glaser 2000). Doch nur ein Teil der Synapsen existiert zu diesem Zeitpunkt. Jede Nervenzelle im Gehirn wird schließlich im Durchschnitt über 10 000 Synapsen verfügen, wobei die meisten sich in den ersten Lebensmonaten entwickeln (Siegel 1998). Die Gesamtzahl der Synapsen im Gehirn eines Menschen beträgt 10^{15} und übersteigt damit 200 000 mal die Bevölkerungszahl der Erde (Trevarthen 2003). Das Volumen des menschlichen Gehirns vergrößert sich im ersten Lebensjahr wie nie mehr danach im Leben (Gilles 1993, in Glaser 2000). Bei der Geburt wiegt das Gehirn 400 g und erreicht im Alter von 12 Monaten bereits 1000 g. Dieses schnelle Wachstum setzt sich fort bis zum Alter von etwa 24 Monaten (Schore 1994, in Glaser 2000). Die Entwicklung von Neuronen und Synapsen setzt sich jedoch laut neueren Forschungsergebnissen bis weit über die ersten zehn Jahren hinaus fort (Quartz & Sejnowski 1997).

Die Neuronen und ihre Verbindungen entstehen, werden belebt oder verkümmern entsprechend unseren Erlebnissen. Während diese Verbindungen meistens aufgrund ihrer Effizienz in den ersten 18 Lebensmonaten selektioniert werden, bleibt das Gehirn bis etwa zur Pubertät modulierbar und in einem geringeren Maß auch darüber hinaus (Trevarthen 2003). Der »neuronale Konstruktivismus«, eine neuere, wenngleich noch von einer Minderheit getragene Strömung in der Gehirnforschung, ist allerdings der Meinung, dass während des ganzen Lebens alle Lernvorgänge aktiv an der Schaffung und Entwicklung der neuronalen Schaltkreise mitwirken und sich nicht nur darauf beschränken, die jeweils günstigsten zu auszuwählen (Quartz & Sejnowsky 1997).

Während der ersten 18 Lebensmonate, in der Periode größter Formbarkeit des Gehirns, ist der Einfluss der Umwelt ausschlaggebend. Schon während unserem intra-uterinen Aufenthalt hängen die Auswahl und die Produktion der neuronalen Verbindungen von der Stimulation durch unsere Umwelt ab, als da sind Berührung, Geschmackssinn, mechanische Stimulation, das Hören, aber auch die gefühlsmäßigen Kontakte, die Emotionen, die Hormone im Blut, die Gedanken der Mutter und anderer Menschen, spirituelle Erfahrungen und diverse energetische Phänomene, die wir höchstwahrscheinlich sehr gut wahrnehmen können.

Ernsthafte geistige Schwierigkeiten können das Resultat einer grob falschen Ernährung der Mutter sein, sei es durch übermäßigen Alkohol- oder Nikotingenuss oder durch Einnahme anderer Drogen. Zahlreiche Beobachtungen weisen darauf hin, dass längere Stressperioden, z. B. verursacht durch den Tod eines Familienmitglieds, manchmal dramatische Konsequenzen für Fötus und Kleinkind haben können. Der Todesfall an sich ist nicht so sehr das Problem wie der gefühlsmäßige Rückzug von Seiten der Mutter oder der emotionale Stress, der das Ereignis umgibt. Beides kann den Fötus für einige Zeit in einer Art Vakuum zurücklassen, für das er keine Erklärung finden kann. Er fühlt sich vernachlässigt, ja ausgestoßen. Dies dürfte für ihn in seinem Wachstum eine echte Krise auslösen.

Der psycho-energetische oder transpersonale Ansatz versucht zu unterstreichen, wie wenig wir passive Opfer äußerer Umstände sind, und zu betonen, dass unsere Seele, unsere angeborenen Qualitäten die inneren Überzeugungen maßgeblich beeinflussen. Sie veranlassen uns auf eine sehr persönliche Art, auf äußere Begebenheiten zu reagieren, und dies gleich von den ersten Augenblicken unseres Lebens an. Einiges deutet sogar darauf hin, dass unsere Seele genau diejenigen äußeren Umstände ausgewählt hat, die uns erlauben, ganz bestimmte Situationen und Aufgaben meistern zu lernen. Die traditionellen psychologischen Theorien eines Sigmund Freud z. B. haben uns lange glauben gemacht, dass der Ursprung all unserer Probleme in den Traumata unserer Kindheit zu suchen sei. Nach dem psycho-energetischen Ansatz existiert jedoch unter dieser psychologischen Erklärung eine weitere Schicht, die für den therapeutischen Erfolg ausschlaggebend ist. Diese Sichtweise schließt freilich die Einbeziehung der Erlebnisse aus der frühen Kindheit nicht aus.

Im Wachstum des Gehirns gibt es Perioden, die empfindlicher sind als andere. Diese variieren je nach Gehirnareal. Die Forscher sind sich jedoch darüber einig, dass die vorgeburtliche Periode sowie das erste Jahr nach der Geburt ausschlaggebend sind. Die Entwicklung der vorderen Gehirnlappen, die für die emotionale Funktionsweise des Menschen verantwortlich sind, verlängert sich als eine sensible Periode bis hin in das zweite Lebensjahr hinein. Ein emotioneller Schock oder eine Vernachlässigung durch die Versorger kann sich durch eine vorübergehende

Abwesenheit oder durch drastische Verringerung der gefühlsmäßigen Interaktionen bemerkbar machen (Trevarthen 2003). Entwicklungsstörungen (autistische Syndrome, evolutionäre Disharmonien, Psychosen etc.) haben häufig ihre Wurzeln in dieser Lebensphase. Dies ist ein Grund, warum sie spätesten im Alter von zwei Jahren festgestellt werden sollten. Im Alter von acht bis zehn Jahren sind die Verhaltensweisen bereits ziemlich festgefahren und schwieriger zu korrigieren. Dies verstärkt sich noch nach der Pubertät. »Was Hänschen nicht lernt ...«. Es wird ersichtlich, wie wichtig es ist, möglichst früh mit der therapeutischen Arbeit zu beginnen.

Die Organisation des Gehirns ist äußerst komplex. In der Regel sind mehrere Gehirnzentren an einer Handlung beteiligt, z. B. an der Bewegung einer Hand. In den letzten Jahren haben Gehirnforscher aufzeigen können, dass mindestens 18 Zonen im Gehirn aktiviert werden, wenn Musik gespielt oder gehört wird (Platel et al. 1997; Ayotte et al. 2002). Es gibt ausgezeichnete Bücher darüber, so dass wir dieses Thema nicht ausführlich zu behandeln brauchen (Damasio 1996). Der psychoenergetische Ansatz erklärt zudem mentale Vorgänge nicht ausschließlich über das physische Gehirn. Er bezieht das Verständnis des mentalen Energiefelds ein sowie dessen Interaktionen mit den anderen Energiefeldern (Emotionen, das Spirituelle oder das Ätherische für das unterbewusste Gedächtnis etc.). Obwohl auch die Emotionen auf das Funktionieren verschiedener Gehirnzentren einen maßgeblichen Einfluss ausüben, besonders auf die vorderen Großhirnlappen, liegt unseres Erachtens das Wesentliche in der Funktionsweise des astralen Energiefelds und dessen Interaktionen mit den anderen Energiefeldern, und nicht in dessen körperlichem Niederschlag, dem Gehirn. Das ist ein völlig unterschiedlicher Ansatz. Schließlich würde es uns auch nicht einfallen, einen Computer auseinanderzunehmen, um den Inhalt eines darin gespeicherten Briefs lesen zu wollen, oder bei der Erforschung eines fahrenden Autos den Fahrer zu vergessen.

Ich werde mich im Folgenden auf das Funktionieren der beiden Gehirnhälften, der sogenannten Hemisphären, beschränken. Dies ist für den musikalischen Ausdruck in unserem Zusammenhang von überragender Bedeutung.

Die rechte Gehirnhälfte eilt in ihrer vorgeburtlichen Entwicklung der linken Gehirnhälfte leicht voraus. Diejenigen Prozesse, die die rechte Gehirnhälfte beanspruchen, scheinen demnach für das Kind während der Schwangerschaft eine vorrangige Rolle zu spielen. In der frühen Kindheit wird die rechte Gehirnhälfte in ihrer Entwicklung stark durch das, was zwischen dem Baby und seiner Mutter oder anderen nahestehenden Personen abläuft, beeinflusst. Dieser Teil des Gehirns spielt unter anderem eine aktive Rolle, wenn es um die Wahrnehmung von Formen und visuell-konstruktiven Aufgaben oder anderen wichtigen Prozessen der nicht-verbalen Komunikation und der emotionalen Entwicklung geht. Die rechte Gehirnhälfte ist z. B. sehr empfindsam gegenüber Emotionen oder Gefühlen, die durch eine Stimme, den Ausdruck eines Liedes oder einer instrumentalen Musik vermittelt werden. Der Grund, warum Musiktherapie oder das Spielen von Musik in dieser enorm wichtigen Periode der Kindheit so bedeutend ist, liegt in der Funktion der nonverbalen Ebene, die sich sowohl in der Musik wie in der Entwicklungsphase manifestiert. Musik geht jedoch weit über das bloße Vor- und Nicht-Verbale hinaus (Trevarthen & Malloch 2000).

Ebenfalls in der rechten Gehirnhälfte finden wir unsere Fähigkeiten verankert, die mit unserem Körpergefühl und unserem eigenen Empfinden zu tun haben. Die linke Gehirnhälfte ist im Gegensatz dazu eher mit unseren logischen Fähigkeiten und unserem Denkvermögen beschäftigt. Jeder Gehirnhälfte entspricht eine anderen Art, die Welt zu sehen. Es sind zwei völlig verschiedene Funktionsweisen. Beide sind unentbehrlich. Wir können uns die Frage stellen, wozu uns die Natur mit zwei derartigen Gehirnhälften ausgestattet hat und warum wir nicht ein einziges, einheitliches Gehirn besitzen.

Der empfindungsmäßige Aspekt der Musik ist im Wesentlichen mit der rechten Gehirnhälfte verbunden, selbst wenn wir offensichtlich in unserer »westlichen« Musikerziehung für lange Zeit die Bedeutung des intellektuellen Ansatzes in den Vordergrund gestellt haben. Dementsprechend ist die linke Gehirnhälfte mehr einbezogen, wenn wir Musik schreiben, Noten lesen, die Notwendigkeit technischer Aspekte beim Erlernen eines Instruments hervorheben oder die Struktur einer Komposition, die Fingerfertigkeit und Schnelligkeit beim Spiel (die sogenannte Virtuosität) oder »Fehler« beim Spielen entdecken, Informationen über biographische Daten eines Komponisten oder Musikers auswendiglernen etc. In der Musiktherapie wie in der Musikerziehung können wir verachlässigte rechtshirnige Eigenschaften und damit interneuronale Verbindungen aktivieren. Damit können wir Menschen helfen, die entweder nicht die Glück hatten, in einer Umgebung aufzuwachsen, die eine harmonische Entwicklung hätte gewährleisten können, oder die aus anderen Gründen eine Harmonisierung benötigen (Glaser 2000).

Beim kleinen Kind bleibt die rechte Gehirnhälfte während der ersten drei Lebensjahre dominant. Sie spielt eine wichtige Rolle in allen nonverbalen Aspekten der Sprache (Tonfall, begleitenden Gesten etc.), dem Sichtbarwerden der Emotionen im Gesichtsausdruck, der Wahrnehmung der Emotionen, der Regulierung des autonomen Nervensystems, der Wahrnehmung des Körperzustands sowie dem Verständnis sozialer Situationen, was die Fähigkeit einschließt, »in die Haut des andern schlüpfen zu können«, also sich vorstellen zu können, was unser Gegenüber denken und fühlen mag (Siegel 2000).

Die linke Gehirnhälfte gerät mehr in den Vordergrund, wenn die Sprache des Kindes sich entfaltet. Sie dominiert in den semantischen Aspekten (logische Organisation) der Sprache und der Rhythmen wie im musikalischen Aufbau generell. Die linke Gehirnhemisphäre spielt eine wichtige Rolle in der Herstellung von Ursache-Wirkung-Beziehungen sowie in der linearen Analyse, der intellektuellen Logik.

Die beiden Gehirnhälften

linke Gehirnhemisphäre	rechte Gehirnhemisphäre
entspricht der rechten Körperseite	entspricht der linken Körperseite
männliches Prinzip	weibliches Prinzip
Ausdruck, Darbietung	Aufnahmefähigkeit
intellektuelle und lineare Analyse	Innovation, Intuition, Inspiration
Beziehung von Ursache und Wirkung	Sinnsuche
sequenzielle Verarbeitung, schrittweiser Wechsel des Fokus von Detail zu Detail	parallele Verarbeitung, gleichzeitige Wahrnehmung ganzer Atmosphären
Sinn für Quantität	Sinn für Qualität
Materielle Ebene	energetische und spirituelle Ebene
Grammatik, Wortschatz	poetischer Stellenwert eines Wortes oder Satzes
Satzbau	Wahrnehmung von Formen
ordnende Aufgaben	visuell-konstruktive Aufgaben
Durchführung von Routinen zur Befriedigung von Bedürfnissen	Wahrnehmung des eigenen Körpers, der Emotionen und Gefühle
Selbstkritik in Hinblick auf Lernziele	Selbstwahrnehmung und Imagination
Zeit als gerichteter Fluss	Sein als Zustand
In der Musik:	
Notenlesen, Musiktheorie	Freie Improvisation, Klanggemälde
instrumentale Technik	Klangfarbe, Musikalität
lexikalisches Wissen	Qualität des Klangs
logische Seite der musikalischen Strukturen wie Modi, Tonfolge im Aufbau einer Melodie oder rhythmischen Folge	Atmosphäre eines musikalischen Modus oder einer Tonskala
nach außen gewendete Seite der Musik Showseite, Vermarktung etc.	Nach innen gewendete Seite der Musik Musikempfinden

Gehirnforschung und der psycho-energetische Ansatz

Nach derzeitigem Verständnis haben Neuronen nicht nur Einfluss auf die körperlichen Verbindungen zwischen Körper und Gehirn und *vice versa*. Sie beeinflussen auch gewisse Aspekte der Funktionsweise des mentalen Energiefelds und umgekehrt. Es ist Aufgabe des mentalen Energiefelds, andere Energieebenen, wie das emotionale Feld, den Ätherkörper und dessen unterbewusstes Gedächtnis, sowie die verschiedenen Energiezentren, die Chakren mit ihren spezifischen emotionalen und spirituellen Aufgaben zu kontrollieren. Physische, neurologische und energetische Aspekte sind eng miteinander verknüpft. Es gilt nun Brücken zu bauen zwischen Gehirnforschung, transpersonaler Psychologie und dem Verständnis der verschiedenen Energiefelder.

Es scheint mir offensichtlich, dass eine Ansammlung von Stress in einer spezifischen Gegend des mentalen Energiefelds, also außerhalb von Schädel und Gehirn, einen direkten Einfluss auf die Gehirnstrukturen in unmittelbarer Nachbarschaft ausübt und umgekehrt. Stress im mentalen Feld hat stets eine Verbindung zu einem Areal im emotionalen Feld. Jeder emotionale Schock prägt sich unserem mentalen Energiefeld und der Auswahl der zu benutzenden, neu zu schaffenden oder im Gegenteil aufzugebenden neurologischen Verbindungen auf. Ganze Abschnitte der vorderen Gehirnlappen können unterentwickelt bleiben, falls das emotionale Leben des jungen Kindes stark gestört ist. Gleich mehrere Gehirnzentren sind gegenüber der empfundenen Kommunikationsqualität zwischen Eltern und Kind sehr sensibel, und zwar schon vor der Geburt. Zahlreiche wissenschaftliche Untersuchungen bestätigen dies. Spezifische Fähigkeiten können nur teilweise entwickelt werden, falls die Lebenserfahrung des Kleinkindes den Rückzug auf eigentümliche Verhaltensformen erzwingt. Diese wiederum werden eine Vernachlässigung anderer, besserer Verhaltensformen nach sich ziehen, die für ein ausgeglichenes Leben erforderlich wären.

Die emotionale Erfahrung ist wesentlich für unsere Entwicklung. Der amerikanische Gehirnforscher Antonio Damasio hat nachweisen können, dass ein Mensch, der von seinen eigenen Körpergefühlen vollständig abgeschnitten ist, z. B. nach einem Unfall, Schlaganfall oder einer Gehirnoperation, den Kontakt zu seinen Emotionen vollständig verliert (Damasio 1996). Ein solcher Mensch wird nur einen bruchteilhaften Zugang zu seinen feineren Gefühlen haben, wenn überhaupt. Dies wiederum führt dazu, dass er in seinem Leben keine neuen Entscheidungen mehr fällen kann, also Entscheidungen, die außerhalb seiner gewohnten Routine liegen. Der Grund liegt darin, dass er die Konsequenzen möglicher Alternativen nicht mehr abschätzen kann. Eine Unterscheidung und Abwägung mit den Mitteln der Vernunft ist ihm nicht mehr möglich.

Auf therapeutischer Ebene sind wir davon überzeugt, dass (musikalische) Tätigkeiten gefunden werden können, die direkt auf gewisse unzureichend ausgebaute neuronale Verbindungen einwirken oder die Schaffung neuer Verbindungern anregen können. Autistische Kinder haben die Tendenz, sich von der Wahrnehmung äußerer Emotionen abzuschirmen. Sie brechen alle Wahrnehmungs brücken ab und ziehen sich in ihre eigene Welt zurück. Dieses Verhalten bevorzugt gewisse neuronale Wege und Gehirnzentren und vernachlässigt andere. Die therapeutische Arbeit besteht darin, die vernachlässigten und gefährdeten Informationskanäle im Gehirn zu aktivieren. Das kann unter anderem dadurch geschehen, dass wir die betreffenden Kinder an Handlungen und Aktivitäten beteiligen, die sie sonst zu vermeiden suchen. Die Kunst des Musiktherapeuten besteht darin, spielerische, nicht bedrohliche Wege zu finden, die gleichzeitig therapeutisch effizient sind. Die Ausübung gewisser musikalischer Handlungen scheint in diese Richtung zu gehen und möglicherweise die Reaktivierung vergessener Nervenbahnen zu bewirken.

Wir wissen beispielsweise, dass die sequenzielle Verarbeitung der Sprache in genau demselben Gehirnzentrum abläuft wie die sequenzielle Verarbeitung von Rhythmen (Broca Zone, BA 44 und 6, Platel et al. 1997). Zudem befindet sich das Gehirnareal, das für die Bewegung der Hände zuständig ist, in unmittelbarer Nähe dieser Zone. Es ist deshalb sehr wahrscheinlich, dass die Arbeit mit Rhythmen und kurzen Melodiesequenzen einen positiven Einfluss auf die unterentwickelten sprachlichen Fähigkeiten hat. Dies würde unsere Hypothese der neuro-musikalischen Schwellen belegen.

Die Arbeit in der Tagesklinik mit »Libelle«, einem Knaben von sechs Jahren, scheint diesen Zusammenhang zu bestätigen. Ich arbeitete acht Monate lang mit ihm an solchen rhythmischen und melodischen Sequenzen auf Xylophon und Trommel. Es schien undenkbar, dass er jemals eine Sequenz richtig spielen würde, so unbeholfen stellte er sich an. Da ich diesen inneren Widerstand spürte und dieser nicht einmal von seinem Willen abzuhängen schien, blieb ich »am Ball«. Mittlerweile war ich auf jene mysteriösen Hindernisse aufmerksam geworden. Tatsächlich stellten sich dann vor den Sommerferien die ersten Erfolge ein. Nach den Ferien fiel uns allen auf, um wieviel klarer seine Satzstellung geworden war, so dass wir erstmals verstehen konnten, was er sprach. Kurze Zeit danach bestätigte auch sein Vater, dass sich »Libelles« Sprache deutlich verbessert hatte.

Aufgrund meines psycho-energetischen Ansatzes bin ich mit einigen Neurologen nicht einig, die der Ansicht sind, Emotionen, Gedanken, Erinnerungen, Wahrnehmungen, Absichten, Überzeugungen und Einstellungen seien ausschließlich Teil unserer mentalen Strukturen und damit Erscheinungsformen unseres Gehirns (Siegel 1998). Nach meinen Beobachtungen schwingt z. B. die Energie im mentalen Feld weit schneller als im emotionalen. Es handelt sich um zwei deutlich verschiedene energetische Phänomene. Ich glaube, dass die meisten der genannten Phänomene zuerst über den Körper wirken und nicht über das Gehirn. Es handelt sich dabei um Information, die jeweils in einem der Energiefelder gespeichert ist und von dort aus, auf die nächstgelegene Körperstelle einwirkend, z. B. eine Schwächung verursacht.

Damit die musiktherapeutische Arbeit erfolgreich sein kann und bleibende Resultate bringt, muss diese mit dem Bewusstsein des Patienten gekoppelt werden. Der Heilungsprozess, soll er energetische Blockierungen aufheben, muss über einen verbesserten Körperkontakt, speziell zu den betroffenen Stellen, erfolgen. Wir haben in diesem Abschnitt Damasios Entdeckung der Bedeutung von Emotionen und Körperkontakt besprochen. In meiner Arbeit spielt deshalb die Verbesserung des Kontakts zu allen Körpergegenden eine wichtige Rolle. Jede Körperstelle hat ihren ganz eigenen Bezug zu spezifischen Emotionen (astrales Energiefeld), den dazugehörigen Erinnerungen in Form von Sinneseindrücken (Ätherfeld) sowie Denkstrukturen (mentales Feld).

Die Heilung einer Energieblockade z. B. am linken Knie benötigt einen besseren Kontakt zum linken Bein und damit zur Erdung und dem Wurzel-Chakra. Knie sind physisch und emotional Schockabsorbierer. Sie zittern, wenn wir einem Schock ausgesetzt sind. Ein schlecht verarbeiteter emotionaler Schock, der an dieser Stelle eine Energieblockade hinterlassen hat, wird auch im emotionalen Energiefeld feststellbar sein. Ein Heilungsvorgang wird deshalb den Körper, in unserem Fall das linke Knie, einschließen und kann in diesem eventuell kurz Schmerzen aufkommen lassen. Energieblockaden entladen sich im Fall einer Heilung über die betroffene Körperstelle. Dieser Vorgang kann, wie beim Aufwärmen einer halb erfrorenen Hand, vorübergehend zu Schmerzen und damit zu einer Reaktivierung der Empfindungsfähigkeit dieser Stelle führen.

Wie auch immer diese den Emotionen zugrundeliegenden Mechanismen funktionieren mögen, der Körper ist ihre Hauptbühne, entweder unmittelbar oder durch ihre entspechenden Niederschlag in den somato-sensorischen Strukturen des Gehirns (Damasio 1999). Ich bin der Ansicht, dass gewisse Arten von Emotionen die Tendenz haben, sich um spezifische Körperzonen anzusammeln (siehe auch die Zusammenhänge, die wir im Kapitel zu den 5 Elementen dargelegt haben).

Meine Recherchen und diejenigen meiner Kollegen weisen alle darauf hin, dass unsere Emotionen, unser unterbewusstes Gedächtnis, nicht Teile des Mentalen sind, wenngleich sie selbstverständlich auf dieses Einfluss haben (Gamborg 1998; Perret 1997). Die Arbeiten von David Boadella vom Institut für Biosynthesis in der Schweiz gehen in dieselbe Richtung (Boadella 1987). In seinem Buch unterstreicht er, wie eng die Körperzonen der Chakren mit den psycho-körperlichen Blockadezonen Wilhelm Reichs übereinstimmen (siehe Tabelle zu den fünf Elementen).

Die biologischen Wurzeln unserer Musikalität

Während der drei letzten Monate vor der Geburt besitzt der Fötus ein gut entwickeltes Gehör. Er kann Rhythmen hören und lernen sowie die Stimme seiner Mutter erkennen. Forscher wie Trevarthen zeigen uns, dass die biologischen Wurzeln unserer Musikalität einige Zeit vor unserer Geburt zu suchen sind. Im Bauch unserer Mutter ist der Gehörsinn – neben dem kombinierten Geruchs- und Geschmackssinn – wohl der wichtigste. Für jeden von uns war er dort unsere Verbindung zur Außenwelt. Wir waren von allerlei Rhythmen und Klängen umgeben. Wir konnten die Stimme unserer Mutter und die der anderen Menschen sehr wohl unterscheiden. Wir lebten mit den Rhythmen der beiden Herzen, der Atmung unserer Mutter, den rhythmischen Geräuschen ihrer Verdauung, den rhythmischen Bewegungen ihres Gangs, den längeren Rhythmen und Geräuschen des Tags und der Nacht etc.

Gleich in den ersten Augenblicken nach der Geburt stellt sich eine »musikalische Kommunikation« ein, bestehend aus den Klängen der Stimmen der Anwesenden, den Melodien der Sätze, den in den Stimmen mitschwingenden Emotionen und Gefühlen, den zahllosen Nuancen in Tonfall und Rhythmen. All dies gleicht stark einer musikalischen Improvisation. Die Rituale der Kommunikation beginnen rasch, diese ersten Improvisationen abzulösen, und tragen dazu bei, die Grundlagen unserer biologischen Musikalität zu gestalten. Schon in diesem allerersten Austausch können wir nicht umhin, die deutliche Gegenwart von musikalischen Gesetzen festzustellen (z. B. Rhythmen): im Wechselspiel der »Fragen« und »Antworten«, den kurzen gesungenen Wortketten, den rudimentären kleinen Bewegungen der Finger, der Hände, der Arme und Beine des Neugeborenen (Trevarthen & Aitken 2001).

Neugeborene fühlen sich angezogen durch alles, was nach Gesang und Musik klingt, und reagieren darauf mit Interesse und Zeichen der Freude. Nach drei Monaten weichen diese »Protokonversationen« zunehmend dem Spielen mit dem Körper, (Händeklatschen, Fingerspiele, Kitzeln, Verstecken) und den Kinderreimen. Viele dieser Aktivitäten sind mit einer gleichmäßigen Phrasierung, höchst voraussehbaren Wiederholungen und zum Abschluss einer Auflösung der emotionalen Energie stark rhythmisch gestaltet (Trevarthen & Aitken 2001). Im Alter von etwa sechs Wochen lässt sich feststellen, dass sich die Kommunikation zwischen Eltern und Kleinkind oft in einem langsamen Adagio-Rhythmus abspielt (70 Schläge pro Minute), was z. B. das Abwechseln von Fragen und Antworten anbelangt. Ein oder zwei Monate später beschleunigt sich der Rhythmus der stimmlichen Spiele anlässlich besonders belebter Augenblicke zum Andante (90 Schläge pro Minute) oder gar zum Moderato (120 Schläge pro Minute). In den ersten sechs Monaten nach der Geburt geschehen mehr Veränderungen in der Zellstruktur des Gehirns als in jeder anderen Periode unserer Entwicklung.

Die Fähigkeit des Kleinkinds, eine Vielzahl musikalischer Elemente in der Stimme seiner Mutter zu unterscheiden (Klangfarbe, Dynamik, Rhythmen, Zurückhaltung, die Qualitäten Feuer, Erde, Luft, etc.) erlaubt ihm, mit großer Feinheit auf die Veränderungen zu reagieren (Müdigkeit und Rückzug, Freude, Erstaunen, Kummer, Versuch, etwas zu verbergen) und sich zu vergewissern, dass seine Mutter die Signale wohl verstanden hat, die ihm wichtig waren. Das Kleinkind reagiert jedoch nicht bloß reflexartig auf die Signale der Mutter. Die Mutter reagiert ihrerseits auf die Rhythmen und den emotionalen Inhalt im Ausdruck des Kindes; all dies geschieht in einer interaktiven Improvisation, im Duett. Mutter und Kind ziehen alle Register des vokalen Ausdrucks und der Bewegungen (Körper, Hände,

Gesicht), sie machen zusammen Musik. Die Mutter achtet äußerst aufmerksam auf die Musikalität im Ausdruck des Säuglings, während sie mit ihm kommuniziert (Trevarthen & Aitken 2001).

Trevarthen ist davon überzeugt, dass Musik in ihrer aktiven Form – und in einem weiteren Sinn »aktive Musikalität« – der Ursprung von Bewusstseinsvorgängen und der Entwicklung der Intelligenz ist. Der Grund ist die Kombination von forschender Neugier und Kommunikation (Trevarthen 2000). Er bezeichnet sie als die Wurzeln der psycho-biologischen Musikalität. Aufgrund seiner eigenen Forschungen und der Erkenntnisse von Kollegen schließt er, dass die biologischen Tatsachen eindeutig zeigen: Unser Kommunikationssinn, unsere Art, den Körper zu bewegen etc. folgt den Gesetzen der Harmonie, den Gesetzen der Musik. Die gesprochene Kommunikation, unsere Bewegungen und die Musik beruhen einerseits auf Rhythmen, die ihren Ursprung im Gehirn haben, und andererseits auf melodischen Impulsen, die von unseren Emotionen stammen. Nach Trevarthen werden die Parameter der Musikalität an sich im Gehirn oder gleich bei Geburt programmiert. Sie sind unerlässlich für die Entwicklung des Menschen. Während er mit viel Kompetenz die psycho-biologischen Wurzeln der Musikalität beschreibt, liegt es an uns, deren psycho-energetische Wurzeln zu verstehen. Der Mensch ist nicht nur »biologisch« und »Gehirn«. Trevarthen weiß dies genau. Er hat sich in seiner Forschungsarbeit auf das Studium der geistigen Prozesse konzentriert und auf die Art und Weise, wie sie mit Prozessen im Gehirn oder in der Mutter-Säugling-Kommunikation korreliert werden können. Selbst wenn leistungsstarke Scanner alle Bewegungen und Vorgänge im Gehirn aufzufinden und bildlich festzuhalten vermögen, die von unseren Emotionen und Gedanken ausgelöst werden, wenn wir die Welt denken, wahrnehmen und uns an sie erinnern, bleiben einige Fragen offen.

Zweifellos hat die Gehirnforschung in jüngster Zeit spektakuläre Erfolge verzeichnen können, was das Funktionieren des Gehirns, der Emotionen und der Bewegungen, den unbewussten Vorgängen im Körper (Atmung, Blutzirkulation, Drüsen- und Darmtätigkeit) anbelangt. Unbeantwortet bleiben Fragen zum Ursprung und der Lokalisation von Vorgängen und Phänomenen wie Denken, Geist, Gedächtnis, Intuition oder Inspiration. Zwar wissen wir heute, welche Gehirnzentren und Körperteile an einer Emotion, einer Armbewegung oder im musikalischen Ausdruck beteiligt sind. Doch ist es uns nicht möglich, zu erklären, wie wir von der Aktivierung gewisser Neuronen zur eigentlichen Darstellung eines Bildes, einer Melodie, einer Erinnerung, einer Inspiration gelangen und umgekehrt, wie eine Inspiration konkret zu einer Aktivierung gewisser neuronaler Bahnen führt. Auch Damasio kann nur beschreiben, wie Bewusstsein mit dem Gefühl eines Gefühls beginnen mag und wo dies im Gehirn verzeichnet wird. Auf wesentliche Fragen hat er jedoch keine Antworten: »Woraus bestehen Gefühle? Was drücken sie aus? Bis wohin können wir sie erforschen?« (Damasio 1999).

Pathologien und Disharmonien der kindlichen Entwicklung

In der Tagesklinik von Corrèze arbeite ich mit jungen Kindern, die Disharmonien in ihrer Entwicklung aufweisen oder an umfassenden Entwicklungsstörungen, z. B. autistischer Art, sowie an verschiedenen Schattierungen von Neurosen und Psychosen leiden. Im Fall von disharmonischer Entwicklung können sich bei jedem Kind verschiedene Fähigkeiten normal entwickelt haben (z. B. Wahrnehmung, körperliche Entwicklung), während andere Fähigkeiten in ihrer Entwicklung deutlich zurückgeblieben sind (Sprache, soziales und affektives Verhalten). Diese Disharmonien können äußerst unterschiedlicher Bereiche betreffen und verlangen jedesmal nach einem spezifischen pädagogischen und therapeutischen Vorgehen.

Ich habe mit Interesse Bücher und Artikel von Pierre Delion (1997) und Geneviève Haag (1998) gelesen, beide französische Kinderpsychiater, feine Beobachter und originelle Denker. Ich habe dagegen selten das Bedürfnis empfunden, dicke Wälzer über geistige Pathologien zu studieren, einerseits, weil sie zu sehr zum Gebiet des Mediziners gehören, andererseits, weil ich in der Musiktherapie mit Individuen zu tun habe, deren Unterschiede weit bedeutender sind als ihr gemeinsames medizinisches Etikett. Nich zwei Autisten sind vergleichbar, wenigstens, was das Vorgehen in einer Musiktherapie-Sitzung abgelangt. Meine Absicht ist, ihnen einen Zugang zu ihrem innersten Wesen zu verschaffen. Ich bin überzeugt davon, dass wirkungsvolle psychotherapeutische Arbeit vor allem auf Mitgefühl, Respekt vor der Selbstbestimmung und Kontakt mit den angeborenen spirituellen Qualitäten aufbaut.

Zu wissen, dass das Kind, das ich vor mir habe, autistisch, psychotisch, disharmonisch oder was auch immer ist, hat mir nie geholfen, den Zugang zu seinem innersten Wesen, zu seinen Qualitäten zu finden. Seine Krankheitsgeschichte zu kennen, hat mich nur selten entscheidend weitergeführt. Bei einem disharmonischen Knaben fand ich den Zugang über seinen Humor. Bei einem anderen, einem autistischen Jungen, lieferte ebenfalls der Humor den Schlüssel. Wir erfanden ein Spiel auf der großen Tischtrommel, bei dem sich unsere Hände rhythmisch suchten und in großer Spannung schließlich fanden und wieder zurückzogen. Bei »Semaphor« musste ich ihn uns führen lassen. Sein Instinkt fand selber in jeder Sitzung eine neue Pforte. Bei »Federleicht« musste ich zwei Jahre warten, bis wir den Zugang zueinander fanden. Wie ich im ersten Kapitel ausführe, war es das Tanzen, das sie glücklich machte, und nicht das Musizieren an sich. Glücklicherweise hatten wir vor dieser Entdeckung genügend Augenblicke mit Lachen und herzlichem Kontakt erfahren. Dies stellte sicher, dass wir uns, bis es soweit war, »nicht aus den Augen verloren«.

Der therapeutische Zugang ist in jeder Beziehung einzigartig. Jede vorgefasste Meinung droht, diesen Zugang zu verbergen. Es scheint unabdingbar, dass der Therapeut sich seines Wissens entleert, sich auf eine gleiche Stufe mit dem Patienten setzt und geduldig abwartet, bis eine Kommunion stattfindet. Energetisch ausgedrückt, ist dies das Verschmelzen oder Zusammenwirken der spirituellen Energiehüllen der beiden Beteiligten.

Klang und Autismus

Viele Autisten sind übermäßig klangempfindlich. Bei einzelnen Klängen kann sich dies manchmal noch steigern. Musiktherapie hat deshalb eine Schlüsselstellung in der therapeutischen Arbeit mit diesen Kindern inne. Wir können uns fragen, woher diese Empfindlichkeit stammt. Nach manchem Dafürhalten ist sie auf die Schwangerschaftszeit nach dem fünften Monat zurückzuführen, während der derartige Geräusche und Klänge womöglich übertrieben laut und störend von außen auf den Embryo einwirkten. Dies hätte z. B. von starken emotionalen Entladungen zwischen Menschen begleitet sein können: Streit, Türen zuschmettern, Schreie, Weinen, aber auch von Sirenen und anderen Geräuschen, die bei der Mutter intensive Angst ausgelöst hätten.

Wir haben erwähnt, dass die zeitweilige Unterbrechung des gefühlsmäßigen Kontakts mit der Mutter durch einen Todesfall in der näheren Familie, durch Abwesenheit des Partners etc. Verwirrung beim Kind im Mutterleib auslösen können. Dieses würde demnach versuchen, sich mit dem einzigen Sinn, der es mit der Außenwelt verbindet, zu orientieren und nach den Ursachen für den Stress zu suchen. Dies sind nur Hypothesen. Wir vermuten lediglich, dass das Kind frühzeitig ein Trauma erlitten hat, das mit seiner klanglichen Hülle zusammenhing (Erde), diese zerriss und es tief verunsicherte (Erde). Eine sichernde klangliche Hülle hängt in der Situation des Embryos mit dem friedlichen Herzschlag und den normalen Geräuschen der Verdauungsorgane der Mutter zusammen. Jede ungewöhnliche Abweichung davon könnte also eine Kombination von Hören (der dominante Sinn in der Schwangerschaftperiode) und bedrohlicher emotionaler Ladung ergeben. Das Kind könnte später in der Musiktherapie versuchen, sich über eine sichernde klangliche Hülle und über andere klangliche Erinnerungen zu heilen. Wir wissen jedoch immer noch sehr wenig über die Ursachen des Autismus. Doch wissen wir, dass sie in der Regel in der Lebensphase vor dem Alter von 18 Monaten liegen und dass Klang und Musik ausgezeichnete Medien sind, um mit diesen vorsprachlichen Räumen in Kontakt zu kommen.

In ihrem Buch »Autism and Protection« (1990) beschreibt Frances Tustin auf eindrucksvolle Weise, wie eine längere Unterbrechung in der Zuwendung des Erwachsenen derart schmerzliche »Löcher« beim Säugling verursacht, dass er sich schließlich von der Erinnerung an diese Emotionen sowie von der Vorstellung des Elternteils und seines eigenen Innenlebens abschnürt und nur noch auf seinen Tastsinn vertraut: »Für das Kind existiert fortan nur noch, was fassbar und physisch da ist. Erinnerungen, Bilder, Fantasien und Gedanken sind demnach nicht fassbar. Die übertriebene Bedeutung, die den ununterbrochenen physischen Kontakten beigemessen wird, verhindert jegliche normale Entfaltung des geistige Lebens. Mit unzureichenden Erinnerungen und Bildern bleibt das Imaginäre zutiefst behindert. Das Imaginäre ist jedoch wesentlich für das Spiel.«

Die Musiktherapie kann die verlorengegangene Brücke zwischen der betasteten und der imaginären Welt wiederherstellen helfen. Instrumente werde berührt und erzeugen immaterielle Klangwelten, die Echos in uns auslösen. Ich bin immer wieder beeindruckt, wie sich die autistischen Kinder, mit denen ich arbeite, von den Klängen faszinieren lassen, die sie auf den unterschiedlichsten Instrumenten erzeugen. Sie scheinen sich wie Fische in ihrem Element zu fühlen. Sie forschen auf ihre individuelle Art, autonom, selber Initiative ergreifend und brauchen mich vorwiegend als sichernde Gegenwart, mit der das feine Netz der Kommunikation langsam wieder geknüpft wird.

Es ist interessant festzustellen, dass autistische Kinder beinahe alle durch eine Phase gehen, in der sie vom Geräusch des Wassers fasziniert sind (siehe Element Wasser). Sie suchen diese Geräusche, um sich von ihrer Faszination zu befreien. Sie können hundertmal die Spülung der Toilette drücken und zuschauen, wie das Wasser verschwindet, oder den Wirbel in der sich entleerenden Badewanne beobachten. So hatte »Troll« die Intelligenz, im Musikatelier immer wieder diejenigen Klänge zu finden, die ihm weiterhalfen. Er durchlief eine Periode von etwa einem Jahr, in der er des öfteren mit dem Regenstab am Ohr umherlief, ihn regelmäßig wendend, um das Fließen des Regens zu hören – und sicherlich von ihm etwas über die natürliche Weisheit des Wassers zu lernen. Auch wir reagieren auf das Geräusch von Regen, eines Bächleins und von Wellen am Meeresstrand. Wir kaufen es sogar auf CDs. Es dürfte kein Zufall sein, dass sich der Regenstab bei uns so weit verbreitet hat. Unsere Kultur braucht dringend einen besseren Kontakt zum Element Wasser, zu unserem Hara, zu Kreativität und Vitalität.

»Troll« hatte auch eine intensive Geschichte mit dem Monochord. Anlässlich der ersten Musiktherapie-Sitzungen stieß er regelmäßig gellende Schreie aus, sobald er in den Therapieraum kam. Zum Glück ging diese Phase schnell vorüber, doch wurde sie durch ein Bedürfnis abgelöst, sich dem Monochord auf allen Vieren zu nähern, wie ein Indianer auf der Pirsch. Er berührte es kurz und schreckte wie elektrisiert zurück. Einige Monate später wollte er, dass das Monochord ununterbrochen klinge. Entweder gab er mir mit Zeichen zu verstehen, dass ich dessen Saiten wieder aktivieren solle, oder er kam kurz selber alle paar Minuten herüber, um über die Saiten zu streichen. Nach mehr als einem Jahr schien er es gezähmt zu haben. Dann, drei Monate vor seinem Abgschied von der Tagesklinik, gelang es ihm, ungesehen ins Musiktherapiezimmer zu schleichen und einen Blumentopf auf dem Monochord zu zerschmettern. (Wir verwenden Blumentöpfe als Lithophone.) Sein Verhältnis zum Monochord wird für mich ein Rätsel bleiben, obwohl erkennbar war, dass dieses Instrument ganz offensichtlich für ihn eine sichernde, mütterlich beschützende Klanghülle darstellte.

Das Überschreiten einer wichtigen neuro-musikalischen Schwelle müsste direkte Konsequenzen auf das Verhalten haben. Wir müssten parallel dazu die Überschreitung von Verhaltensschwellen beobachten können. Neue Zonen im Gehirn sollten eine deutliche Stimulation erfahren. Gemäß unseren psycho-energetischen Zusammenhängen dürften wir ebenfalls Veränderungen in spezifischen Bereichen erwarten: im Bezug zum Körper, zu Emotionen, die mit bestimmten Körperzonen verbunden sind, oder zum Ausdruck (jede Verbesserung in den unteren vier Energiezentren verursacht eine Veränderung im Kehlkopf-Chakra, also im Ausdruck). Der Einsatz der Stimme wird möglicherweise kraftvoller sein, eventuell im Zusammenhang mit spontanem Singen, oder es macht sich eine Veränderung in Richtung echter Kommunikation von schmerzlichen Emotionen und feineren Gefühlen (Anhänglichkeit) bemerkbar, weniger Abwehr, Frustration und Widerstand, letztlich eine bessere Steuerung der Emotionen durch die mentale Aura und dank vermehrter Gegenwart von spiritueller Energie (Freude, Sicherheit etc.).

Die elementaren neuro-musikalischen Schwellen

Zahlreiche Schwellen können im musikalischen Ausdruck beobachtet werden. Sie können Hindernisse beim Erlernen eines Instrumentes oder beim Verständnis eines konkreten musikalischen Phänomens sein oder die Ausstrahlungskraft einer Darbietung und damit die Musikalität des Einzelnen betreffen. Oft wird das einfache Wiederholen einer Stelle genügen, um sie zu meistern. Fehlt uns das Verständnis für innere Hindernisse, wird man möglicherweise versucht sein, an eben diesen Stellen zu forcieren. Dies kann dem Lernenden (Patient, Kursteilnehmer, Klient) und irgendwo auch immer uns selbst (als Therapeut, Musiklehrer etc.) schaden. Im besten Fall wird das Ereignis bald vergessen sein. Im schlimmsten Fall jedoch wird dies zu einem Abbruch des Musizierens führen. Den vielen Menschen nach zu schließen, die das eigene Musizieren mit Schmerz, Enttäuschung und Bitterkeit aufgeben, geschieht dies viel zu häufig. Das Verstehen des menschlichen Innenlebens und des Stellenwertes, welche Musik in unserem Herzen hat, würde nicht nur erlauben, diese »Schiffbrüche« zu vermeiden, sondern bringen auch präzise Werkzeuge für die seelische und musikalische Entfaltung. Lernen und Lernhindernisse erhalten einen Sinn.

Ich erinnere mich, eine meiner Schülerinnen gebeten zu haben – sie war damals in ihrem vierten Jahr bei mir im Unterricht – sie solle »Wasser« spielen. Wir hatten uns entschieden, mit Improvisationen zu arbeiten. Ich sah sehr wohl, dass die Aufgabe sie in Not brachte. Lange, schmerzliche Minuten folgten, bis sie in Tränen ausbrach. Dies veranlasste mich, sie darauf hinzuweisen, dass sie mit ihren Tränen eben Wasser ausdrückte. Als sie es einen Augenblick später wieder versuchte, gelang es ihr problemlos. Natürlich muss der Intellekt kurz zur Seite treten und der rechten Gehirnhälfte, unseren Gefühlen, die Zügel überlassen. Die ersten Töne sind am schwierigsten. Danach gibt es herzlich wenige äußerliche Kriterien, an denen wir festmachen können, ob wir gerade Wasser ausdrücken oder nicht. Es gelingt uns mehr oder weniger, doch wissen wir selbst am besten, ob Empfinden und Ausdruck übereinstimmen.

Hier nun eine Übersicht über elementare Schwellen, an denen wir vor allem mit Kindern arbeiten können. Einmal überschritten, stellen sie kaum mehr ein Problem dar. Es sind jedoch wichtige Arbeitsthemen sowohl im Musikunterricht wie in der Musiktherapie. Diese Schwellen können auch außerhalb der Musik beobachtet werden, z.B. in der Schule oder in anderen therapeutischen Zusammenhängen. Alle können jedoch in der Musik behandelt werden und brauchen unsere Aufmerksamkeit. Alle können innere Hindernisse verbergen. Diese können emotionaler oder neuronaler Art sein oder schon von Geburt her bestehen, manchmal fallen auch alle drei Ursachen zusammen.

1. Gedächtnis

Das Gedächtnis scheint vorwiegend ein Phänomen der linken Gehirnhälfte zu sein, doch dürfte die rechte eine förderliche Rolle spielen. Regelmäßig kommen Lernprogramme in Mode, die im Hintergrund Barockmusik spielen – meist Mozart oder Ähnliches –, um dieses Zusammenspiel der beiden Gehirnhälften zu fördern. Es gibt verschiedene Arten des Erinnerns. Das sequenzielle Gedächtnis ist, wie die Sprache, ein Phänomen der linken Gehirnhälfte. Wir haben darüber weiter vorn gesprochen. Das sequenzielle Gedächtnis stellt sicher, dass wir uns an die Reihenfolge der Ereignisse erinnern: Wörter, Rhythmen, Orte auf einer Reiseroute oder Zahlen. Klangfarben, Atmosphären eines musikalischen Modus oder die Qualität eines Intervalls sind Aufgaben, die hingegen das rechte Gehirn meistert.

In der Musiktherapie beobachte ich, inwieweit der Teilnehmer auf Gelerntem aufbauen kann und sein Spiel dadurch bereichert. Erinnert er sich an das, was er letztes Mal entdeckt hatte? Kann er es wieder anwenden, um seine Entdeckungsreise in der Welt der Klänge – und damit seiner selbst – fortzusetzen?

In der TCM wird darauf hingewiesen, dass die Wandlungsphase Erde für das Denk-Gedächtnis zuständig ist. Obwohl nicht direkt vergleichbar, ist im psychoenergetischen Verständnis der Kontakt zur Erde elementare Voraussetzung für strukturiertes Denken und Konzentration und damit auch für das Gedächtnis.

2. Feinmotorik

Die verschiedenen Musikinstrumente bieten beste Gelegenheiten, die Feinmotorik zu prüfen und zu verbessern. Das Spiel mit Schlegeln am Xylophon verlangt eine präzise Koordination von Auge und Hand. Saiteninstrumente wie das Monochord machen erfahrbar, was feines Spiel – Streicheln – bedeutet. Kindern, die Schwierigkeiten damit haben, gebe ich manchmal eine Gänsefeder, um damit über die Saiten zu streichen.

3. Ausgleich der rechten und linken Hand

Die Gehirnforschung hat sich seit Jahren mit diesem Thema beschäftigt. Ohne auf die Diskussion über Rechts- und Linkshänder einzugehen, wissen wir, dass sich das Gehirnzentrum, das die Handbewegungen steuert, unmittelbar neben dem Sprachzentrum liegt. Aufgrund der Kreuzung der Nervenbahnen im Gehirn ist die linke Hand (wie auch die gesamte linke Körperhälfte) mit der rechten Gehirnhälfte und die rechte Hand (wie die rechte Körperhälfte) mit der linken Hemisphäre verbunden. Die linke Hand hat tendenziell einen größeren Bezug zu unserer weiblichen Seite, der Gefühlswelt, der Intuition, während die Rechte mehr mit Ausdruck, dem männlichen, intellektuellen Aspekt in uns zu tun hat.

In letzter Zeit ist mir bei mehreren Kindern in der Tagesklinik aufgefallen, wie schwer ihnen die Koordination der beiden Hände beim Trommelspiel fällt. Ich lasse sie z. B. zwei Schläge mit der linken und danach zwei mit der rechten Hand spielen, dies entweder in einem kontinuierlichen 4/4-Rhythmus oder in einem 3/4-Rhythmus als Zweierfolge mit Leerschlag: l l 𝄽 | r r 𝄽 | l l 𝄽 | und so fort. Zum Teil ist es eine Frage der Konzentration, doch scheint mehr dahinter zu stecken.

4. Bewegung und Tanz

Nicht jedermann kann sich im Tanz ausdrücken oder darin Freude finden. Doch für diejenigen, die dazu Zugang haben, kann Ausdruckstanz große Freiheit bringen. Es kann sogar zur bevorzugten Ausdrucksweise werden, wie bei »Federleicht« (siehe erstes Kapitel). Ausdruck mit Armen und Händen fördert den Herzkontakt sowie eine großzügige Öffnung der Welt, dem Leben gegenüber und gehört zum Element Luft.

Die Fähigkeit, eine Pulsation mit einem Lied oder einer Musik zu synchronisieren, wird gleichzeitig mit Überschreitung dieser Schwelle erworben.

5. Blasen

Ich war erstaunt, feststellen zu müssen, dass das Blasen z.B. in eine Flöte für einzelne Kinder, die zu uns in die Tagesklinik kommen, mit echten Schwierigkeiten verbunden ist.

6. Sprache, Stimme und Singen

Viele der Kinder, die zu uns kommen, haben Sprachschwierigkeiten. Die Mehrzahl darunter hat ebenfalls Mühe, ihrer Stimme eine normale Lautstärke zu geben oder zu singen. Das Monochord hat uns hierbei schon große Dienste erwiesen. Auch scheue Kinder finden es faszinierend, in die Seitenlöcher des Monchords zu sprechen oder zu singen. Dieses gibt eine langes Echo wieder, das durch die Resonanz der zahlreichen Saiten entsteht. Wir kommen auf das »spontane Singen« bei den Hauptschwellen nochmals zurück.

7. Vertrauen
Für jede therapeutische oder pädagogische Arbeit ist es unerlässlich, ein Vertrauensverhältnis aufzubauen. Bei einem traumatisierten Kind kann dies manchmal lange Zeit brauchen. In einigen Auswertungsverfahren in der Musiktherapie werden deshalb eine ganze Reihe Widerstandsebenen beobachtet. Fortschritt kann in einer ersten Phase am Erreichen einer tieferen Widerstandsebene festgestellt werden, bevor musikalisch viel ins Rollen gekommen ist.

Wir haben im Kapitel über die fünf Elemente einige Beispiele angeführt, wie mit Hilfe von Metaphern an inneren Hindernissen gearbeitet werden kann. Wir sprachen z. B. von der Qualität »Berg«, die eine ganze Reihe innerer Eigenschaften anklingen lässt. Die Möglichkeit, Emotionen und Gefühle auf differenzierte Weise musikalisch-spielerisch auszudrücken – verstärkt durch die Anwendung der Imagination –, ermutigt, sie auch im »wirklichen« Leben kundzutun.

Die neuro-musikalischen Hauptschwellen

Meine Arbeit über die neuro-musikalischen Schwellen befindet sich in einem Forschungsstadium. Seit Jahren sammle ich Beobachtungen dazu. Die Liste der Schwellen kann deshalb keinesfalls abschließend sein. Die Forschung und – ich hoffe es – auch der Austausch mit Lesern, Musiklehrern und Musiktherapeuten muss nun auf die Beobachtung der parallel erfolgenden Verhaltensänderungen abzielen. Was die Entwicklung und Entfaltung des Menschen anbelangt, erscheinen einige Schwellen wichtiger als andere. Ich habe bis heute deren sieben feststellen können. Die erste Schwelle ist nicht nur auf die Musik beschränkt. Alle Schwellen widerspiegeln sich generell in unserem Ausdruck, in unseren Bewegungen, unserer Art zu reden, im Klang unserer Stimme. Sie betreffen unser ganzes Wesen.

Die Hauptschwellen betreffen vor allem die Arbeit mit Kindern, weil ihr Gehirn noch bis zur Pubertät in voller Entwicklung ist. Das bedeutet jedoch nicht, wie wir weiter oben gesehen haben, dass wir mit der Arbeit an neuro-musikalischen Schwellen nicht auch auf das Gehirn Erwachsener Einfluss nehmen könnten. Oft jedoch werden Erwachsene diese Hauptschwellen bereits überschritten haben, mit Ausnahme der ersten, die eine dauernde Anstrengung verlangt. In der therapeutischen Arbeit mit Erwachsenen konzentriere ich mich deshalb in der Regel eher auf die fünf Elemente sowie die permanenten Ziele. Wir werden die Hauptschwellen in der Reihenfolge ihres üblichen Erscheinens aufzählen. So ist die Fähigkeit, sich zu konzentrieren, eine Voraussetzung für jegliche therapeutische Beziehung, denn Konzentration hilft, Vertrauen zu fassen und sich in Sicherheit zu fühlen.

Wir glauben feststellen zu können, dass jede der sieben Hauptschwellen wiederum mit je einer Körperzone mit den dazugehörenden Emotionen und Gedankenstrukturen besonders verbunden ist (Boadella 1987; Gamborg 1998; Perret 1997; Perret 2001; Satyasangananda 2000).

1. Konzentration – Erde

Die Fähigkeit, sich zu konzentrieren und möglichst ganz da zu sein, ist eine Voraussetzung, um mit jemandem überhaupt therapeutisch arbeiten zu können. Die Unfähigkeit dazu lässt auf mangelnden Erdkontakt schließen. Guter Erdkontakt ist die Grundlage. Sie hängt mit dem Körperkontakt zusammen und erlaubt, sich auf ein Thema, ein Musikinstrument zu konzentrieren und sich nicht zu verzetteln oder ständig an etwas anderes zu denken. Die traditionelle chinesische Medizin beschreibt ähnliches für ihre Erd-Phase. Diese ist mit den TCM-typischen Funktionskreisen Milz und Magen verbunden. Wir wissen aus unserem psycho-energetischen Ansatz, dass die Emotionen, die von außen auf uns eindringen, dies im Sonnengeflecht tun, also sich genau in dieser Körpergegend bemerkbar machen (siehe den Abschnitt zum Element Erde, Kapitel 2).

In der Musiktherapie kann es erforderlich sein, die Anzahl der angebotenen Musikinstrumente zu reduzieren, um die Konzentration zu erleichtern. Eine vorübergehende Verstärkung des Rahmens kann sich aufdrängen, indem man strikt auf Spielregeln besteht, z.B. bei der Handhabung der Instrumente, bei ihrem Missbrauch für nicht-musikalische Tätigkeiten oder bei der Einhaltung von Anfangs- und Schlussritualen. Dies verleiht Struktur und Sicherheit und stärkt damit das Erd-Element. Andernfalls nehmen die unkontrollierten Gedankenprozesse überhand, der Betreffende wird hyperaktiv und hat alle Instrumente in fünf Minuten besucht und ist bereit, wieder zu gehen.

Hand aufs Herz

Nach acht Monaten Musiktherapie waren wir mit »Semaphor« noch nicht sehr weit gekommen. Er ist ein autistischer Knabe und war zu jener Zeit sieben Jahre alt. Er sprach kein Wort, aber verstand alles, was wir ihm sagten. Er kam liebend gerne zur Musiktherapie. Wenn ich ihn im Garten rief, kam er hinter einem Busch hervorgerannt, um sein Piktogramm »Musik« vom Anschlagsbrett zu holen. Dann drängte er sich die Treppe hinunter zum Musikatelier.

»Semaphor« hatte große Schwierigkeiten, sich zu konzentrieren und an einem Instrument zu bleiben. Ich konnte ihm fast nichts zeigen. Er wollte alles allein machen und seinen eigenen *Parcours* durchs Atelier finden, ganz wie es »Wirbelwind« vor ihm getan hatte. Nach diesen acht Monaten überquerte er zwei Hauptschwellen zugleich: Es gelang ihm, sich zu konzentrieren, und er ließ sich in die Erfahrung des Klangs hineingleiten. Es folgten eine Reihe ruhiger Musiktherapie-Sitzungen, in denen er deutlich konzentrierter war, auch friedlicher, und er konnte plötzlich 3 bis 4 Minuten an der großen Trommel bleiben und spielen. Dort fand dann jeweils der einzige Augenblick mit einer musikalischen Kommunikation statt. Wir entdeckten gemeinsam ein Ritual auf der Tischtrommel. Während wir Geräusche aller Art auf der Trommel machten, näherten sich unsere Hände, bis meine plötzlich auf seine sprangen. »Semaphor« wartete diesen Augenblick jedesmal mit einer gewissen Aufregung ab und quittierte ihn mit einem breiten Lächeln. Gegen Ende der Sitzungen konnte es geschehen, dass er sich friedlich auf den Rücken legte und mir mit großen Augen zusah, als wollte er sagen: »Spiel ruhig weiter, das stört mich nicht im Geringsten!« Ich spielte denn auch auf der Gitarre und sang für ihn. Nach einer dieser Musiktherapiesitzungen diskutierte ich noch mit einem Kollegen, als »Semaphor« sich kurz zwischen uns stellte, meine Hand ergriff und sie sich auf das Herz-Chakra legte, als wollte er mir mitteilen, dass dieses Atelier ihn glücklich gemacht hatte. Diese Geste hat mich tief berührt.

Dieses Kind hat seinerzeit meine gedanklichen Anstregungen durcheinander gebracht. Auf musikalischer Ebene geschah nicht viel mit ihm. Er konnte keine Rhythmen spielen, keine Melodien, konnte auf nichts aufbauen, was er einmal gelernt oder entdeckt hatte. Man musste seine Kreativität mit viel Anstregung erahnen, denn sein Spiel auf einem Instrument dauerte jeweils kaum mehr als 20 Sekunden. Wir hatten kaum eine musikalischen Kommunikation, die der Rede wert gewesen wäre. Er nahm mir nur einen Schlegel aus der Hand, wenn er wollte, dass ich aufhörte, oder gab mir einen, wenn er wollte, dass ich spielte. Das war alles.

Was war in jener denkwürdigen Sitzung musikalisch oder therapeutisch geschehen? In der darauffolgenden Sitzung war seine Aufmerksamkeit deutlich erhöht. Er blieb merklich länger als üblich an einem Instrument und spielte. Zum ersten Mal auch wollte er am Ende – nach 30 Minuten – nicht aufhören, wo er doch üblicherweise nach zehn Minuten schon bereit war, zu gehen. In derselben Sitzung legte er sich am Ende auf den Boden und hörte mir einfach zu, wie ich sang und spielte. Er schaute mich mit verträumten, zärtlichen Augen an, während zweimal ein breites Lächeln über sein Gesicht huschte.

Was war geschehen – wo doch musikalisch kaum nennenswerte Fortschritte erzielt worden waren? Spielt sich das Wesentliche etwa nicht auf musikalischer Ebene ab? Sollte dies der Fall sein, was für eine Rolle kommt dann dem Musiktherapeuten zu?

Im allgemeinen Verhalten »Semaphors« konnten wir feststellen, dass parallel zur Entfaltung seiner Fähigkeit, Zärtlichkeit auszudrücken, auch Momente gewaltiger Emotionsentladungen einhergingen, die ihn vor Schmerz fast zerrissen. Ich vermutete, dass es sich um Schuld- und Unzulänglichkeitsgefühle handelte, die aufzutauchen schienen, wenn wir ihn schalten oder weil ihm etwas misslang. Das erinnerte mich an »Wirbelwind«, der eine vergleichbare Phase des »Auftauens« durchlief. Dieses Auftauen gibt uns jeweils Hoffnung, denn es kann das Zeichen sein, dass das Kind den Kontakt zu seinem Körper, zu seinen schmerzlichen Emotionen und damit zu seinen feineren Gefühlen zurückfindet. In der Literatur zum Autismus ist dieses Phänomen wohlbekannt und wird von Frances Tustin als »Tantrum« bezeichnet.

Etwa drei Wochen nach jenen Musiktherapie-Sitzungen erstaunte mich »Semaphor«, indem er ein Lied auf dem Xylophon spielte. Er spielte es rhythmisch absolut korrekt mit einem Schlag für jede Note, doch konnte er die richtigen Töne zur Melodie nicht finden. In sieben Jahren Arbeit in der Tagesklinik hatte noch kein Kind dieses Niveau erreicht! Ich hatte ihm die bekannte Melodie zwei Wochen zuvor vorgespielt, ohne von ihm das geringste Zeichen erhalten zu haben, dass er sie verstanden hatte. Dies war möglicherweise ein Beispiel eines verzögerten Lernens.

2. Zugang zum Klangerlebnis – Luft

Dies ist wiederum eine unumgängliche Tür, die durchschritten werden muss. Öffnet sich der Betreffende nicht dem Klangerlebnis, und kann er sich der Klänge somit nicht erfreuen, bleibt ihm die Welt der Musik und der Klänge verschlossen, und damit wird auch die Welt als Ganze für ihn ohne großes Interesse bleiben. Der Zugang zum Klangerlebnis schafft eine Verbindung zwischen Konzentration und Empfinden. Dies ist höchstwahrscheinlich eine Erfahrung der rechten Gehirnhälfte.

Ein Gefühl von Verwunderung ergreift den Betreffenden; das ist leicht festzustellen. Ich bin überzeugt, dass die Erfahrung des Klangs uns dem gefühlsmäßigen Inhalt der Kommunikation öffnet, dem, was »zwischen den Zeilen« mitschwingt.

Wo immer möglich, versuche ich in der Musiktherapie, Instrumente zur Verfügung zu stellen, die an sich schon ein bemerkenswertes Klangerlebnis sind, die etwas Magisches an sich haben. Das Monochord ist ein gutes Beispiel oder ein Gong, eine Klangschale (siehe Anhang zu den Instrumenten).

Der Zugang zum Klangerlebnis gelingt über eine Phase der Entspannung und der Aufnahmefähigkeit, über ein gefühlsmäßiges Zuhören, über die weiblichen Seite in uns. Der konkrete Zugang kann von Mensch zu Mensch verschieden sein.

Für »Schmetterling« blieb diese Tür lange verschlossen. Er kam zu uns in die Tagesklinik mit fünf Jahren. In der Musiktherapie konnte er zu Beginn keine fünf Sekunden bei einem Instrument verharren. Er musste wie ein Schmetterling von einem zum anderen, alles berühren, alles beklopfen und alle Schalter im Raum betätigen. Im Garten musste er allen Schmetterlingen nachjagen, als seien es Verwandte, die ihm etwas über seine wahre Natur zu erzählen hatten. Das tat er während all der drei Jahre, die er bei uns war. Er war immer voller Energie und kaum zu zähmen. Sein Denken war blitzschnell wie seine Reaktionen auch. Dies hatte seine Mutter mehrmals an den Rand der Verzweiflung getrieben und ihr manchmal zu repressives Verhalten aufgenötigt, was die Situation zu einem Teufelskreis werden hatte lassen.

Dann, eines Tages, verblieb er bei einem Blumentopf und begann, den Schlegel im Topf hin- und herzuschwenken, von Wand zu Wand. Nach drei, vier Minuten drehte er sich mit ruhigem Blick zu mir und sagte einfach: »Glocke«! In diesem Wort war alles enthalten. Er hatte endlich die Schwelle zum Klangerlebnis überschritten und würde in Zukunft leichter dazu zurückfinden. Er kannte nun den Weg.

Wenn Kinder diese Schwelle überschreiten, verändert sich etwas in ihrem Blick. Ihr mentales Energiefeld und damit ihr Horizont erweitern sich. Zusätzlich zur Tatsache, dass sie sich nun für die eigentliche Klangmaterie des Musikateliers interessieren, scheinen sie auch plötzlich mehr Raum um sich zu haben. Die ganze Atmosphäre scheint sich zu entspannen. Man könnte vor Erleichterung seufzen. Das Bewusstsein sinkt vom Kopf ins Herz, vom Denken ins Fühlen. Das trägt dazu bei, dass ein besserer Körperkontakt – und damit zu den Emotionen – gefunden werden kann. Die Gehirnforscher bestätigen es, und die Körpertherapeuten wissen es schon seit den Siebziger Jahren. Der Schritt über diese Schwelle ist die Voraussetzung, um Freude beim Musikspielen empfinden zu können.

»Duke« hatte eine große mentale Kapazität und konnte zudem Rhythmen im Nu begreifen. Er wiederholte mühelos alle noch so komplexen Rhythmen, die ich ihm vormachte, und zwar mit solcher Behendigkeit und Genauigkeit, wie es ihm kaum ein Erwachsener nachmachen konnte. Er war sechs Jahre alt. Das Problem war, dass er dabei keine Freude empfand. Er spielte das rhythmische Muster ein- oder zweimal und wollte bereits zur nächsten Tätigkeit übergehen. Er konnte keine Rhythmen in einer Kontinuität spielen. Er konnte sie nicht in seinen Körper aufnehmen. Nie hätte z. B. jemand zu seinem Trommeln tanzen können. Alles spielte sich zwischen Kopf und Händen ab. Das Herz, der Bauch waren nicht dabei.

»Duke« konnte nicht in das Klangerlebnis eindringen. Dies machte ihn folglich unfähig, in der Musik kreativ zu sein. Sobald er spielte, sah ich ihn bereits über etwas anderes nachdenken, etwa wie ein junger Hund, der zwar in eine Richtung läuft, aber mit seiner Nase bereits einem neuen Duft nachgeht. Tatsächlich lebte »Duke« stark im Element Luft. Er brauchte mehr Kontakt zu Wasser (fließende, lebendige Rhythmen) und Erde (Konzentration). Ich erklärte ihm, dass er lernen müsse, sich beim Musikmachen zu vergnügen. Ich bat ihn, mit mir zu singen und seinen Körper ins Spiel zu bringen. Doch wurde aus seinem Singen nicht mehr als ein flüchtiger, geflüsterter Versuch. Zur Zeit ist er fasziniert davon, mit Schellenbändern an den Knöcheln Rhythmen zu gehen und zu klatschen. Auch dies dauert jedoch höchstens fünf Minuten, aber immerhin.

Ich hatte bei dem siebenjährigen autistischen Knaben »Semaphor«, von dem schon die Rede war, guten Erfolg, indem ich eine konstante Klanghülle für ihn schuf. Mit der einen Hand spielte ich auf der offen gestimmten Gitarre, mit der anderen schlug ich einen dumpfen Rhythmus auf der Tischtrommel und sang gleichzeitig. Das Ganze war in einem tranceartigen Stil gehalten, sehr repetitiv, gleichmäßig, ohne domierende Melodie. »Semaphor« begann zum ersten Mal, vor sich hin zu singen, während er gleichzeitig verschiedene Instrumente erforschte.

Er schien sich endlich zu entspannen. Möglicherweise half ihm dabei, dass ich ja »beschäftigt« war und er sich somit nicht beobachtet fühlte. Auch war damit jeder Erwartungsdruck von ihm entfernt: Die stabile, unaufdringliche Klanghülle schuf einen sicheren Boden, ohne ihn einzuschränken.

Oft habe ich auch, den richtigen Augenblick abwartend, nicht-musikalischen Aktivitäten oder Stereotypien ein Ende setzen müssen. Als ich spürte, dass mein Gegenüber bereit war, unterband ich jegliche Ausweichmanöver, die ihn nicht ins Klangerlebnis sinken ließen. »Von nun am machen wir Musik und nicht mehr Lärm!« musste ich auch schon sagen. Denn »Lärm-Machen« ist allzuoft mit Agressivität verbunden und leitet nicht über zu einem empfundenen Klangerlebnis.

3. Zugang zur Dynamik – Feuer

Wir haben im Abschnitt zum Element Feuer über das Sonnengeflecht, das Solarplexus-Chakra gesprochen und wie dieses an einem emotionalen Schockerlebnis festhalten kann. Dies führt zu einer introvertierten Haltung. Die Energie des Solarplexus strömt nicht richtig nach außen, ist zurückhaltend, gedämpft, verletzlich und ängstlich. Die Feuer-Energie des Betreffenden brennt auf Sparflamme oder wirkt halb erstickt, statt dass sie ihm ermöglicht, auf andere mit Liebe und Verständnis zugehen zu können. Die musikalische Thematik des Feuers ist die Dynamik, das Verhältnis von laut und leise, stark und schwach.

»Hobbit« hatte seine ersten Musiktherapiesitzungen in der Hocke neben der Tür verbracht. Er lehnte mit seiner rechten Seite an der Tür und vermied so, mich oder die Instrumente im Raum anzuschauen. Seine Haltung gab deutlich zu erkennen, dass er da war, weil man ihn dazu verdonnert hatte. Er sah keinen Weg, wie er teilnehmen konnte. Glücklicherweise habe ich eine Rückzugsecke im Raum eingerichtet. Dort liegt der Biber, ein großes, farbiges Stofftier, unter dem man sich leicht verkriechen kann. »Hobbit« entdeckte bald diese Möglichkeit und verschwand. Ich hatte beobachtet, dass er einen starken, natürlichen Humor hatte, und hegte die Absicht, ihn zum Zug kommen zu lassen.

Ich »verbarg« mich in den folgenden Sitzungen hinter der großen tibetischen Rahmentrommel, die ich für diesen Zweck vertikal stellte. Als »Hobbit« sich unbeobachtet fühlte, kam er schließlich aus seinem Versteck hervor, kroch »unbemerkt« bis zur Trommel und gab ihr einen großen Schlag aufs Fell, um sich gleich danach wieder in seinen Schlupfwinkel zurückzuziehen. Ich spielte Erstaunen und schaute hervor, mich wundernd, wer da wohl auf meine Trommel geschlagen hatte, da ja niemand zu sehen war. »Hobbit« lachte. Wir haben dieses Spiel einige Wochen lang weitergeführt und ausgebaut. Er musste bald der Löwe in seiner Höhle sein und fauchend herauskommen. Dies erlaubte ihm, seine Scheu zu überwinden, die wahrscheinlich durch übermäßige Zornausbrüche seines Vaters verursacht worden war. »Hobbit« machte langsam die Feuer-Tür auf und gewann damit an Dynamik in seinem Ausdruck. Der Rest der musiktherapeutischen Arbeit konnte beginnen.

Andere lernten ihre Angst mit dem Klang des Beckens zu zämen. Oft muntere ich auch auf, die große Trommel mit kräftigen Schlägen zu traktieren und dabei die Stimme laut einzusetzen.

4. Übergang von der Pulsation zum Rhythmus – Wasser

»Artos« war völlig unfähig, das Phänomen des Rhythmus zu begreifen. Für ihn war Rhythmus dasselbe wie eine regelmäßige Pulsation. Ich hatte alles versucht. Ich hatte Rhythmen auf seinem Rücken gespielt, sie gesungen, sie auf der großen Trommel zwischen uns vorgemacht, sie erklärt, sie auf verschiedenen Instrumenten gespielt. Nichts hatte gefruchtet. Er blieb dem Phänomen gegenüber völlig dicht – trotz seiner offensichtlichen Freude, zur Musiktherapie zu kommen und speziell zu trommeln. Er konnte ohne weiteres die genaue Frequenz einer Pulsation spielen, sobald ich ein Lied sang oder spielte. Doch über ein Jahr lang, konnte ich ihm nicht beibringen, was der Unterschiede zwischen einer Pulsation (also einer regelmäßigen, durchgehenden Reihe von Schlägen) und einem Rhythmus (eine regelmäßige, unterbrochene Reihe von Schlägen) war.

Ich erinnere mich, Norman Weinberger, einen Forscher in Kaliforniern, über Internet um Rat gebeten zu haben. Er schlug mir vor, zwei Schläge zu spielen und darauf eine lange Pause einzuschalten, etwa 20 Sekunden, um weitere zwei Schläge zu spielen. War es die Tatsache, dass sich in meinem Denken eine Öffnung auftat, indem ich an einen Ausweg glaubte, oder war es tatsächlich die Idee der zwei Schläge? Jedenfalls begann »Artos« an diesem Tag, einen komplexen Rhythmus zu spielen, sowohl in der Musiktherapie-Sitzung als auch danach. Er lief in der Pause mit einem leeren Plastikpapierkorb unter dem Arm herum und trommelte seinen Rhythmus darauf, als wäre dies das Natürlichste der Welt.

Ich konnte seither feststellen, wie schwierig diese Schwelle für einige Kinder und auch Erwachsene sein kann. Ich werde weiter unten darüber schreiben, was für Folgen dieser Übergang haben kann.

Ein Baby macht oft pulsative Bewegungen, und zwar auf einer ganz instinktiven Ebene. Normalerweise dauern diese Bewegungen nur einige Augenblicke lang. Diese unbewusste Bewegung zeugt meistens von einer inneren Aufregung. Sie kann z. B. entstehen, wenn es Kontakt mit einem Gegenstand aufnimmt. Der pulsierende Kontakt schafft auch eine Art klanglicher Hülle. Das Baby ist sich dann des Klangs bewusst, das durch sein Schlagen hervorgerufen wird. Während Rhythmus eine Abwechslung von Ereignis und Nicht-Ereignis ist und damit die Voraussetzung für Bewusstsein schafft, so bleibt die Pulsation instinktiv und höchstens halbbewusst. Man zählt die Schläge einer Pulsation nicht, denn sie ist *per definitionem* ein Ereignis, das sich unendlich wiederholt, ohne Bewusstsein der Zeit, die dabei vergeht. Wir finden die Pulsation in Tranceritualen und der dazugehörenden Musik. Wir finden sie auch in vielen Ritualgesängen der Indianer Nordamerikas wie auch in vergleichbaren Zeremonien rund um die Welt. Stets versuchen diese Rituale, die Zeitdimension zu transzendieren. In der Pulsation zählt die Zeit nicht mehr.

Wir finden diese pulsierenden Bewegungen natürlich im Wiegen eines Kleinkinds, im Herzschlag, in der Atmung, im Gehen, in den Rhythmen des Gehirns. Selbst wenn wir einen Nagel einschlagen, käme es uns nicht in den Sinn, dies im Dreivierteltakt zu machen oder die Schläge zu zählen.

Rhythmen dagegen kann man zählen. Sie führen uns zum Tanz hin und rufen nach einem bewussteren Gebrauch des Körpers. Sie bringen eine bessere Integration von Denken, Fühlen und Körperkontakt. Man muss einen Rhythmus erkennen, bevor man ihn mit dem Körper tanzen kann. Wenn wir von der Pulsation zum Rhythmus überleiten, ist es, als würde sich ein Nebel auflösen. Wir sind präsenter. Das Ich ergreift vom Körper Besitz. Pulsierende Bewegungen mögen beruhigen, doch Rhythmus bringt Tanz und Freude. Um einen Rhythmus richtig zu spielen, genügt es jedoch nicht, dass der Kopf den Händen befiehlt, was sie tun sollen.

Pädagogische Überlegungen:
Es ist wichtig, beim Erlernen von Rhythmen den ganzen Körper einzubeziehen. Ein Rhythmus muss aus dem Bauch heraus gespielt werden, also mit bewusstem Kontakt zum Hara (Wasser). Dies verbessert den Bauchkontakt und die Bauchatmung und lockert muskuläre Spannungen, die sich auf dem Weg vom Hara über die Schultern, die Arme, Gelenke bis zu den Händen befinden können. Wir müssen den Rhythmus in unser ätherisches Gedächtnis, unser Körpergedächtnis integrieren.

5. Zugang zur Kreativität – Wasser und Raum

Ich erinnere mich an »Hase«, »Elfe« oder »Héron«. Sie überschritten die Schwelle zur Kreativität zu verschiedenen Zeitpunkten. Stelle ich ein Hindernis, eine Schwelle fest, besteht die musiktherapeutische Arbeit oftmals darin, die richtige Mischung von Vergnügen und Beharrungsvermögen zu finden, um Fortschritte zu erzielen. In der Regel geht es nicht so sehr um die Vermittlung einer Spieltechnik als darum, innere Strukturen zu verändern. Das Unvermögen, eine Schwelle zu überschreiten, wurzelt oft in Glaubens- und Denkstrukturen, Gewohnheiten und möglicherweise auf neurologischen Gegebenheiten. Die Abwesenheit von musikalischer Kreativität über Monate hinweg anzusprechen ist nicht angenehm, weder für den Therapeuten noch für den Patienten. Der Patient findet es sehr schwierig, mit einem Musikinstrument konfrontiert zu sein, das unerbittlich still bleibt, wenn es nicht gespielt wird. Versiegt die Kreativität, ist »Funkstille«. Der Spiegel ist brutal.

Wenn ich mich richtig erinnere, kam bei allen drei Kindern der Tag, an dem ich wusste, dass es so nicht weitergehen konnte. Ich hatte mit jedem von ihnen in Einzelsitzungen seit über einem Jahr gearbeitet. Wir hatten mitunter schöne Augenblicke erlebt, hatten gescherzt und gelacht. Doch Musik muss man spielen. Da gibt es kein Ausweichen. Ich fühlte also, dass es höchste Zeit für eine Änderung war. Ich sprach zu jedem wie zu einem Erwachsenen. Ich erklärte ihnen, dass Musikinstrumente da seien, um mit ihnen zu spielen, sie zu erforschen, vor allem, da ich von ihnen ja keine melodischen, rhythmischen oder anderen Kunststücke erwartete. Ich sagte ihnen, dass sie beim nächstem Mal ein Lied, eine Melodie, ein Klanggemälde, irgendetwas kreieren müssten. Wir hatten genügend Zeit damit verbracht, die rudimentären Spieltechniken zu erproben. Dem einen oder anderen musste ich auch nahebringen, dass es hier nicht um »Basteln« ging, bei dem die Musikinstrumente als nicht-muskalische Objekte verwendet würden. Sie durften z.B. nicht das Maracas-Ei nehmen und damit in einem Blumentopf ein Omelett kochen wollen und dergleichen. Auch Lärmen war nicht mehr erlaubt. Schlicht Musikmachen sollte es von nun an sein.

Zu meiner Überraschung machte jedes Kind den Schritt. Das nächste Mal kam »Elfe« und erklärte, dass er mir heute das Lied des Mondes vorspielen wollte. Danach kam das Lied der Kirche von Montignac, wo seine Großeltern wohnten. In den folgenden Sitzungen servierte er mir stolz jedesmal fünf oder sechs Neuschöpfungen. Ein anderer umgab sich mit verschiedenen Instrumenten, kehrte mir den Rücken halb zu und begann einen überaus langen Singsang. Es bewegte mich, zu sehen, wie sie von der Langeweile zu einer blühenden Kreativität gefunden hatten.

Letzthin gelang mir dies wieder mit einem Knaben. Allerdings scheinen wir seit einigen Wochen auf einer Zwischenstufe steckengeblieben zu sein. Er entschloss sich nach langen Monaten, erstmals die Gitarre auf die Knie zu nehmen und zu singen. Seither ergibt er sich in ein monotones Singen, welches eine Imitation von »Equinox« von Jean-Michel Jarre sein soll und immer gut 20 Minuten dauert. Ich musste ihm erklären, dass ich seine eigene Musik hören wolle. Das andere sei eben Jarres Musik. Ich ließ nicht locker und erklärte ihm den Unterschied zwischen einer Eigenkreation und derjenigen eines anderen Musikers. Zeitweise habe ich seinen Singsang regelrecht sabotiert. Ich begann, ihn zu imitieren, mitzusingen und zu übertreiben. Ein anderes Mal zerstörte ich regelrecht seinen Rhythmus, indem ich mit der großen Trommel dazwischenhackte. Zum jetzigen Zeitpunkt, wo ich diese Zeilen schreibe, haben »Sigismund« und ich diese Vorstufe zur Kreativität noch nicht ganz überwunden. Ich habe ihm jedenfalls verboten, die Imitation Jarres länger als zwei Minuten dauern zu lassen ...

Diese Schwelle hat einen starken Bezug zu den zwei Energiezentren Hara (Vitalität, Wasser) und Kehlkopf (Ausdruck, Raum) und ist deshalb oft mit Wut, Ärger und Langeweile verbunden. Wenn jemand seine natürliche Kreativität leben kann, kommt mehr Fluss, mehr Fließen in sein Verhalten. Ein weiterer (mentaler) Raum öffnet sich um ihn herum. Wir haben darüber ausführlich im Kapitel zu den fünf Elementen geschrieben. Der Übergang von Langeweile und Frustration zur Kreativität ist ein Übergang vom inneren »Faschisten« zur Individualität, von der äußeren zur inneren Autorität. Ein Mensch, der wirklich kreativ ist, schöpft aus seiner eigenen Quelle und erfährt seinen eigenen Wert oder beginnt zumindest, ihn zu erahnen. Mit dem Auftauchen des kreativen Ausdrucks zeigen wir unsere Individualität. Wir legen uns bloß und werden zwangsläufig auch Reaktionen zurückerhalten. Wir müssen deshalb innerlich stark genug sein, um dies zu wagen. Das gehört zur therapeutischen Aufbauarbeit.

Dieser Übergang erzeugt innere Freude. Es ist, als ob der Vogel seinen ureigenen Gesang wiedergefunden hätte. Dabei ist es gleichgültig, auf welche Weise sich die Kreativität ausdrückt. Jeder hat seine eigenen Vorlieben und Fähigkeiten. Wichtig ist, sie fließen zu lassen. Es kann hier nützlich sein, auf musikalische Gewohnheiten hinzuweisen und Wege zu zeigen, wie diese umgangen werden können (Tonsysteme, vergessene musikalische Modi etc.) (Perret 1998).

Ist der Zugang zur eigenen Kreativität einmal erschlossen, ist das Spiel noch nicht vollends gewonnen. Kind, Jugendlicher, Erwachsener, sie alle mögen zwar ihre eigene Kreativität zu einem Zeitpunkt entdeckt haben, doch Erziehung, Schulwesen, Mangel an Unterstützung der Individualität, abschätzige Reaktionen von Kameraden und Eltern, können ihnen die Lust am Ausdruck wieder nehmen. Ich erinnere mich, als »Hase« die Kindertagesklinik verließ, wollte er eine Kopie der Videoaufnahmen, die ihn singend und improvisierend zeigten. Er war stolz, diese zu Hause zeigen zu können. Doch wie enttäuscht und zerknittert berichtete er mir, als wir uns einige Zeit später wieder sahen, wie sein Bruder ihn ausgelacht habe und offenbar auch die Eltern nichts Umwerfendes an den Aufnahmen fanden. Glücklicherweise begegnete ich ihm wieder, als ich zusätzlich in der Tagesklinik für ältere Kinder zu arbeiten begann. Er fand nach zwei Monaten seine kreative Ader wieder.

Die innere Quelle versiegt jedoch nie völlig. Sie ist zugänglich für jeden, ob behindert oder nicht, klein oder groß, jung oder alt. Gefragt ist keinesfalls ein sogenannter »künstlerischer« Ausdruck mit kommerziellem Wert.

Ich erinnere mich daran, wie sehr die wöchentlichen Musik-Sessions das Selbstwertgefühl eines männlichen Gefängnisinsassen zu heben vermochten. Ich arbeitete dort vier Jahre lang. Er hatte zuvor einige sehr harte und schmerzliche Auseinandersetzungen mit Gefängniswärtern gehabt. Sein chronischer Autoritätskonflikt und gestauter Zorn hatten ihn in Schwierigkeiten gebracht. Es ist schwer, mit dieser Problematik in einem Gefängnis zurecht zu kommen. Im Fall einer Ungerechtigkeit hatte er nur wenige Möglichkeiten, diese ins rechte Licht rücken zu können. Schließlich richtete er seine Aggression gegen sich selbst, indem er sich mit Rasierklingen oder was immer ihm in die Hände fiel in die Unterarme schnitt. Als er im Musikatelier auftauchte, meinte er, er könne kein Instrument spielen, würde sich aber gern am Schlagzeug versuchen. Er hatte offensichtlich genug Talent dazu. Die Tatsache, dass er bald eine Rolle in der kleinen Musikgruppe und einen Lichtblick in seiner wöchentlichen Routine hatte, dass er mit anderen ebenbürtig sprechen und dazu sich auch noch auf einem Schlagzeug ausdrücken konnte, brachten etwas Freude in sein Leben und erlaubte ihm, seinen Selbstzerstörungsdrang in positivere Bahnen zu lenken.

Der Übergang von der Destruktivität zur Kreativität benötigt ein ermutigendes Milieu. Ich erinnere mich an zwei Männer tunesischer Abstammung, die kurz darauf das Musikatelier des Gefängnisses besuchten. Sie hatten offensichtlich bereits früher Musik gemacht, konnten sich jedoch erst auf einen kreativen Prozess einlassen, als ich sie ermutigte, ihre eigene Musik zu spielen. Sie begannen etwas scheu, Rai zu spielen. Sobald sie sich akzeptiert fühlten, fanden sie in kürzester Zeit zu großer Ausdrucksfreude. Da in jenem Gefängnis Männer aus gut vierzig Ländern in Haft waren, hatten wir das Vergnügen, abwechslungsweise Musik aus Angola, eine Beguin aus Guadalupe, Rai etc. zu lernen. Diese Momente sind unvergesslich.

Pädagogische Überlegungen:
Wie können wir aus dem musikalischen Spiel eines Menschen ermitteln, ob er wirklich kreativ ist? Wenn wir mit ihm Sitzungen über einen länger Zeitraum haben, ist dies leicht herauszufinden. Die Freude am Spielen, am Spielerisch-Sein, am Klangerlebnis ist sicherlich wichtig, genügt aber nicht. Ein kreatives Ausloten und Reisen wird fühlbar, wenn der Mensch gewissermaßen zu leuchten beginnt, wenn ihn eine Intensität ergreift. Das Vorhandensein einer Melodie ist keine Bedingung. Melodie ist nur ein Ausdruck des Luft-Elements. Der kreative Schub kann manchmal von nur sehr kurzer Dauer sein. Doch ist es bedeutungsvoll, diesen Augenblick richtig erkennen zu können.

6. Zugang zum spontanen Singen – Raum

In meinen Kursen lasse ich viel Raum für Soloimprovisationen. Ich ermutige den Einzelnen, sich an keine vorgefassten Ideen zu klammern und nicht bloß Passagen zu wiederholen, die ihm in der Vergangenheit »Erfolg« gebracht haben. Mit der Stimme zu improvisieren scheint oft noch ein zusätzlicher Schritt zu sein. Man legt damit viel mehr von sich bloß als beim instrumentalen Spiel. Singen ist mit dem Kehlkopf-Chakra verbunden. Die Stimme ist ein wahrheitsgetreuer Spiegel unseres Wesens, reich und vollständig zugleich. Deshalb offenbart spontanes Singen einen Menschen sehr nackt.

Die Stimme widerspiegelt nicht nur Emotionen und Gefühle. Weil sie keine »Spiel«-Technik erfordert und direkt aus uns hervorquillt, können manchmal erstaunliche Erfahrungsräume erschlossen werden. Das Erlebnis kann überwältigend sein und in Sänger wie Zuhörer tiefe Spuren hinterlassen. Nicht selten scheint die Stimme aus Räumen zu kommen, die an Situationen in vergangenen Leben erinnerten. Die Tiefe und Stärke, die mit der Stimme manchmal ausgedrückt werden können, sind eindrucksvoll. Mehr als einmal habe ich erlebt, dass der Betreffende verändert aus dem Singerlebnis hervorkam.

7. Zugang zur melodischen Organisation – Luft

In der Tagesklinik schaffen es Kinder unter acht Jahren nur selten, die melodische Organisation eines Instruments zu begreifen. Der Vorgang umfasst verschiedene Schritte. Einerseits muss sich das Kind für das Klangerlebnis öffnen. Andererseits muss es sich auch für das melodische Spiel interessieren und sich an Ort und Sequenz der Töne z. B. auf einem Xylophon erinnern können. Möglicherweise geschieht der Übergang zur selben Zeit, in der sich dem Kind das Alphabet und das Verständnis eines gelesenen Wortes erschließt.

Pädagogische Überlegungen:
Ich arbeite auf verschiedene Weise an dieser Schwelle. Manchmal zeige ich eine kurze Sequenz von Tönen, damit das Kind sie wiederhole. Ich kann eine rhythmische Struktur damit verbinden, doch dies ist nicht unbedingt nötig. Ich kann einen Teil einer bekannten Melodie verwenden. Falls das Kind Interesse am Alphabet zeigt, kann ich es auf die Buchstaben auf den Xylophonstäben aufmerksam machen: C, D, E etc. Ich zeige ihm dann eine Tonfolge und die damit verbundene Buchstabensequenz. Eine Tonfolge wiederholen zu können heißt natürlich noch nicht, dass das Kind die melodische Organisation des Instruments verstanden hat. Dies ist ein zusätzlicher Schritt. Es muss in seiner Vorstellung die Gesamtheit der Töne des Instruments erfassen und diese mit einer klanglichen Erinnerung der Tonhöhe verbinden können, damit es einen bestimmten Ton finden kann. Dies alles macht diese Schwelle zu einem mentalen Prüfstein, der die rechte und die linke Gehirnhälfte gleichermaßen einbezieht.

Langzeitziele im musikalischen Ausdruck

Ganz wie die menschliche Entfaltung kein Endziel kennt, erschließt auch das musikalische Spiel immer neue Horizonte. Alles ist bloße Vorbereitung für die nächste Phase. Während die im Folgenden aufgelisteten Ziele bereits ganz zu Beginn ihre Gültigkeit haben, verlieren sie nie ihren Wert als Orientierungshilfen.

1. Harmonisieren und Ausgleichen
Es ist wohl unumgänglich, die fünf Elemente über kurz oder lang in einen ausgeglichenen Ausdruck einzubauen. Dies ist eine erste Etappe, die es zu untersuchen gilt, wenn wir an der Verbesserung der Musikalität eines Menschen arbeiten. Erst wenn

diese Balance einigermaßen erreicht ist, kann ein Mensch Ausstrahlung gewinnen und andere innerlich bewegen.

2. Ausstrahlung und innerlich bewegen können
Worin besteht diese Fähigkeit? Wie können wir sie ereichen? Was sollen wir über eine gute Ausgeglichenheit der fünf Elemente hinaus vorschlagen, damit Ausstrahlung und Tiefe erreicht wird?

3. Innere Freude ausdrücken
Innere Freude und Intensität sind meine ersten beiden Ziele in einer Musiktherapiesitzung oder in der Improvisation ganz allgemein. Innere Freude führt dem Herzen eine spirituelle Energie zu, die über die rein emotionale Ebene hinausweist. Gemäß der alt-irischen Tradition ist dies eine der drei Hauptaufgaben der Musik. Die anderen sind, kurz gesagt, die »emotionale Katharsis« zu erleichtern und »die Seele zu nähren«.

4. Intensität
Intensität ist ein Rätsel. Sie scheint da zu sein, wenn das ganze Wesen eines Menschen, ja vielleicht seine Seele selbst sich einbringt. Wenn es zum einen eine emotionale Intensität gibt, so denken wir hier darüber hinaus an eine Intensität, die jenseits der schmerzlichen Emotionen existiert.

5. Kreative musikalische Kommunikation
Die kreative musikalische Kommunikation ist eine Kommunion zwischen verschiedenen Menschen. Es ist eine Begegnung auf der Empfindungsebene. Wir können dies oft im Jazz beobachten, aber auch in unseren Improvisationen über Klanglandschaften mit Teilnehmern aller Art. Bei improvisierten Klanggemälden oder Klanglandschaften sind alle Teilnehmer auf derselben Stufe.

6. Inspirierter Ausdruck
Letztlich geht es hier wohl darum, uns selbst nicht in die Quere zu kommen und uns vom Strom der Impulse davontragen zu lassen. Wir können nur erahnen, woher unsere musikalischen Impulse kommen. Wenn es uns gelingt, dieses wertvolle Gleichgewicht zwischen Eindruck und Ausdruck, Innenwelt und Außenwelt, Oben und Unten zu erreichen, ist alles möglich, kann alles geschehen. Teilnehmer haben in solchen Augenblicken Dimensionen aus anderen kulturellen und zeitlichen Räumen in den Raum gebracht. Ich bin oft Zeuge der unermesslichen Tiefen der menschlichen Existenz gewesen.

7. Stille, Raum, Hören und Empfangenkönnen
Wir haben darüber beim Element Raum ausführlich geschrieben.

Parallele Veränderungen im generellen Verhalten

Die Nützlichkeit einer neuro-musikalischen Schwelle muss sich in der Beobachtung positiver, andauernder Veränderungen im Verhalten oder in der Entwicklung eines Menschen niederschlagen. Ich stieß auf diese Schwellen, weil ich Folgendes beobachten konnte:

- Fehlen der respektiven Qualität im musikalischen Ausdruck eines Menschen,
- andauernder Widerstand zum Überschreiten der Schwelle,
- bedeutende und dauerhafte Verhaltensänderungen nach deren Überqueren und
- Bestätigung des parallelen Auftauchens von wesentlichen Veränderungen im Vergleich mit den Berichten von anderen Kollegen, Eltern, Erziehern und Lehrern, die mit demselben Kind arbeiteten.

Ich habe viele Bewertungssysteme studiert, in der Hoffnung, verlässliche Entwicklungs- und Verhaltenskriterien zu finden, die das parallele Überschreiten von Schwellen genau belegen würden. Die detaillierten Bewertungstabellen in Bezug auf die Entwicklungsstufen, die junge autistische Kinder durchlaufen, schienen zuerst ermutigend zu sein (siehe Dr. G. Haags System im Anhang).

Es ist mir bis heute jedoch nicht gelungen, vergleichbare Kriterien für nichtautistische Personen zu finden, die auch über das Kindesalter hinausreichen. Ich arbeite vorwiegend mit Kindern, die unter tiefgreifenden Entwicklungsstörungen leiden. Sie zählen nicht unbedingt immer zum autistischen Spektrum. Es gibt viele ausgeklügelte Bewertungsskalen für Kinder bis zu etwa drei Jahren, doch wenige, die ältere Kinder, Jugendliche und Erwachsene beschreiben. Kognitivisten haben ihrerseits wiederum eine Anzahl Bewertungsraster geschaffen, die die Wahrnehmung, die Feinmotorik, die Auge-Hand-Koordination und intellektuelle Fähigkeiten betreffen. Diese interessieren sich jedoch kaum für Emotionen, Gefühle, Imagination, soziale Fähigkeiten oder gar die angeborenen Qualitäten eines Menschen (Schopler et al. 1994). Die erwähnten Bewertungsschemata halfen mir deshalb nur bedingt weiter, was neuro-musikalische Schwellen und unseren psycho-energetischen Ansatz anbelangt.

Dem bisher befriedigendsten Bewertungsverfahren begegnete ich bei Amelia Oldfield in T. Wigram: »Eintrittskriterien und Bewertung in den künstlerischen Therapien« (Oldfield ca. 2000). Amelia scheint ihre Sitzungen derart zu gestalten, dass sie in jedem Teilabschnitt weiß, was für Kriterien sie darin beobachten kann. Es ist keine Bewertungstabelle, eher ein Beobachtungsraster, wie sie ein Psychotherapeut vor seinem inneren Auge haben könnte und damit weiß, wonach er Ausschau hält. Meine Bewertungstabelle im Anhang stellt lediglich einen weiteren, teilweise gelungenen Versuch dar. Ich habe darin qualitative Bewertungskriterien anhand der fünf Elemente eingebaut.

In Synthesesitzungen geschieht es des öfteren, dass die meisten Teammitglieder sich zu sehr auf die Probleme und Schwierigkeiten des Kindes fixieren und darauf, wie gering die erzielten Fortschritte sind. Es sind jedoch die Hoffnungsschimmer, das Erahnen der angeborenen Qualitäten des Kindes, was uns neuen Lösungswegen näherbringt. Letztlich geht es mir um eine seelische Entfaltung im Sinn der Förderung der Entfaltung und des Ausdrucks des innersten Wesens. Dies umfasst die Qualitäten des Betreffenden, Mitgefühl, das Erreichen von innerem Frieden, von Freude, Lebensvertrauen und Akzeptanz der Gegebenheiten vor jeder musikalischen Leistung oder sogar der unterschiedlichen Teilnahmeebenen.

Einige Arbeitsebenen gehören klar zur therapeutischen Aufgabe. Diese haben die Verbesserung des sozialen Verhaltens, der Sprache, der emotionalen Stabilität, der Unabhängigkeit etc. zum vorrangigen Ziel. Sie bewegen sich innerhalb der Grenzen, die ein öffentliches Gesundheitswesen anbieten kann. Andere Arbeitsebenen dagegen gehören zur Persönlichkeitsentfaltung und zum »Geistheilen«.

Mir ist bewusst, dass mehr Forschung erforderlich ist, um meine Beobachtungen zu einem allgemein nützlichen Werkzeug werden zu lassen. Diese Nützlichkeit liegt mir besonders am Herzen. Die Beobachtung mit Hilfe der fünf Elemente und der neuro-musikalischen Schwellen scheint mir detailliert genug. Der Ansatz ist nicht sehr verbreitet und erfordert selbstverständlich etwas Erfahrung, bevor er nutzbringend angewendet werden kann.

Mein Vorgehen, besonders mit den Kindern in den beiden Tageskliniken, doch auch mit erwachsenen Patienten und Kursteilnehmern, lässt sich vermutlich schwer standardisieren derart, dass entsprechende Kästchen angekreuzt werden, um die wesentlichen Veränderungen festhalten zu können. Ein Patient kann durchaus wesentliche Veränderungen bezüglich Selbstwertgefühl, Kontakt mit seinen Qualitäten und der eigenen Erfahrung spiritueller Werte durchmachen, ohne dass diese gleich auf einer kognitiven, analytischen oder physischen Ebene feststellbar sein müssen.

Ich versuche, dies mit einer Metapher zu erklären: Ein Kind, das sich soeben anschickt, Radfahren zu lernen, wird voraussichtlich einige Wochen brauchen, bis es die richtige Startgeschwindigkeit und Haltung auf dem Fahrrad findet, um das Gleichgewicht halten zu können, ohne umzufallen. Dies hat eine eindrucksvolle Anzahl von Koordinationsprozessen in Gehirn und Körper zur Vorbedingung. Das körperliche Gleichgewicht ist sehr spezifisch. Doch die Anstrengung, die bei der Verwirklichung dieses Gleichgewicht aufgebracht werden muss, gibt gleichzietig Auskunft über das mehr oder weniger gute Funktionieren einer ganzen Anzahl innerer Prozesse.

Die neuro-musikalischen Schwellen sind vergleichbar. Jede ist Zeuge für eine generelle Verbesserung auf emotionaler, körperlicher und mentaler Ebene. Die permanenten Ziele ihrerseits zeugen von einer Integration höherer Bewusstseinsebenen, z. B. vom Einströmen spiritueller Energie zum einen in das Herz-Chakra, was zu weniger Depression führt, zum anderen ins Kehlkopf-Chakra, was zu einem verbesserten Ausdruck der Emotionen und tieferen Bedürfnisse führt.

Ein weiteres Beispiel: Damit ein Mensch mit verständlichen Fünf-Worte-Sätzen reden kann, sind ebenfalls eine ganze Reihe von Prozessen im Gehirn erforderlich. Diese Prozesse hängen wiederum vom guten Funktionieren weiterer Prozesse ab, z.B. vom Interesse daran, zu verstehen, was andere Menschen sagen, und daran, von ihnen verstanden zu werden. Kommunikation ist natürlich weit mehr als das bloße Verpacken von Informationen in eine leicht melodische Reihenfolge von Wörtern. Wissenschafter haben an diesen Fragen gearbeitet, um die verschiedenen Variationen von Sprachschwierigkeiten besser zu verstehen und heilen zu können.

Doch was wissen wir über die Mechanismen, die innere Freude, die Ausweitung des geistigen Horizonts, Selbstvertrauen, inneren Frieden oder die Herzlichkeit des menschlichen Ausdrucks ermöglichen? Können diese alle im Gehirn gefunden werden? Wohl kaum. Veränderungen können in konkreten Handlungen beobachtet werden. Doch was sichtbar ist, könnte nur die Spitze eines Eisbergs sein. So können unter Umständen Veränderungen erfolgt sein, die weitaus wesentlicher sind, als was die äußerlich beobachtbaren Zeichen erkennen lassen. Trotzdem sind sich die Teammitlieder der Tagesklinik in Corrèze, die Eltern und die Lehrer meistens einig darüber, dass ein Kind wesentliche Veränderungen durchschritten hat, selbst wenn sie diese nicht immer genau mit Worten beschreiben können. Ich bin überzeugt, dass tiefe Veränderungen auf einer energetischen Ebene erfolgen.

Ich arbeite gern mit Behinderten. Viele haben Sprachschwierigkeiten neben geistigen und körperlichen Behinderungen. Dies führt oft zu Situationen, in denen sie sich nicht verstanden fühlen und nicht als Menschen gesehen werden, die auch Gefühle und ein echtes Bedürfnis haben, innerlich zu wachsen. Für sie können sich positive Veränderungen dadurch ausdrücken, dass sie weniger frustriert sind, häufiger Augenblicke der Freude haben, ruhiger sind und das Gefühl vermitteln, ein befriedigenderes Leben zu führen. Welche Bewertungstabelle würde erfassen, dass ein Behinderter ein gutes Herz hat, glücklicher ist, mehr Selbstvertrauen besitzt und sich seiner inneren Werte mehr bewusst ist? Ich bin überzeugt, dass diesen tieferen inneren Veränderungen Rechnung getragen werden muss.

Die Beobachtung einer Verschiebung von einer emotionalen zu einer höheren Bewusstseinsebene, z.B. mit Hilfe der fünf Elemente und dem Verständnis der Funktion der beiden Gehirnhemisphären, scheint mir wesentlich. Im Folgenden zähle ich beobachtbare Verhaltensänderungen auf, die sich an den fünf Elementen orientieren (siehe auch Tabelle im Anhang zur musiktherapeutischen Bewertung):

Wenn das Erd-Element sich in einem Transformationsprozess befindet, werden höchstwahrscheinlich positive Veränderungen im Sicherheitsgefühl, im Konzentrationsvermögen und Selbstvertrauen feststellbar. Gleichzeitig wird sich ein verbesserter Kontakt zur Erde, zu Beinen und Füßen ergeben. Eine verbesserte Durchblutung der Beine könnte die Folge sein. Wir dürften ebenfalls eine Veränderung in der Gangart feststellen können. Eine Verbesserung des Erdkontakts kann sich auch darin zeigen, dass ein Kind weniger das Bedürfnis hat, sich an Erwachsene zu klammern. Menschen, die krampfhaft im Zentrum der Aufmerksamkeit sein mussten, dürften dieses Bedürfnis etwas verlieren. Auch Kinder, die nicht allein spielen konnten, könnten dies auf einmal besser tun. Menschen, die hyperaktiv, also allzusehr »im Kopf«, im Denken und Grübeln waren, dürften sich etwas beruhigen.

Destruktive Tendenzen (Wasser) haben zwei Seiten. Die Aggression gegenüber anderen Menschen kann zum Teil sehr selektiv sein und sich vor allem gegenüber Frauen oder Kindern äußern. Selbstzerstörerische Tendenzen, obwohl von der Wasserzone stammend, können sich sich auch im Luft-Element durch depressive Rückzüge bemerkbar machen. Da das Kehlkopf-Chakra den Zustand aller vier unteren Chakren spiegelt, zeigen sich deren Veränderungen durch eine Änderung im Ausdruck, durch weniger Unterdrückung der Emotionen. Sprache, Körperbewegungen und die Art, zu denken, dürften dies mitunter zeigen. Eine andere Form des destruktiven Verhaltens zeigt sich im mangelnden Respekt vor der Struktur und den Spielregeln der Therapiesitzung. Änderungen bezüglich des Wasser-Elements können sich auch in der Sauberkeit des Kindes ausdrücken (z.B. rechtzeitig zur Toilette gehen zu können). Eine Verbesserung im Wasser-Element wird sich in einer verstärkten Vitalität, mehr Kreativität im Denken und einem besseren Körperkontakt oder in weniger starren, übermäßig starken Bewegungen bemerkbar machen.

Phobien und Ängste sind Zeichen eines mangelnden Feuer-Kontakts. Sie sind mit der Funktionstüchtigkeit des Solarplexus-Chakras verbunden. Eine Verbesserung des Feuer-Elements dürfte eine gleichzeitige Arbeit am Erd-Kontakt und am Wasser-Element erfordern. Der Betreffende wird nach und nach mehr Wärme in seinem Verhalten zeigen und eine deutliche Reduzierung obsessiver Tendenzen, alles und alle kontrollieren und dirigieren zu wollen.

Bedeutende Verhaltensänderungen tauchen auf, wenn ein Mensch fähig wird, seine Emotionen besser auszudrücken, und er zeigen kann, wo seine Grenzen sind. Eine Verbesserung im Bereich des Luft-Elements bringt mehr Leichtigkeit, mehr Freude und einen Sinn für Schönes.

Auf körperlich-medizinischer Ebene wird natürlich Ausschau gehalten werden müssen bezüglich Veränderungen in der Verdauung, im Schlafverhalten, bei eventueller Allergien oder Hauterkrankungen etc.

Ich denke, dass jeder Therapeut entsprechend seinem Klientel, den vorhandenen Pathologien, dem Lebensalter etc. eigene Beobachtungkriterien aufstellen muss. Eine Standardisierung von Kriterien ist letztlich niemandem dienlich. Das scharfe kollektive Auge eines Teams, die Supervision des Therapeuten und die gute Kommunikation zwischen den beteiligten Profis dürften weitaus nützlicher sein. Dies kann das Bewusstsein vom Zustand der fünf Elemente in der Institution oder in uns selbst einbeziehen. Zeitlose, universelle Werte wie Mitgefühl, innere Freude, Geduld und Kreativität dürften ganz oben auf der Liste ihren Platz haben – für Patienten, Therapeuten und Institution.

Melodische Moll-Tonleiter
(Halbtonschritte: 2122221)

Phrygischer Modus
(Halbtonschritte: 1222122)

Türkische Tonleiter
(Halbtonschritte: 1312131)

Ionischer Modus = Dur-Tonleiter
(Halbtonschritte: 2212221)

4 Pädagoge, Musiker, Therapeut oder Schamane?

MUSIK HAT IHREM WESEN NACH in all ihren Formen immer eine harmonisierende Funktion, ob wir sie nun hören, spielen oder komponieren. Sie wird dann therapeutisch, wenn mit ihrer Hilfe eine bewusste Arbeit an sich oder einem Patienten unternommen wird. Das Bewusstsein bringt den Unterschied: die bewusste Anstrengung, die Wirkungen der Klänge und musikalischen Interaktionen auch wirklich zu nutzen. Wir können jene Arbeit als therapeutisch bezeichnen, die darauf abzielt, einem Menschen zur Seite zu stehen, damit er eine Pathologie, eine Krankheit oder eine schwere Krise überwinden kann. Pädagogisch hingegen wäre eine Arbeit, die zum Ziel hat, einem »normal gesunden« Menschen zu helfen, sein Potenzial besser einzusetzen. Wir können dann von persönlicher Entfaltung sprechen, wenn ein Mensch eine eigene Anstrengung unternimmt, die zum Ziel hat, sein eigenes spirituelles Potenzial, seine angeborenen Qualitäten zu entfalten.

Diese offenbar verschiedenen Vorgehensweisen befinden sich alle auf derselben Achse. In ihrem Mittelpunkt befindet sich eine hypothetische Grenze, die wir als »Wohlbefinden« und »gute Gesundheit« bezeichnen könnten. Auf der einen Seite, der therapeutischen, wird dieser Zustand angestrebt, auf der anderen Seite der Grenzlinie, der pädogogischen und entwicklungsorientierten, streben wir darüber hinausweisende Ziele an. Auf beiden Seiten der Grenze geht es also um dasselbe: Menschen zu beraten, damit sie ihr Potenzial, ihre angeborenen Qualitäten besser wahrnehmen und ausdrücken lernen. Ich denke, dass jeder Mensch aus dem Dargebotenen sowieso nur dasjenige entnehmen kann, was er auch bereit ist, zu empfangen. Wir können dagegen nur das anbieten, was wir selber wissen und auch integriert haben (siehe dazu die fünf Faktoren der Klangeinwirkung). Die Arbeitsweise ist nicht grundsätzlich verschieden, sei es auf der einen oder der anderen Seite der gedachten Grenzlinie. Howard Gardner unterstreicht in seinen Überlegungen zur künstlerischen Entfaltung (1994), dass jede musikalische Entwicklung ganzheitlich, das heißt ein integrierter Prozess sein muss.

Oftmals entfaltet sich meine therapeutische Arbeit in einer konkreten Sitzung ohne klar definierten Plan, ohne dass ich die Effizienz aller meiner Vorschläge und Interventionen von vornherein genau abschätzen könnte. Ich lasse mich ganz auf mein Gegenüber ein und versuche die Energie im Raum, die Atmosphäre, die einen Menschen umgibt, einzubeziehen.

Daher achte ich besonders aufmerksam auf Anzeichen von Freude und Intensität. Kann ich dergleichen beobachten, setze ich in der Regel den eingeschlagenen Weg fort. Stelle ich hingegen Verzettelung, Langeweile und Widerstand fest, haben wir offensichtlich an diesem Tag die Öffnung noch nicht gefunden. Dann müssen wir fortfahren, den Spalt, die Tür im Verteidigungssystem, den Anschluss zu einer persönlichen Motivation zu suchen. Des öfteren brauche ich Humor, um eine leichte und spielerische Atmosphäre zu pflegen. In jedem pädagogischen, therapeutischen Voregehen, ja auch in der Arbeit an uns selbst, werden wir mit dem Neuen, dem Unbekannten konfrontiert. Wir haben schon Schwierigkeiten, wenigstens einigermaßen zu wissen, wer wir sind – wie könnten wir dies mit Sicherheit von unserem Gegenüber wissen? Wie könnten wir deshalb genau wissen, was er heute braucht, was ihn weiterbringen wird? Vorgefasste Ideen bringen uns selten weiter. Intuition findet hier ihre Rolle. Doch Intuitionen sind spontane, völlig unerwartete Einfälle und Einsichten in einer gegenwärtigen therapeutischen Situation.

In meiner Arbeit an der Kinderstagesklinik in Corrèze kann ich nicht immer mit Sicherheit sagen, in welcher Rolle ich mich eben befinde: Bin ich gerade Therapeut, Pädagoge, Musiker oder zeitweise eine Art Schamane? Ist es überhaupt möglich, diese Rollen klar voneinander zu trennen? Es hängt weitgehend von der – mehr oder weniger bewussten – Erwartung meines Gegenübers ab und gewiss auch von der Definition dieser Begriffe. Wenn ich eindeutig an einem pathologischen Hindernis arbeite, das vom normalen Verhalten abweicht, ist meine Arbeit wohl therapeutisch. Vermittle ich dagegen eine musikalische Technik oder schlage eine andere Verhaltensweise vor, bin ich eher in einer pädagogischen Haltung.

Wenn wir Musik unterrichten, müssen wir uns dabei deren harmonisierender Wirkung bewusst werden (englisch: *healing*). Musik verbindet uns von Natur aus mit dem Herzen, genauer mit den Dimensionen des Herz-Chakras und dadurch mit unserem tiefsten Inneren. Wenn wir einem Menschen helfen sollen, seine psychischen Begrenzungen zu überwinden, müssen wir wissen, was wir tun. Eine solide psychotherapeutische Ausbildung und persönliche Erfahrung sind unerlässlich. Wir müssen uns selbst und damit vor allem unsere eigenen Grenzen kennen.

Die therapeutische Arbeit versucht, auf Anfrage jemanden bewusst auf ein anderes Gleichgewicht hinzuführen, wobei eine höhere Ebene angestrebt wird als die eben verlassene. Dies führt dazu, dass der Patient gewohnte Denkstrukturen (Erde) verlassen muss, die ihm bisher Sicherheit gegeben haben – wenngleich eine illusorische. Die Therapie zieht ihm in der Regel den »Teppich unter den Füßen weg« und schickt ihn auf die Suche nach einem neuen Horizont. Die tibetische Tradition lehrt uns deshalb, dass echte Sicherheit letztlich erst im Element Raum – und nicht im Element Erde – gefunden werden kann.

Ich weiß herzlich wenig über die schamanischen Traditionen Asiens, Afrikas, Nordeuropas, Australiens oder Amerikas. Ich weiß nur, dass wir nie so wie die Menschen dort sein werden, denn uns fehlt hier in Mitteleuropa das Aufgewachsensein in einer schamanischen Tradition. Diese Traditionen imitieren zu wollen scheint mir illusorisch, und es zeugt von einer Respektlosigkeit ihnen gegenüber. Dieses Vorgehen führt uns nirgendwohin. Ich bin allerdings davon überzeugt, dass auch wir in Europa vergleichbare Traditionen besaßen. Noch können wir Spuren davon erahnen, z. B. in der keltischen Tradition. Lebende Beispiele sind offenbar noch in der Kultur des Volks der Samen in Nordfinnland und Nordnorwegen oder in einigen Gebieten Sibiriens erhalten geblieben.

Aus meiner Erfahrung mit der Arbeit mit den fünf Elementen und den entsprechenden Tieren weiß ich hingegen, dass wir damit in Bewusstseinsschichten vorstoßen, die in manchen Zügen diesen Traditionen verwandt sind. Das ist nicht weiter überraschend, handelt es sich doch um einen unmittelbaren Bezug zur Natur, zu ihren intuitiven und energetischen Dimensionen, die jedem mit der Natur und der Schöpfung in Harmonie lebenden Volk bestens vertraut sind.

Ich wiederhole deshalb die im Titel dieses Kapitels formulierte Frage: »Was sind wir im Grunde genommen – Pädagogen, Musiker, Therapeuten oder Schamanen?« Der Schamane hat Arbeitstechniken gelernt, die im Wesentlichen rechtshirniger Natur sind. Er arbeitet auf Bewusstseinsebenen, die es ihm erlauben, bis zu den Wurzeln einer psychischen und körperlichen Krankheit vorzudringen. Ich bin überzeugt, dass wir auf diesem Gebiet unsere eigene Arbeitsweise finden können, mit der wir die Grenzen der linken Gehirnhälfte zu überschreiten imstande sind, die uns unsere Kultur seit Jahrhunderten auferlegt hat. Gleichzeitig ist mir bewusst, dass Schamanismus Liebe, Respekt vor der individuellen Freiheit und Mitgefühl integrieren muss und nicht einer Solarplexus-Ebene (Angst, Ego, Beeindruckung und Manipulation) verhaftet bleiben darf. Auch hier ist Unterscheidungsvermögen gefragt. In Frankreich gibt es eine Redewendung, die besagt: »Die Kutte macht noch keinen Mönch« – »noch die Feder den Schamanen«, möchte ich hinzufügen.

Die musikalische Überlieferung beschränkt sich nicht auf das Erlernen einer künstlerischen Disziplin oder einiger Spieltechniken. Kürzlich stellte eine Untersuchung fest, dass mündliche Überlieferungen seit jeher vollständiger und genauer sind als die schriftlichen, mögen letztere noch so ausgeklügelt sein. Jean During hat ein sehr schönes Buch über den Sinn der mündlichen musikalischen Überlieferung im Iran geschrieben. Der Titel hat im Französischen eine doppelte Bedeutung: »Quelque chose se passe« (During 1994) heißt soviel wie »etwas geschieht« und »etwas wird überreicht«. Die mündliche Überlieferung in der Musik erlaubt, die

Geheimnisse der Harmonie in einem weiten Sinn weiterzugeben. Musikerziehung und -therapie sind Teil dieser mündlichen Überlieferung. Sie können gleichzeitig spielerisch sein und zu tief empfundenen Erlebnissen beitragen. Beide handhaben das Potenzial der Musik, zu heilen und zu harmonisieren, vorausgesetzt, die Ebene des Bewusstseins wird nicht vernachlässigt.

Therapeutische Wegleitung kann nur erfolgen, wenn der Empfangende darum gebeten hat. Es ist dann an uns, abzuschätzen, welches zur Zeit seine inneren Ressourcen, seine spirituellen Qualitäten sind, und seinen eigenen Assimilationsrhythmus zu respektieren. Unser psycho-energetischen System ist sehr komplex. Es ist nach meiner Überzeugung unmöglich, es in seiner Ganzheit zu begreifen. Bescheidenheit ist angebracht. Die klassische Ausbildung zum Musiktherapeuten ist selten danach ausgerichtet, diese Dimensionen zu unterrichten. Selbsterfahrung hat noch nie zum Universitätsstudium gehört. Auch außeruniversitäre Bildungsinstitute für Musiktherapie vermitteln häufig nur rudimentäre Selbsterfahrung auf psychotherapeutischem Gebiet. Spiritualität, Energiefelder, Wirkung der Klänge und musikalischer Bestandteile fehlen meist in diesen Lehrprogrammen.

Die drei Ebenen

Der Einsatz der fünf Elemente kann auf drei verschiedenen Ebenen erfolgen. Sie lassen sich allerdings nicht immer fein säuberlich trennen. Wir haben eine äußere Ebene, eine innere und eine, die wir als rein geistige Ebene bezeichnen können (Wangyal 2002). Je mehr wir lernen, auf einer subtilen Ebene zu arbeiten, desto eher werden wir mit der Ursache einer Krankheit oder eines Ungleichgewichts in Kontakt kommen.

Die äußere Ebene bezieht sich auf die Elemente, wie wir sie in der Natur antreffen. Sie umfasst auch Phänomene, die mit bloßem Auge nicht gesehen bzw. nicht durch die normalen fünf Sinne wahrgenommen werden können. Dies sind energetische Phänomene, die an bestimmten Orten im Zusammenhang mit bestimmten Elementen auftreten und die wir auch »Elementarwesen« nennen können. Die antroposophische Tradition – unter anderen – forscht schon seit beinahe hundert Jahren auf diesem Gebiet. Diese äußere Ebene offenbart sich uns, sobald wir uns für die Atmosphäre eines Ortes interessieren, für die Schönheit einer Blume, die Magie eines Baums oder eines kleinen Bachs. Ich erwähne an verschiedenen Orten in diesem Buch, wie sich diese Dimension uns ganz natürlich öffnet, wenn wir mit den fünf Elementen arbeiten. Diese Ebene wird auch schamanische Ebene genannt.

In unserer Arbeit am musikalischen Ausdruck beginnen wir häufig auf einer beinahe pantomimischen Ebene, in der wir die eigentliche akustische Erscheinungsform eines Ereignisses nachzuahmen versuchen, wie z. B. das Galoppieren eines Pferdes, das Rollen des Donners, die feinen Schrittchen einer Maus auf der Trommel oder das Gurgeln eines kleinen Bachs. Doch auch das Geräusch des Regenstabs kann dazu gezählt werden. Nach und nach suchen wir dann vermehrt unsere Fantasie einzusetzen, um in die eigentliche Qualität des Elements vordringen zu können. Wir lassen damit die rein akustische Imitation hinter uns. Diese ist immer noch intellektuell und lässt das rechte Gehirn nicht richtig zum Zug kommen. Erst mit Fantasie und Gefühl wird es uns möglich, jedes der fünf Elemente Erde, Wasser, Feuer etc. oder auch Gefühle und Emotionen wie Ärger, innere Ruhe etc. auszudrücken – und all dies, wenn nötig, auf ein und demselben Instrument.

Auf der inneren Ebene beschäftigen wir uns mit Energie, den Elementen und ihren entsprechenden Prozessen im Körperinneren und nicht so sehr mit deren physischen Formen (unser Körper, eine Pflanze oder ein bestimmtes Tier). Im Inneren finden wir den Blutkreislauf, das Lymphsystem, die Atmung, die elektrochemischen Impulse, welche die Nervenbahnen entlang laufen, die Verdauung, das Hormonsystem und all dasjenige, was im Gehirn abläuft. Wir können lernen, unsere Aufmerksamkeit der Atmung folgen zu lassen, z. B. um eine tiefere Bauchatmung zu erhalten oder um die Blutzirkulation in unseren Füßen zu verbessern. Wir arbeiten damit an den Energien, die wir in unserem Körper gezielt entlang den Energiekanälen (psycho-energetischen Strömen[7] oder Akupunktur-Meridianen) steuern können. Geeignete Klänge, mit Bewusstsein kombiniert, können diesen Prozess beträchtlich verstärken. Die psycho-energetischen Übungen, die wir in unseren Kursen lehren, unterstützen diese Art Arbeit (Perret 1998). Die Tibeter nennen diese Ebene auch tantrische Ebene.

Schließlich gelangen wir zur Ebene des reinen Geistes, die die subtilsten Aspekte beschreibt. Auf dieser Ebene kommen wir in Kontakt mit dem Wesen eines Elements. Wir befinden uns dann jenseits jeglicher Dualität, die wir noch auf den physischen und emotionalen Ebenen sowie auf der Ebene der gedanklichen Konzepte antreffen. Die Arbeit auf dieser Ebene erfolgt über Meditation. Auf dieser Ebene arbeitet z. B. die Dzogchen-Lehre in der tibetischen Tradition. Die Bezeichnungen für eine Arbeit auf dieser Ebene variieren je nach kulturellem Kontext. Wir können eine Zeitlang über das Symbol eines Elements meditieren und dieses wie ein Fenster benützen, das uns tiefer führt. Unter Meditation meine ich hier die Einbeziehung der rechten Gehirnhälfte, die Einsichten in tiefere, nicht-intellektuelle Dimensionen der Existenz gewährt. Wir finden uns in einem Bereich jenseits von Klang, in Stille, in der wahren Natur des Geistes, im konzeptlosen Raum. Soll das Phänomen Klang uns helfen können, dorthin zu gelangen, müssen wir jedoch das letzte Teilstück des Wegs ganz in Stille gehen.

Improvisation

Musik, in seiner bewusst evolutiven Dimension lässt sich nach Partituren spielen oder über die mündliche Tradition erlernen (traditionelle Musik, Rockmusik, Rap, Reggae etc.). Doch dürfte es die freie Improvisation sein, die es am leichtesten erlaubt, Empfinden und Ausdruck in Übereinstimmung zu bringen. Denn die freie Improvisation belastet sich nicht mit dem Intellekt oder mit den Erwartungen und Vorstellungen der Anderen (z.B. Komponist, Dirigent, Publikum). Sie lässt vielmehr dem Ausdruck des Innenlebens des Interpreten freien Lauf.

Mit »freier Improvisation« sind »Klanglandschaften« oder »Klanggemälde« gemeint, die keinen vorgefassten Ideen oder bestimmten Stilrichtungen Rechnung tragen müssen. Ich meine damit nicht die Art von Improvisationen, wie wir sie im Jazz antreffen, ja nicht einmal im sogenannten Free-Jazz. Denn vieles, was unter dem Begriff Improvisation segelt, fußt auf vorher vereinbarten musikalischen Strukturen wie Akkordserien, Stil, Rhythmus, bestimmten Musikinstrumenten, die Länge und Reihenfolge der Soli etc. Vieles, was uns auch in anderen Musikrichtungen als Improvisationen vorkommt, zum Beispiel in indischen Ragas oder im Blues folgt zum Teil ganz präzisen Regeln, auch wenn wir sie als Laien nicht bemerken. Ganz offensichtlich müssen Soloimprovisationen weniger den Gruppenregeln und der Gruppendynamik Rechnung tragen. Worauf wir hinauswollen, ist ein spontaner, spielerischer musikalischer Ausdruck, der so ungehindert wie möglich den persönlichen Gefühlen und Inspirationen freien Lauf lässt.

Viele »gelernte« Musiker finden es enorm schwierig, ohne Notenblatt auszukommen und zu improvisieren. Hier können Instrumente wie die Blumentöpfe Wunder bewirken. Alles erlernte Wissen wird unbrauchbar. In kürzester Zeit taucht man in eine neue Tonwelt ein und entdeckt das spielerische Kind in sich selbst wieder.

Je nach dem Befinden der Improvisierenden müssen wir darauf bestehen, dass ihre Improvisationen mindestens fünf bis fünfzehn Minuten lang dauern. Ausnahmen sind natürlich immer möglich. Doch so lange dürfte es wohl dauern, bis die anfänglichen Hemmungen überwunden sind, man sich auf einem womöglich ungewohnten Instrument zurechtgefunden hat, eine »Öffnung« erahnt und sich vom Fluss davontragen lassen kann. Dann erst dürfte der musikalische Ausdruck auch eine treue Wiedergabe dessen sein, was innerlich abläuft. Das Innen beschränkt sich nicht auf die emotionale Ebene und kann durchaus alle anderen Aspekte einschließen, die mehr oder weniger bewusst sind, wie die kollektive unbewusste Ebene, energetische Phänomene oder Spiritualität.

Einige Grundregeln mögen dabei hilfreich sein:

- Damit du dich ungehindert ausdrücken kannst, solltest du Instrumente wählen, die dir einerseits technisch keine großen Schwierigkeiten bereiten und dich andererseits aber, wenn nötig, aus den gewohnten Bahnen werfen können.
- Zentriere dich (siehe Übung im Anhang).
- Vergewissere dich, ob eine bestimmte Richtung, ein Gefühl ansteht.
- Stelle fest, wie sehr du konzentriert und offen bist.
- Beginne nochmals von vorn, wenn dir der Start misslungen ist. Jedoch lasse Zweifel und andere selbstzerstörerische Tendenzen nicht die Oberhand nehmen. Maximal zwei Starts sollten genügen.

- Lasse dich auf die volle Erfahrung des Klangs ein.
- Sinke in einen spielerischen Ansatz, damit du daraus fortwährend Freude gewinnst (Wasser).
- Akzeptiere eine natürliche, wahre und authentische Kreativität (Erde).
- Erlaube dir, wenn nötig, auch einmal etwas Verrücktes zu machen (Feuer), also z. B. auch einmal kurz laut und explosiv zu sein oder plötzlich den Kurs zu wechseln.
- Erinnere dich daran, dass sich gleichzeitig verschiedene Ebenen öffnen können, die dich in die Qualitäten verschiedener Elemente und darüber hinaus vordringen lassen.
- Vergiss nicht, dass sehr oft ein Gleichgewicht der fünf Elemente erforderlich ist, um einen kreativen Fluss über einige Zeit aufrechterhalten zu können. Die entsprechenden Eigenschaften sind:
  Erde – der Kontakt zu einer Basis, auf die du von Zeit zu Zeit zurückkehren kannst,
  Wasser – fließende Übergänge von einem Element zum nächsten oder von einer Idee zur nächsten,
  Feuer – die kathartische, transformierende Qualität, auch Wärme und Liebe,
  Luft – Weichheit der Gefühle, Leichtigkeit, »beflügelt sein«,
  Raum – Raum für Momente der Stille und der Nicht-Handlung.
- Unterlasse während deiner Improvisation jedes Analysieren und jede Selbstbewertung.
- Erinnere dich daran, am richtigen Moment aufzuhören.
- Bei Bedarf zentriere dich am Ende wieder kurz.

Derartige Improvisationen hinterlassen Spuren, sowohl im Musiker als auch bei den Zuhörern. Sie können aufwühlen und Veränderungen einleiten, selbst wenn wir als Musiker nach einer Improvisation wohl manchmal etwas unbefriedigt bleiben. Denn angesichts des natürlichen Fließens (manche würden dies als eine göttliche Quelle bezeichnen), fühlen wir uns immer irgendwie als ein unperfektes Instrument. Freude und Verletzbarkeit, ja eventuell ein kurzer Augenblick der Traurigkeit können sich danach einstellen. Der oben beschriebene Prozess, um eine freie Improvisation zu ermöglichen, beschreibt gleichzeitig den musikalischen Weg zu anderene Bewusstseinsebenen. Es sind Schritte, um das Ego (im Sinn von emotionsgeladenem Denken) zu neutralisieren. Dem Improvisierenden ist häufig nicht ganz bewusst, was während der Improvisation in ihm abläuft. Es strömt durch ihn hindurch. Das Analysieren muss erst nachträglich erfolgen.

Dieser Ansatz kann jedoch nur mit geistig einigermaßen ausgeglichenen Menschen angewendet werden, die nicht an einem unterentwickelten Ego leiden, wie dies z. B. der Fall bei Schizophrenie ist.

Empfinden

Spielen, was wir fühlen, ist nicht immer einfach. Es gibt viele Menschen, die vergessen haben, was Fühlen bedeutet. Sie sind »sprachlos« geworden, wenn es darum geht, ihre Innenwelt auszudrücken. Ich erlebe dies auch bei vielen professionellen Musikern. Sie sind gewohnt, zu analysieren und zu kritisieren, doch nicht Gefühle in Worte oder Klänge zu fassen. Ihre Erziehung hat Spuren hinterlassen. Doch glücklicherweise kann der spontane musikalische Ausdruck mit nicht allzuviel Mühe gelernt werden. Was gefragt ist, sind manchmal nur einige wenige Klänge, die Intensität besitzen. Diese können schon genügen, um einen therapeutischen Dialog, einen sinnvollen Prozess in Gang zu bringen. Unsere Gefühle sind der einzige Zugang zu einer Wahrnehmung energetischer, also feinerer Phänomene. Sie sind damit auch das Tor zu Sinnfragen. Wir erinnern an der Unterschied, den wir wiederholt zwischen schmerzliche Emotionen und feineren Empfindungen oder Gefühlen gemacht haben (siehe u.a. die Abschnitte zu Musikalität und Geist und zum Element Feuer).

Bewusstsein, Hören und Wegleitung

Das rechtshirnige, empfundene Hören erlaubt uns, zu den Wurzeln der Musikalität eines Menschen vorzudringen. Denn wir haben uns damit auf eine Wahrnehmung feinerer Phänomene, also der psycho-energetischen Struktur unseres Gegenübers eingestellt. Wir können jedoch diese Ebene nur wahrnehmen, solange wir darauf verzichten, gleichzeitig das Wahrgenommene zu analysieren – also linkshirnige Prozesse einzuschalten. Wir müssen uns ganz auf die feinere Wahrnehmung einlassen und das Analysieren auf später verschieben. Diese Art der Wahrnehmung kann eine ganze Anzahl Ebenen umfassen. Die im Anhang aufgeführte Liste der Wahrnehmungsebenen ist nicht abschließend. Es gibt Wahrnehmungen und Bewusstseinsebenen, die sich nicht in Worte umsetzen lassen. Wir können sie nur erleben, um sie zu kennen. Das ist nichts Außergewöhnliches, außer, dass unser Intellekt und unser Ego dies nicht besonders lieben.

Feinere Hörwahrnehmung sowie die Analyse dieser Phänomene erfordern Erfahrung und vor allem eine gute Kenntnis unserer selbst, dies umso mehr, als wir das Beobachtete einem Gegenüber auf eine Art und Weise mitteilen möchten, die ihm bei seinem inneren Prozess hilft. Wir müssen eine Ahnung davon haben, was er hören und verdauen kann. Wir müssen bedenken, was ein mögliches zeitweises Überschwappen des Unterbewussten (Wasser) in ihm auslösen könnte. Es gibt durchaus Menschen, die ihr Ego, ihre eigene Identität stärken müssen, bevor sie beginnen können, sie aufzulösen.

Die Wahrnehmung mit Hilfe der fünf Elemente kann zu einem wirkungsvollen Spiegel werden. Je mehr die Betreffenden bereit sind, sich mit Wahrheit und Spontaneität auszudrücken, desto mehr Information wird an die Oberfläche geschwemmt. Der spontane musikalische Ausdruck legt uns bloß und kann uns auch verletzlich machen. Es kann deshalb erforderlich sein, die Betreffenden von Projektionen der Mithörer zu beschützen bzw. diese Art therapeutische Arbeit nur in einem vertrauensvollen Rahmen durchzuführen.

Die feine Wahrnehmung kann mit der Feststellung vom Fehlen oder Vorhandensein von Intensität beginnen. Je mehr Intensität vorhanden ist, desto mehr Informationen dürften aufkommen. Wir können sodann unsere Wahrnehmung mit Hilfe der fünf Elemente verfeinern. Fehlt oder dominiert ein bestimmtes Element? Welches Gesamtbild drängt sich uns auf? Sind Widerstände fühlbar? Sind Eindrücke von »Tieren«, »Landschaften«, anderen Wesen vorhanden? Was für Lichtverhältnisse nehmen wir wahr? Gibt es Körperzonen und -haltungen, Orte im Energiefeld, die unsere Aufmerksamkeit auf sich ziehen? Hat der Betreffende gefühlt, dass er sich authentisch ausdrücken konnte? Konnte er ausdrücken, was er empfand? Sind klare Phasen zu unterscheiden?

Oft sind nicht viele Worte nötig. Die Betreffenden wissen meist sehr wohl, was sie eben gespielt haben. Es kann genügen, einige Verbindungen herzustellen, damit sie auf die richtige Spur geführt werden. Nicht selten haben wir z. B. Mühe, unsere guten Seiten, unsere Stärken und Qualitäten zu akzeptieren. In unserem Ansatz sind es jedoch eben diese Seiten, die es zu stärken gilt. Je besser der Kontakt zu ihnen, desto weniger werden wir die Gewohnheiten anwenden müssen, die die Stärken zu verbergen suchen. Die Schwächen schmelzen dann oft von alleine wie Schnee in der Sonne.

Wir dürfen feinere Wahrnehmungen jedoch nicht missbrauchen, um andere zu beeindrucken. Elementare hellseherische oder hellhörige Fähigkeiten dürfen nicht zu neuen Hindernissen werden. Sie sind lediglich Zwischenstufen, an die wir uns nicht klammern dürfen. Eine wahre Befreiung des Geistes führt uns nicht von einem Käfig in einen anderen.

Wenn sich ein Mensch auf einen musiktherapeutischen Prozess einlässt, bitten wir ihn, zu improvisieren, am besten frei und spontan. Wir ermutigen ihn, sich ganz in das Spiel hineinzugeben und sich nicht um andere Anwesende zu kümmern oder sich hinter vorgefassten Ideen zu verbergen. Es kann hilfreich sein, ein allzu gewohntes Instrument zu vermeiden oder auf einem Instrument zu spielen, das keine übliche Anordnung der Töne besitzt. Hier können etwa Blumentöpfe, ungestimmte Perkussionsinstrumente oder ein afrikanisches Balafon sehr nützliche Dienste erweisen. Es kann auch genügen, die Klangplatten eines Xylo- der Metallophons zu vertauschen, damit unser Intellekt sich nicht mehr an ihnen orientieren kann.

Die feinere Wahnehmung ist auch beim Spiel vom Notenblatt oder aus dem Gedächtnis möglich. Wir müssen dann lediglich die kulturellen Filter wegdenken, die den inneren Ausdruck verdecken. Die Verbesserung der Ausstrahlungskraft einer Interpretation kann danach mit einer improvisatorischen Arbeit fortgesetzt werden, bevor zum ursprünglichen Stück zurückgekehrt wird.

Trancephänomene

Von klein auf war »Hase« Gefangener seines Zorns gewesen. Nichts schien dies ändern zu können. Alles konnte neuen Anlass zu schlechter Laune schaffen. Er war vor allem Frauen, also auch seiner inneren weibliche Seite, gegenüber vorwurfsvoll. Er war bei mir vom fünften bis zum achten Lebensjahr in der Musiktherapie. Obwohl er immer gern ins Musikatelier kam, strandete er doch jedesmal wieder schnell an der Langeweile. In der ersten Zeit verbrachte er viel Zeit damit, auf die große Rahmentrommel einzudreschen, immer mit einer verspannten Grimasse. Er konnte nicht umhin, uns die ganze Zeit von Töpfen, Abfallhalden und Abwasserkanalisationen zu erzählen. Er brauchte Jahre, um die Schwelle der Kreativität zu überschreiten. Als er sie jedoch überschritten hatte, verschwand auch seine Wut. Wir sprachen bereits darüber weiter vorn im Buch. Er überschritt gleichzeitig auch die Schwellen des Rhythmus und des spontanen Gesangs.

Parallel dazu, und dies war ihm eigen, erfand er ein Selbstheilungsritual. Es begann damit, dass er das Xylophon quer durch den Raum zum Monochord trug, mir den Rücken halb zuwandte und kniend auf beiden Instrumenten gleichzeitig zu spielen begann, indem er einen rhythmischen Klanghintergrund schuf. Ich unterstützte ihn dabei mit Gitarre und Gesang. Das Ganze war vom Hin-und-her-Schwenken des Oberkörpers begleitet. Er begann »Lieder« zu erfinden. Eigentlich waren es Sprechgesänge, die bis zu zwanzig Minuten dauern konnten. Wenn es zu Beginn der Sitzung manchmal noch kurze Gewaltausbrüche auf der Trommel geben konnte, verschwanden diese völlig, sobald das Ritual begann.

Das rhythmische Schwenken des Oberkörpers ist meines Erachtens stark mit dem Hara verbunden (Wasser, Rhythmus, Schwerkraftzentrum des Körpers, weiblich-männliches Gleichgewicht). Diese Bewegungen leiten eine Harmonisation der beiden Körperseiten ein und ergeben einen besseren Kontakt zur Bauchgegend. »Hase« ließ sich völlig in das Klangerlebnis hineingleiten. Dank dieser Mechanismen verschwand der Gegensatz Intellekt – Körper. Dies ist ein gutes Beispiel einer bewussten Trance, denn er behielt während des Rituals einen wachen, klaren Kopf. Als wir von »Hases« Trance sprachen, erzählte mir unsere Chefärztin, dass sie eine junge Frau seit bald zehn Jahren in der Psychotherapie habe, die von selbst auf die wohltuende Wirkung der rhythmischen Oberkörperbewegungen gestoßen war. Sie beruhigten sie und vermittelten ihr ein Gefühl von Einheit, das körperliche Empfindungen und innere Gefühle in Einklang brachte. Die Parallele zu den rhythmischen Bewegungen im Mutterbauch oder in der Kinderwiege dürfte sich aufdrängen. Sie griff darauf zurück, sobald sie sich von Ängsten überflutet fühlte. Es ist denkbar, dass unsere Kultur uns von zahlreichen

Selbstheilungsritualen abgeschnitten hat, vor allem in Bezug auf Musik, Gesang und Tanz.

Mit seinen Sprechgesängen begann »Hase« eine Trauerarbeit bezüglich seiner beiden kürzlich verstorbenen Katzen. Diese sollte im Musikatelier Monate dauern! Es begann mit dem Lied für die verstorbenen Katzen. Dann mussten die verstorbenen Hunde einbezogen werden, einige Wochen später dann auch alle verstorbenen Menschen. Das wurde meine Aufgabe, währenddessen er weiterhin und gleichzeitig seine »Katzenmusik« sang. Ich musste bald das Lied der verstorbenen Großmütter und Großväter singen. Wir widmeten uns der Aufgabe mit Herz und Seele, er sich wiegend auf die Trommel einschlagend und ich mit der Gitarre.

Interessant an der Geschichte war, dass uns im Team bewusst war, dass der Tod seiner Urgroßmutter vor seiner Geburt stattgefunden hatte. Seine Mutter war von ihrer Großmutter großgezogen worden und hing sehr stark an ihr. Die Mutter berichtete uns, dass sie sich von diesem Todesfall wochenlang nicht erholen konnte – und sich sehr wahrscheinich innerlich für diese Zeit von »Hase« abgewandt hatte. Wir wissen, dass derartige Ereignisse, also ein gefühlsmäßiges Vakuum, die Ursache für autistische Entwicklungen sein können. Während all dieser Monate konnte ich nicht umhin, bei unserem Singsang an Rituale von Schamanen zu denken, die sie für Verstorbene durchführen. Ich dachte auch an die vergleichbare Arbeit eines Bert Hellinger. Auch seine Arbeit hat einen deutlich schamanischen Einschlag, den er sehr wahrscheinlich aus seinen langen Jahren in Afrika zurückbrachte (Hellinger 2002).

Trance-Instrumente erleichtern den Kontakt mit dem Körper und den Emotionen. Diese Instrumente schaffen eine sichere Klanghülle: Trommel, Gong, Monochord, Klangliege, Klangschalen, Gitarre in offener Stimmung; sogar Schlaghölzer können bewusste Trancezustände einleiten.

Inspiration und visionäre Arbeit

Nach meiner Erfahrung besitzen manche Musiker die Fähigkeit, unerwartete »Türen des Geistes« öffnen zu können. Diese laden uns ein, unbekannte innere Landschaften und neue Horizonte zu erschließen. Mehr als einmal war ich erstaunt, wie mich andersartige musikalische Strukturen aus meinen bekannten Bahnen werfen konnten. Ich fühlte mich meistens kurz orientierungslos, bevor ich den neuen Raum »abzuschreiten« begann. Neue Horizonte zu erschließen ist genau die Aufgabe der Kunst. Sie kann uns Visionen offenbaren, die individuelle und kollektive Wege aus einer Sackgasse zeigen.

Potenziell sind wir alle bis zu einem gewissen Grad Musiker. Wir alle können mit Klängen spielerisch-kreativ umgehen, innere Welten erschließen und ausdrücken. Wir brauchen dazu kaum Spieltechniken zu erlernen. Ein Gong, eine Klangschale, ein einfaches Perkussionsinstrument, unsere Stimme können uns problemlos einen Raum voller Ewigkeit erschließen. Als Musizierende tragen wir in uns eine Menge Rollen: Musiklehrer, Therapeuten, Musiker, Klangheiler, Reiseführer für innere Welten – und warum nicht Schamane? Musik verschafft aus ihrer Natur heraus Zugang zu all diesen Gebieten.

Wir können uns durch visionäre Kunst und Künstler neue Wege zeigen lassen. Ich bin jedoch überzeugt, dass wir dazu beides, Kunst und Künstler, von ihrem illusorischen Sockel herunterholen müssen. Wir müssen erkennen, dass jeder zu Visionen, neuen Lösungen, Heilungsritualen und neuen Wegen für individuelle und kollektive Erneuerung beitragen kann. Wir müssen uns die Fähigkeit wieder zutrauen, zur Harmonisierung unserer selbst und unserer Gemeinschaften beitragen zu können. Diese Rolle des kreativen Halbgotts auf ein paar wenige, überhöht bezahlte Künstler zu projizieren, entmachtet uns selbst und hält uns davon ab, unser eigenes Potenzial zu erschließen und auszudrücken.

Freilich müssen wir zu diesem Zweck den spontanen, kreativen musikalischen Ausdruck fördern und gleichzeitig die erforderliche innere Arbeit leisten, die uns zu unterscheiden erlaubt, woher eine Inspiration wirklich stammt. Ist sie emotionaler Art, oder ist sie in Kontakt mit einer universellen Energie und Wahrheit, ist sie intellektuelles Sich-Brüsten oder menschlich empfundenes Mitgefühl? Die innere Annäherung der verschiedenen Rollen des musizierenden Menschen dürfte einen gangbaren Weg weisen: Pädagoge, Musiker, Amateur, Therapeut und Schamane, wobei letzterer einfach einen Menschen verkörpert, der die fünf Elemente respektiert, in der Musik, in der Natur und in ihm selbst.

Schlusswort

WIR SPIELEN, WAS WIR SIND. Durch die Arbeit an unserem musikalischen Ausdruck leiten wir Transformationsprozesse ein. Innere Transformationen verändern ihrerseits unsere Musik. Dieses Buch liefert zahlreiche Brücken zwischen innerer Realität und äußerem Ausdruck. Jedes System ist beschränkt. Es ist ein Erklärungsversuch für das unermesslich Weite. Jedes System ist demnach bloß eine Zwischenstufe. Ich hoffe es wird sich für Sie als eine nützliche Zwischenstufe erweisen. Die fünf Elemente bringen keine vereinfachenden Antworten. Sie liefern eine Gelegenheit, ins Unbekannte vorzustoßen, Türen aufzumachen. Sie ermutigen uns vor allem, unseren Gefühlen und Empfindungen wieder zu trauen. Das Erkennen der Qualität der Elemente in uns erlaubt uns, sie in anderen und in der Natur zu respektieren. Musik wurde uns gegeben, um, wie einen Bausteinkasten, spielerisch zu erforschen, woraus die Welt gemacht ist – in uns und um uns herum. Mögen diese Erläuterungen dazu beitragen, neue Wege in der Musikerziehung, der Musiktherapie, in der Persönlichkeitsentfaltung sowie im künstlerischen Ausdruck zu finden.

An dieser Stelle bedanke ich mich besonders bei Friedrich Glorian für unseren jahrelangen Austausch über die fünf Elemente sowie bei Johannes Heimrath für sein fachkundiges Lektorat meines Manuskripts.

Centre du Vallon
Dordogne, im Sommer 2005
Daniel Perret

»Crimson-Ägyptisch«
(pentatonisch; Halbtonschritte: 14214)

»Mongolisch«
(pentatonisch; Halbtonschritte: 23232)

Instrumente für die Musiktherapie

Wenn ich die wohltuenden Wirkungen gewisser Musikinstrumente beschreibe, denke ich zunächst an das spezifische Potenzial der von ihren erzeugten Frequenzen und Obertöne. Ihr Klang kann zum Beispiel unsere Energiefelder und unseren physischen Körper auf ganz bestimmte Weise durchdringen und dabei spezifische Gegenden bevorzugen. Diese Klänge können uns dabei als Wegweiser dienen, denen unser Bewusstsein folgen kann, um Teile unseres Unterbewusstseins wieder zu integrieren, Teile, von denen wir über möglicherweise lange Zeit jede Spur verloren hatten. Blockierungen im Energiefeld wie auch im Körper ziehen Energie, Klänge und Aufmerksamkeit an. So können Klänge von Energieblockaden regelrecht »geschluckt« werden. Ein Teil ihres Obertonspektrums verschwindet dann. Dieses Phänomen ist für das aufmerksame Ohr hörbar. (Für weitergehenden Ausführungen zur Behandlung mit Klängen siehe Perret 2005).

Immer wenn uns die Klänge eines Instruments »unter die Haut gehen«, uns »kalte Schauer den Rücken hinunterjagen« oder uns Tränen in die Augen treiben, sind wir für sie offenbar ganz besonders empfänglich. Diese Empfänglichkeit kann deutlich vertieft werden, wenn wir einige einfache Regeln beachten. Denn die therapeutische Langzeit-Wirkung – das gilt auch für andere Behandlungen – hängt weitgehend von unserer Fähigkeit und unserem Willen ab, uns den Klängen zu öffnen, sie hereinzulassen und unsere Aufmerksamkeit mitarbeiten zu lassen. Es handelt sich hier um eine empfundene Aufmerksamkeit. Ohne diese bringen uns alle erdenklichen Beschreibungen potenzieller Wirkungen von Klängen herzlich wenig, ja, sie können in uns sogar Widerstand und Unbehagen auslösen.

Kurz: Es ist notwendig, uns für Klänge Zeit zu nehmen, Zeit für uns. Wir müssen vorher äußere Störfaktoren ausschließen (wie Telefon, Türglocke etc.). Entspannungsübungen wie auch sanfte, tiefe Bauchatmung helfen, besseren Körperkontakt zu bekommen, bei den Füßen und Beinen angefangen. Wir sollten auch eine konfortable Stellung einnehmen (sitzend oder liegend, falls man bei letzterer nicht einschläft), die Kleidung lockern, die Schuhe ausziehen und dergleichen. Dann können wir unsere Aufmerksamkeit zwischen Klang und Körper hin- und herwandern lassen, langsam, ohne Hast, ohne etwas Bestimmtem nachzujagen, uns ins Klangerlebnis hineingleiten lassen. Es hilft auch, Aufnahmen mit wenigen Instrumenten auszuwählen. In der Regel dauert es 15 bis 20 Minuten, um von unserer gewohnten linkshirnigen, intellektuellen Geschäftigkeit in eine mehr rechtshirnige, fühlende Aufmerksamkeit hinüberzugleiten.

Musikinstrumente als Klangquellen tragen zu einer Harmonisierung bei, auch wenn wir erst beginnen, ihre Wirkungen zu verstehen (Perret 2005). Jedes Instrument, jede Instrumentenart wirkt auf je spezifische Art und Weise. Sie können starke Verbündete eines klar ausgerichteten Geistes sein, sowohl von Seiten des Therapeuten als auch des Patienten.

Die Menschen haben wohl seit jeher Musikinstrumente entworfen – und seit wenigen Jahrzehnten auch Musikaufnahmen – die diejenigen Klänge herbeizaubern sollten, die sie in ihrem Geist hörten und für die die menschliche Stimme nicht weit genug reichte. Musikinstrumente sind deshalb eine Unterstützung für die musikalische Inspiration. Sie geben uns »Flügel« (Luft-Element) und erlauben uns, eine Vision auszudrücken oder eine innere, wortlose Geschichte zu erzählen. Sie helfen, eine Magie herbeizuzaubern, eine Traumwelt, die aus den Tiefen unseres Bewusstseins aufsteigt. In den letzten vierzig Jahren wurden uns zahlreiche Instrumente aus allen Ecken der Welt zugetragen, zuerst mit der Folk-Welle, dann mit der Weltmusik-Welle. Zugleich wurden eine Anzahl Instrumente mit rein therapeutischem oder meditativem Charakter neu geschaffen. Willi Dommer hat eine ganze Anzahl in seinem ausgezeichneten Buch »Ritual und Klangtraum« (Dommer 2003) beschrieben. Im Folgenden stelle ich einige der Instrumente und CDs vor, die nach meinem Empfinden den erwähnten magischen Aspekt fördern.

Weit entfernt davon, vollständig sein zu wollen, stellt die folgende Übersicht eine Aufzählung von Instrumenten dar, die sich für unseren Ansatz als nützlich erwiesen haben. Ihre Handhabung verlangt sehr wenig Technik und ist somit weitgehend allen zugänglich, groß oder klein, behindert oder nicht, Musiker oder nicht. Sie erlauben trotzdem reichhaltige und abwechslungsreiche musikalische Erlebnisse. Zudem ermöglichen sie Begegnungen auf einer gleichen Ebene zwischen ungleich erscheinenden Partnern. Diese Instrumente haben die Eigenschaft, uns einen einfachen Zugang zu einem rechtshirnigen Musizieren zu erlauben, den wir mit »bewusster Trance« oder mit »transzendent« bezeichnen können. Einige davon sind in den letzten Jahren sehr populär geworden – vielleicht aus denselben Gründen, wie ein Harry Potter unsere Herzen erobert hat und uns daran erinnert, dass auch wir »träumen« und »zaubern« können. Ich bevorzuge in meiner Arbeit Instrumente, die an sich schon ein Klangereignis sind. Ich bin kein Liebhaber von »Plastikinstrumenten«, die eine enttäuschende Klangqualität haben. Dasselbe gilt für CDs, Synthesizer und Sampler, wenn sie auf Klangquellen ohne viel Magie basieren. Das Wissen eines Instrumentenbauers trägt natürlich sehr viel zur Qualität und Magie eines Instruments bei, nicht nur durch den hörbaren Teil.

Trommeln

Große Rahmentrommeln (aus dem Himalayagebiet oder von nordamerikanischen Indianern)
Der Zufall will es, dass wir in der Dordogne unweit einer Anzahl von tibetischen Zentren wohnen, in denen große, doppelseitige Rahmentrommeln von 60 bis 110 cm Durchmesser für Rituale verwendet werden. Sie werden aus Nepal importiert. Mittlerweile gibt es in der Schweiz und in Deutschland Hersteller von soge-

nannten »Tisch-« und »Gongtrommeln« mit Durchmessern bis zu 130 cm. Ihr Klang ist außerordentlich reich. Die Rahmentrommel bringt uns in gleichzeitigen Kontakt mit einer männlichen, himmlischen oder universellen und einer erdigen, mütterlichen Energie. Sie dient seit Menschengedenken als Vermittler zwischen Himmel und Erde. Die Rahmentrommeln haben den Vorteil, weich gespielt werden zu können, das heißt das weibliche Element wird nicht, wie bei der straff gespannten Djembe, weitgehend vertrieben.

Oceandrums

Dies ist eine Doppelrahmentrommel, die kleine Bleikügelchen enthält. Wenn wir die Trommel waagrecht zu halten versuchen, rollen sie auf dem unteren Fell hin und her. Dies lässt ein Geräusch entstehen, das frappierend an das Meeresrauschen erinnert. Neugeborene sollen sehr davon angezogen werden. Ganz natürlich bringt ihr Klang uns ins Wasserelement und erinnert an das Klanguniversum im Mutterleib.

Saiteninstrumente

Koto und Monochord

In meinem Musikatelier in der Tagesklinik verfüge ich über ein Saiteninstrument, das vor allem im deutschsprachigen Raum verbreitet ist. Das Monochord ist zweiseitig. Auf der einen Seite sind an die vierzig Saiten unisono gestimmt, manchmal auch auf zwei Töne im Quintabstand. Die Saiten sind etwa 1,20 m lang. Die andere Seite ist wie eine Koto, die japanische Harfenzither, mit 15 Saiten bespannt, die über mobile Stege gestimmt werden können. Zusätzlich gibt es vier Saiten, die einen Tanpura-ähnlichen, obertonreichen Klangeffekt hören lassen. Kinder fasziniert, dass man in die drei Klangöffnungen auf den Seiten singen kann, aus denen ein Echo zurückkommt. Dies rührt von der Resonanz der vielen Saiten her. Diese etwas magische Seite hat mir geholfen, manches Kind zum Singen bewegen zu können. Damit konnte ich mit ihnen an verschiedenen Aspekten ihrer Stimme und ihres Ausdrucks arbeiten. Wir imitieren z. B. die Stimmen der Tiere, wobei ich den Scheuen mit der Zeit ein ansehnliches Löwengebrüll entlocken kann. Die Monochord-Seite erlaubt, einen Bordunhintergrund mit entspannender, mütterlicher Umhüllung zu schaffen. Ihre energetische Wirkung bringt ein inneres Gefühl von Weite, von sich ausweitendem Horizont.

Klangliege

Dies ist eine der äußerst gelungenen Neuschöpfungen aus dem deutschsprachigen Raum: ein rein therapeutisches Instrument, eine Art großes Monochord, auf dem man liegen kann. Sie ist meistens als Tisch mit Resonanzkörper konzipiert. Auf der Unterseite sind an die 50 Saiten mit einer Länge von etwa 1,80 m angebracht.

Diese sind wie beim Monochord auf einen Ton oder zwei Töne im Quintabstand gestimmt. Jede Tonhöhe, jede Frequenz hat ihre therapeutische Eigenart. Wie beim Monochord können durch geschicktes Spielen eine ganze Reihe von Obertönen klar hervorgehoben werden. Die Oberton- oder Naturtonreihe macht es leicht, uns »abheben« zu lassen. Unser Geist versucht ganz natürlich, den immer höher steigenden Obertönen zu folgen. Beide, Monochord und Klangliege, beruhigen unser Nervensystem und verfeinern unsere Wahrnehmung.

Gitarre
Immer mit dem Ziel, Musikinstrumente anzubieten, die relativ wenig Spieltechnik abverlangen, können wir eine Gitarre offen stimmen (z. B. E A e a h e' oder D A d fis a d'). Damit können wir praktisch auf die linke Hand verzichten, um Akkorde zu greifen. Auf diese Weise kann das Instrument auch als »Slidegitarre« dienen, wenn wir einen harten Gegenstand, z. B. ein Schlagholz, verwenden, um an den Saiten entlangzufahren. Sie erlaubt, einen einfachen harmonischen Grundakkord zu erzeugen. Ich kann sie z. B. einhändig spielen, mit der anderen Hand eine Trommel schlagen und gleichzeitig singen.

Metallophone

Metallklangschalen
Diese Instrumente sind unter zwei Formen im Handel zu finden: die tibetische bzw. nepalesische und die japanische Klangschale. Der Klang der beiden Typen ist sehr verschieden. Sie werden z. B. mit Filzklöppeln oder einfach mit der Fingerkuppe angeschlagen und schaffen eine äußerst angenehme Klanghülle, die unter anderem als Bordunhintergrund zum Singen verwendet werden kann. Die energetische Klangform ist leicht eiförmig und tendiert dazu, den Spielenden zu umhüllen. Zugleich ist ihre Grundform als kreisförmige Schale mit einem Zentrum auch energetisch zu spüren: Ihr Klang bringt uns in unser Zentrum, bringt uns in Kontakt mit dem weiblichen Prinzip in uns (die empfangende Schale) und mit unserer eigenen Aura, die ebenfalls eine eiförmige Hülle ist. Bewegen wir eine Klangschale um den Körper herum, werden wir beim genauen Hinhören deutliche Unterschiede in der Abstrahlung des Klangs feststellen können. Diese geben uns Hinweise auf Verdichtungen im Energiefeld.

Röhrenglocken
Es gibt sie aus Aluminium und etwas seltener aus Messing. Messingröhren haben einen wärmeren Klang, der einen surrenden Klangvorhang entstehen lässt. Beide sind sehr angenehm zu spielen (am besten mit Filzklöppeln). Die einzelne Röhre verstärkt in uns das Empfinden einer Mittelachse, eines Rückgrats, während ihr Klang wie bei allen Metallophonen sich schnell zur Peripherie hin ausweitet. Dies

kann klangtherapeutisch gezielt verwendet werden. Die Klangröhren wirken auch als Energiekanal. Es kann vorkommen, dass das untere Ende wie magnetisch an Körperstellen hängenbleibt, während wir die Röhre darüber hinweg bewegen.

Metallophone mit Klangstäben
Sie sind das bekannte metallene Gegenstück des hölzernen Xylophons.

Der »Hang«
Dies ist eine Schweizer Erfindung, sozusagen der kleine Bruder der jamaikanischen Steeldrum. Die Form erinnert an eine fliegende Untertasse. Man spielt darauf entweder mit den Fingern oder Handflächen. Die Filzklöppel können – mit Vorsicht – verwendet werden. Den »Hang« kann man in verschiedenen Stimmungen und Modi kaufen (www.panart.ch).

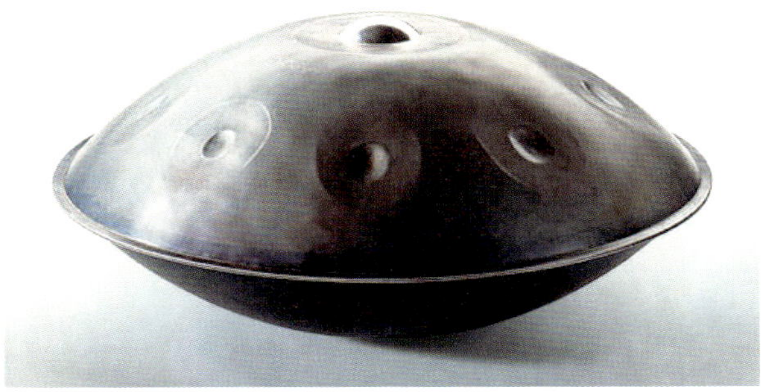

Gongs
Ein Gong ist normalerweise eine kräftige Klangquelle. Es gibt in Größe und Klang sehr unterschiedliche Gongs. Aus einem einzigen Gong kann oft eine Welt von unterschiedlichen Klängen herausgeholt werden. Mit Subtilität und feinem Gespür gespielt, kann er klangtherapeutisch mit Erfolg eingesetzt werden. Ich habe allerdings auch schon Musiker und Aufnahmen gehört, deren Gongspiel uns eher in die »Unterwelt«, sprich in die dunklen Tiefen des Unterbewusstseins gebracht haben. Wird dies therapeutisch aufgefangen, kann dieser Effekt durchaus nützlich sein. Doch da der Gong durchdringend und überwältigend sein kann, ist vor unüberlegter Manipulation und einem Durchbrechen von durchaus nützliche Barrieren abzusehen.

Gongs werden in Mitteleuropa seit gut 20 Jahren zur Klangtherapie eingesetzt, in ihren Ursprungsländern in Indonesien oder auch in China wahrscheinlich schon viel länger. Wenn ich sage, dass jedes der fünf Elemente praktisch auf jedem Musikinstrument gespielt werden kann, so gilt das ganz besonders auch für die Gongs. Die deutsche Gongwerkstatt »Sona« stellt Gongs mit unterschiedlichen Klangfarben speziell für die klangtherapeutische Arbeit her (www.sonasounds.de).

Becken (Cymbel)
Diese können sehr nützlich sein, um das Element Feuer hervorzubringen. Speziell Personen mit schwachem Sonnengeflecht können beim eigenen Spiel eines Beckens lernen, mit ihrer Überempfindlichkeit im Sonnengeflecht umzugehen. Sie tendieren dazu, die Becken, wie auch andere Metallophone, als zu überwältigend zu erleben. Durch eigenes Spielen sind sie ganz natürlich gezwungen, den nach außen strömenden Teil der Sonnegeflecht-Energie zu verstärken. Auch hier gilt: nicht forcieren, denn neben der rein nervlichen Seite sind oftmals (sehr) alte Traumata aufzuarbeiten (siehe dazu, was wir zum Element Feuer ausgeführt haben).

Kleine Perkussionsinstrumente

Tanzschellen
Tanzschellen sind Bänder, auf die kleine Schellen genäht sind. Die Bänder können um Fußknöchel oder Handgelenke gebunden werden. Um die Fußgelenke getragen, ziehen sie unsere Aufmerksamkeit und damit unsere Energie in die Füße. Sie sind damit ein natürliches Mittel, uns besser zu erden.

Schlaghölzer
Aus Hartholz gefertigte kurze Holzstäbe, die einen scharfen, trockenen Klang abgeben, wenn wir sie aufeinander schlagen. Sie wecken und richten uns auf und aktivieren eine »Frühlingsenergie«, die Wandlungsphase Holz der Chinesen.

Rasseln, Maracas, Shaker
Rasseln aller Art wecken auf, stimulieren unser Nervensystem und lockern lokal unser Ätherfeld.

Regenstab (Rainmaker)
Ähnlich wie die Rasseln wirkt der Regenstab. Durch das langanhaltende Herabrieseln der kleinen Samen in seinem Inneren erinnert er an fallenden Regen. Er löst in uns ein inneres Gefühl von Fallen- und Gehenlassen aus und entspannt damit. Wir können ihn klangtherapeutisch auch lokal z. B. im Rücken und in der Nacken- und Schultergegend einsetzen, um dortige Spannungen lösen zu helfen. Allerdings, wie immer bei klangtherapeutischen Handlungen, muss die Aufmerksamkeit des Klienten auch loslassen wollen. Der Klang lädt zur Nachahmung ein.

Zimbeln
Aus Nepal, Indien und Tibet kommen die kleinen Zimbeln, meist in Paaren, die mit ihren Rändern aneinandergeschlagen werden. Sie geben einen scharfen, durchdringenden, metallenen Klang. Sie können klangtherapeutisch z. B. exakt über Akupunkturpunkten eingesetzt werden. Je nach Spielart können sie aktivierend,

verteilend oder beruhigend auf die ätherische Energie an diesem Ort wirken. Die Qualität des Zimbelpaars bzw. ihrer gegenseitigen Abstimmung spielt jedoch für ihre tiefere Wirkung eine große Rolle.

Andere Instrumente

Xylophone und das afrikanische Balafon

Das Wort *xylo-* kommt aus dem Griechischen und bedeutet »Holz«. Wenn das Spiel von Melodien nicht erforderlich ist, kann ein pentatonisches Xylophon oder Balafon gute Dienste leisten. Einerseits klingt pentatonische Musik kaum jemals falsch und lässt sich somit gut mit mehreren Teilnehmern spielen, andererseits bringt sie uns tendenziell weg von unserem gewohnten diatonischen Tonsystem und verschafft uns Zugang zur tiefer empfundenen Welt der Klanglandschaften und Improvisationen. Es gibt Bass-Xylophonstäbe auch einzeln zu kaufen. Diese sind zwar teuer, aber einmalig schön und tief im Klang. Afrikanische Balafone z.B. aus Burkina Faso sind meist preisgünstiger als die europäischen Xylophone vergleichbarer Größe. Balafone sind in der Regel pentatonisch gestimmt.

Blumentöpfe

Kostengünstiges Musikinstrument, einfach zum Spielen und, wenn gut ausgesucht, mit sehr schönem »irdischen« Klang; gehört zu den Lithophonen. Blumentöpfe haben die unbezahlbare Eigenschaft, studierte Musiker und Amateure sanft zum Improvisieren hinüberzuleiten, denn wir können sie kaum auf unser Tonsystem gestimmt kaufen. Melodie- und Harmoniekonzepte müssen einem unmittelbaren Fühlen Platz machen. Man muss verschiedene Läden aufsuchen, denn oft bekommt man in einem Geschäft kaum mehr als 6 oder 7 brauchbare Blumentopfgrößen. Töpfe von unterschiedlicher Machart ergeben reizvolle Unterschiede in Tonhöhe und Klangfarbe.

Obertonflöte

Diese Flöte kennt meistens keine Löcher für die Finger. Ihr einziger Grundton kann jedoch durch stärkeres Blasen (Überblasen) variiert werden. Es erklingt dann die Reihe der natürlichen Obertöne. Die Obertonflöte hat den Vorteil, keinerlei Fingertechnik abzuverlangen, und kann deshalb auch von kleinen Kindern und Behinderten gespielt werden.

Keyboard

Für mich ist ein Klang ein Klang. Ob synthetischer oder akustischer Herkunft, spielt für mich eine geringere Rolle als die Schönheit und die energetischen Eigenschaften des Klangs. So gibt es sehr viele schlechte, billige und gute, etwas teurere Keyboards. Die letzteren können uns jedoch viele gute Dienste erweisen. Einerseits bringen sie zum Teil Klänge hervor, die kein anderes Instrument erzeugen kann. Andererseits können auch Nichtmusiker oder auch Behinderte gut darauf spielen, wenn wir Klangteppiche einstellen. Dabei spielt es oft keine Rolle, ob wir mit zwei oder zehn Fingern spielen. Das Resultat kann jedoch einen fruchtbaren Beitrag zu einer kollektiven Improvisation bieten.

Klavier

Selbstverständlich hat der Flügel einen zauberhaften Klang, doch nicht überall steht ein solcher zur Verfügung. Spieltechnisch ist jedes Klavier zunächst einfach zu spielen, auch ohne große Spieltechnik. Dazu brauchen wir nur das rechte Pedal gedrückt zu halten, dann erklingt die ganze Schönheit der vielen Saiten mit all ihren Obertönen. Wir brauchen gar nicht viele Töne zu spielen, um es zu einem Klangerlebnis werden zu lassen.

Vergleichsraster des Verhaltens nach Dr. Geneviève Haag

Die französische Kinderpsychiaterin Dr. Geneviève Haag hat in der Zeitschrift »Psychiatrie de l'enfant« ein Schema veröffentlicht, das eine klinische Beurteilung der Entwicklungsschritte eines autistischen Kindes unter Behandlung ermöglicht (Haag et al. 1995). Die Arbeitsgruppe, die dieses Schema erarbeitete, bestand aus Psychoanalytikern, Psychiatern, Kinderpsychiatern, Neuropsychiatern und Psychologen mit zum Teil zwanzigjähriger Erfahrung. Geneviève Haag unterstreicht, dass die menschliche Entwicklung selten ganz harmonisch verläuft. Meistens hinken einzelne Aspekte der Entwicklung nach. Ein Kind kann sehr wohl in einem Aspekt gut sein, z. B. im Ausdrücken seiner Emotionen, während es gleichzeitig keine Anzeichen macht, unsere Sprache erlernen zu wollen. Glücklicherweise sind diese Unterschiede oft von vorübergehender Natur.

Dieses Beurteilungsschema ist ausgezeichnet und sehr detailliert. Es konzentriert sich jedoch auf Autismus und kleine Kinder. Viele der darin enthaltenen Charakteristika sind deshalb elementar. Obwohl ich nun seit acht Jahren mit Kindern im autistischen Spektrum arbeite, meine ich noch nicht genügend Erfahrung zu haben bezüglich der neuro-musikalischer Schwellen, die spezifisch für autistische Entwicklungsstörungen geeignet wären. Meine Beobachtungen scheinen einstweilen eher für Kinder zu gelten, die in einer postautistischen Phase sind, oder für Kinder, Jugendliche und Erwachsene, die nicht im autistischen Spektrum angesiedelt sind. Ich werde hier deshalb nur diejenigen Beobachtungen von Dr. Haag wiedergeben, die eine Parallele zu meinen neuro-musikalischen Schwellen zu haben scheinen. Alle Referenzen zu den fünf Elementen sind von mir.

Die Forschungsgruppe, die von Geneviève Haag geleitet wurde, unterstrich die Bedeutung folgender, beobachtbarer Themenbereiche in der Entwicklung des kindlichen Autismus:

- Sich an die Stelle eines anderen Menschen versetzen können, dabei denken und fühlen können, was er denken oder fühlen könnte *(theory of mind)*.
- Emotionen gegenüber anderen Menschen ausdrücken können – (Wasser und Feuer).
- Die wichtige Rolle der Zornausbrüche (englisch: *tantrum*) – (Wasser und Feuer).
- Ausdruck der Augen: abwesend, fliehend, stechend oder an einem klebend, ohne jedoch einzudringen* – (Feuer).
- Sprache: nicht existent oder in Echolalie* – (Raum).
- Zeichnen – oft nicht existent.*
- Schwierigkeiten, sich seinen eigenen Körper vorzustellen – Zustände der Hyper- oder Hypothonie.*

- Erforschen von Raum und Objekten, indem unisensorielle Stereotypien verwendet werden.⋆
- Die Struktur der Zeit erfassen können.
- Eindimensionaler Zeit-Raum, in dem das Kind untertaucht, indem es sich auf ekstatische Weise an einen einzigen Wahrnehmungssinn hängt.⋆
- Zirkuläre Zeit: starres Abhängen von Ritualen, dabei Ausschau halten nach stabilen, unveränderlichen Komponenten; endlose Wiederholung⋆ – (Erde).
- Reaktionen auf physische Schmerzen: nicht existent oder schwach⋆ – (Wasser).
- Aggressives Verhalten⋆ – (Wasser).

(Die mit ⋆ gekennzeichneten Beobachtungen sind Zeichen eines ausgeprägten Autismus.)

Diese Themenbereiche wurden im ursprünglichen Schema in vier verschiedenen Entwicklungsphasen beobachtet:

1. Ausgeprägter Autismus
2. Phase der Wiedererlangung der ersten »Haut« und Beginn der symbiotischen Phase
3. Symbiotische Phase
4. Phase der Individuation

Ebenen des (Musik-)Erlebens

1 *Körperliche Empfindungen:*

- Schmerzen, Stechen, Wärme, Frösteln, Kälte, Schwere, Druck oder Anziehung durch eine Körperzone. Die physischen und ätherischen Ebenen spielen die Rolle des »Radarschirms« dessen, was sich auf den verschiedenen Ebenen abspielt. Körperliche Symptome können deshalb von den Ebenen 2 bis 11 herrühren.
- Äußerlich: unwillkürliche muskuläre Bewegungen, Zucken, Krämpfe ind Hand, Bein, Kopf, Gesicht, Mund etc.
- Innerlich: unwillkürliche Bewegungen: Darm, Seufzer, Aktivierung der Speichelproduktion.
- Senkung der Herzfrequenz.

2 *Beobachtungen auf der ätherischen Ebene sowie des unterbewussten Gedächtnisses (diese Informationen können von den Ebenen 3–11 stammen):*

- Gefühl einer Energiebewegung bzw. eines -stroms durch den ganzen Körper.
- Empfindung eines Energiezentrums oder Chakras, eines Meridians, eines Energiestroms oder eines Energiepunkts; Empfindung, dass sich eine Körperseite größer anfühlt als die andere etc.
- Auditives Erlebnis: Innere Dialoge mit Teilen unserer selbst oder mit Personen aus unserer Vergangenheit, aus der jüngsten Vergangenheit, mit imaginären Personen, Tieren, Gegenständen, Geräuschen, Tönen, Musik.
- Visuelles Erlebnis: Symbolische oder archetypische Bilder wie dunkle Höhle, Tunnel, dichter Urwald, Dornengestrüpp etc.; ins Leere fallen, Feuer, Figuren aus Märchen, Mythen oder Filmen, Hexen, Magier etc.; Farben, Formen, Bewegungen, Szenen, Landschaften, Tiere, Elemente (Erde, Wasser, Feuer, Luft), An- bzw. Abwesenheit von Empfindungen oder Emotionen.
- Andere Sinneseindrücke: Gerüche, Gerschmack, Berührung (Juckreiz, etc.).

3 *Erlebnis emotionaler Art:*

- Wut, Schmerz, Ungeduld, Angst, Blockierung, mentale Lähmung, Eifersucht etc., aber auch unangenehmes Gefühl, »gefangen« oder »wie gelähmt« zu sein, nicht fliehen, rennen oder höher steigen zu können, verfolgt zu werden etc.
- Die fünf Widerstände: Zweifel, Schläfrigkeit, Konzentrationsschwäche, Ungeduld, Unmut.
- Ausweichen in Träumereien, Schläfrigkeit; Gefühl von örtlicher Dichte bzw. Dickicht, Unvermögen, eine ätherische Linie dort durchzuziehen (z.B. auf der Hautoberfläche); bewusstes Vergessen des Erlebten.
- Ausweichen in emotionsgeladene Gedanken (Zweifel, Ärger, Unmut etc.).

- Ausweichen in physische Aktivität wie sich kratzen, Änderung der Köperhaltung, etwas essen wollen, abbrechen.

4 *Gefühle:*
- Freude, Nächstenliebe, Stille, Verbundenheit mit anderen, Wohlbefinden etc.

5 *Untere mentale Ebene:*
- Denken, das durch Emotionen geschürt und in Gang gehalten wird, z. B. sich Sorgen machen, unablässig dieselben Alltagsprobleme lösen wollen; Teufelskreise, begleitet von Körpersyndromen und Verspannungen, z. B. in Nacken, Kiefergegend oder Sonnengeflecht, Druck auf der Brust.

6 *Obere mentale Ebene (ohne Beimischung von schmerzlichen Emotionen):*
- Geistige Klarheit, Symbole, geometrische Formen, Zahlen etc.; leuchtende, klare Farben, großzügige Räume, Intuitionen.

7 *Kausale Ebene:*
- Erinnerungen an Szenen aus vergangenen Leben, karmische Zusammenhänge, Ursprung eines Problems, Gefühl, jemanden aus anderen Leben zu kennen.

8 *Seelische Ebene:*
- Eindruck innerer Qualitäten, Sehnsüchte, Sinn des Lebens, Lebensaufgabe.

9 *Erlebnisse spiritueller Natur jenseits der persönlichen Ebenen:*
- Von einer Lichtquelle oder einer spirituellen Figur (Engel, Mönch, Priesterin, Jungfrau etc.) angezogen werden, sich in einer Kathedrale befinden, eine wohlgesinnte Gegenwart verspüren etc.; Gefühl von Wohlbefinden, Frieden, Ausweitung, Einheit, Zufriedensein, Ruhe mit weitgehender Abwesenheit von Gedanken, Emotionen oder physischen Empfindungen.

10 *Erfahrung von Energie:*
- Ungewohntes Verhalten oder Transformation der Elemente, Visionen, unerklärliche, unerwartete und unbekannte Phänomene, Wahrnehmung einer Energiebewegung im eigenen Energiefeld, »kleiner Knall« in der Aura, Auflösung von Energieblockaden.

11 *Erfahrung des Unbekannten jenseits von Wort und Denken:*
- Ursprung von Impulsen; Abwesenheit von Erlebnis oder Empfindung; nichts Konkretes »zurückbringen« können, außer der Erinnerung an eine einfache Gegenwart oder dass »etwas« stattgefunden hat, ohne zu wissen, was.

Zentrierungs-Übung

Dauer: 10 bis 15 Minuten

NIMM KONTAKT zu einer rautenförmigen Figur auf, deren vier Ecken im Solarplexus, der Milz, der Leber und dem Nabel liegen. Mindestens 2 Minuten.

- Nimm sodann Kontakt zur Fokuszone über dem Kopf auf (siehe Zeichnung zu den Energiefeldern, Seite 37). Mindestens 2 Minuten.
- Fühle dich in Füßen und Beinen wohlgeerdet, fühle deine Zehen sich bewegen. Stelle einen so konkret wie möglich empfundenen Kontakt zu jedem dieser Körperteile her. Mindesten 3 bis 5 Minuten, je nachdem, wie gut sein Kontakt ist.
- Bringe deine Aufmerksamkeit zum Herz-Chakra, und lasse ein Gefühl von Weichheit von da aus sich nach vorn ausbreiten. Mindestens 3 bis 5 Minuten.

Diese Übung kombiniert mehrere wesentliche Ebenen:

- die Gegend des Sonnengeflechts mit ihrer Verletzbarkeit gegenüber Emotionen,
- den Kontakt zur vertikalen Energie der universellen oder spirituellen Intelligenz, die von oberhalb des Kopfs einströmt. Dieser Kontakt kann auch über den Individualitätspunkt (ID) geschehen, doch stellt die Fokuszone oft ein Hindernis für Energie dar, die vom ID-Punkt herabsteigt. Der Grund liegt darin, dass an den Rändern der Fokuszone emotionale Energie anhaften kann, die mit unserem gespannten Verhältnis zu »spirituellen« Fragen zu tun hat.
- Der Kontakt zur Erde ist ebenfalls von überragender Bedeutung, denn er erdet die spirituelle Energie oder ensprechende Gedanken und hilft, dass die »guten Absichten« wirksam werden.
- Das Herz-Chakra endlich bringt erst die Möglichkeit einer graduellen Integration dieser verschiedenen Ebenen.

Das ganze Vorhaben ist ein (lang) andauernder Prozess und benötigt Geduld sowie die Intelligenz des Herzens. Dies erlaubt es dem Therapeuten, spirituelle und intuitive Führung, praktische Erdung und Mitgefühl zu kombinieren. Ohne die Pflege dieser drei Dimensionen brennt der Therapeut in seiner Arbeit schnell aus oder bleibt in emotionalen Unklarheiten verheddert. Dieses Vorgehen gibt ihm die Mittel, unabhängig, klar und inspiriert zu handeln, unabhängig von den begrenzenden Glaubensstrukturen der Patienten sowie der mitwirkenden Akteure. Die Zentrierungsübung ist gewissermaßen ein Kondensat dessen, was in der persönlichen Entwicklung, in der Arbeit an uns selbst praktisch tagtäglich unternommen werden muss. Wir arbeiten mit einem ganzen Set von Übungen, die Teilaspekte wie »Erdung«, »Intuition«, »Herzkontakt« etc. zunehmend ausbauen helfen.

Improvisationstechniken in der Musiktherapie

*Aus Kenneth Bruscia, »Improvisational models of music therapy« (1987), übersetzt und ergänzt von Daniel Perret (mit * gekennzeichnet)*

Empathische Techniken

Imitation: Das Spiel des Klienten wiederholen, sobald dieses zu Ende ist.

Synchronisation: Parallel dasselbe spielen wie der Klient.

Einbeziehen: Ein musikalisches Motiv oder ein Verhalten des Kienten aufgreifen und zum Thema unserer eigenen Improvisation oder Komposition nehmen und vertiefen.

Unterstützen: Das Energieniveau des Klienten unterstützen (z. B. Intensität oder Tempo seines Spiels).

Übertreiben: Ein charakteristisches Element seines Spiels oder Verhaltens herausstreichen und übertreiben.

Klangliche Präsenz:* Die Klientin mit unser Aufmerksamkeit umhüllen und peripher beobachten, während wir weiter eine nicht direktive Musik spielen oder summen, als würden wir nur für uns selbst spielen.

Aktives Zuhören:* Zuhören und manchmal zwischendurch das Spiel des Klienten verbal beschreiben.

Humor:* Ein Element seines Spiels übertreiben oder in einen andern Kontext versetzen, um den Klienten zum Lachen zu bringen, z. B. um ihm mehr Selbstvertrauen zu geben.

Strukturierende Techniken

Rhythmische Ankerung: Gundlegende rhythmische Pulsation oder einen fundamentalen Rhythmus als Boden für die Improvisation des Klienten spielen.

Tonales Zentrieren: Tonales Zentrum, Tonskala oder harmonische Grundlage beibehalten (z. B. drei sich wiederholende Akkorde, siehe auch pentatonische Tonskalen).

Formgebung: Dem Klienten helfen, einen musikalischen Satz zu definieren, um etwas mehr Form in sein Spiel zu bringen.

Konzentrieren:* Dem Klienten helfen, sich z. B. auf ein Instrument zu konzentrieren, um einer Verzettelung und Konzentrationsschwäche entgegenzuwirken (Element Erde verstärken).

Ritual:* Anfangs- und Schlussrituale einführen, um das Gefühl von Sicherheit zu erhöhen.

Intimitätstechniken

Instrument teilen: Auf demselben Musikinstrument spielen, gleichzeitig oder alternierend.
Schenken: Der Klientin ein Geschenk machen, z. B. indem wir für sie spielen, ein kleines Musikinstrument oder einen Stein schenken etc.
Leitthema: Zusammen ein kurzes Musikstück oder Lied komponieren und als wiederkehrendes Thema, z. B. als Anfangsritual benützen.
»Solilogischer« Monolog: Einen gesungenen Text vor sich hinsingend improvisieren, der den Klienten zum Thema nimmt.

Provokationstechniken

Wiederholen: Rhythmus, Melodie, Worte, Bewegungen etc. der Klientin identisch fortlaufend oder alternierend wiederholen.
Vorgeben: Eine Spieltechnik oder einen musikalischen Satz vorgeben, so dass der Klient diese wiederholen oder darauf aufbauen kann.
Raum geben: Lücken in unserem Spiel einbauen, damit die Klientin sie ausfüllen kann.
Hinzufügen: Nach jedem musikalischen Satz des Klienten etwas anhängen.
Vervollständigen: Den musikalischen Satz des Klienten beantworten oder vervollständigen.

Richtunggebende Techniken

Änderungen einleiten: Neues thematisches Material einbringen (Rhythmus, Melodie, Worte, Bewegungen, Naturelement*, Instrument* etc.), um der Improvisation eine neue Richtung zu geben.
Spieltechniken:* Neue Spieltechniken zeigen oder neue eine Art, ein Musikinstrument anzugehen.
Kontrast bieten: Simultan einen musikalischen Teil einbringen, der sich vom Spiel des Klienten klar unterscheidet, ohne dabei inkompatibel zu sein.
Modulieren: Tempo, Tonart, Tonhöhe, Tonskala etc. mit der Klientin zusammen während des gemeinsamen Spiels ändern.
Intensivieren: Dynamik, Tempo, rhythmische oder melodische Spannung erhöhen.
Dämpfen: Spieldynamik, Tempo, rhythmische oder melodische Spannung dämpfen oder zügeln.
Herausfordern: Unterbrechen, destabilisieren; Fixierungen, Gewohnheiten, Stereotype des Klienten ändern.
Ausloten: Nach Improvisation oder Anhören des Playbacks Klientin fragen, was ihr davon gefallen hat und was nicht.

Analogien: Nach einer Improvisation oder dem Anhören des Playbacks den Klienten bitten, eine Situation in seinem Leben nennen, die analog zur Improvisation oder deren Erlebnis war.
Intuition:* Seiner Intuition folgen.

Techniken des Vorgehens

Befähigen: Improvisations- und Spieltechniken erläutern.
Auswechseln: Eine Spiel- oder Improvisationstechnik oder Ausdrucksmittel durch ein anderes ersetzen.
Pausieren: Der Klientin immer wieder eine (Entspannungs-)Pause während der Improvisation vorschlagen.
Rückzug: Eine weniger aktive oder direktive Rolle einnehmen und den Klienten den Prozess lenken lassen.
Impuls geben: Eine neue Struktur oder Idee oder einen neuen Impuls geben, damit Improvisation eine andere Richtung nimmt und die Klientin damit experimentieren kann.
Dirigieren: Wie ein Dirigent durch Zeichen eine Improvisation steuern.
Wiederholen lassen: Eine Improvisation oder Teile davon mehrmals wiederholen lassen.
Aufführung: Eine Improvisation oder »Augenblicks-Komposition« ernsthaft aufführen (mit oder ohne Publikum).
Playback: Eine Aufnahme zusammen mit dem Klienten anhören oder visualisieren.
Kommentar: Den Klienten sein Erlebnis des Improvisations-Playbacks kommentieren lassen-

Emotionale Explorationstechniken

Musikalisches Holding: Während des Spiels des Klienten produziert der Therapeut einen musikalischen Hintergrund, der die Gefühle des Klienten unterstützt und ihm Sicherheit gibt.
Holding:* Der Therapeut gibt dem Klienten körperliche Unterstützung, indem er ihm z. B. die Hand auf die Lendenwirbel legt oder mit den Armen von hinten her umgibt und eventuell gleichzeitig auf demselben Instrument spielt (z. B. bei einem Kind).
Emotionen unterstreichen: Emotionen oder Gefühle verstärken, deren Ausdruck der Klientin Mühe bereiten.
Emotionaler Gegensatz: Den Klienten bitten, entgegengesetzte Emotionen oder Eigenschaften zum bisher Gespielten musikalisch auszudrücken (z. B. wenn eines der fünf Elemente in seinem Ausdruck fehlt*; dies kann auch der Therapeut stellvertretend übernehmen).

Übergänge üben: Den Klienten erleben lassen, wie von einer Emotion oder Eigenschaft zur anderen bewusst hinübergewechselt werden kann.

Integration: Gegensätzliche Elemente einfließen lassen, sie kombinieren, harmonisieren und kompatibel werden lassen (vgl. die fünf Elemente*)

Entspannen:* Je nach den Möglichkeiten der Klientin sie während des Spiels auf die Bauchatmung aufmerksam machen und Schultern, Nacken, Unterkiefer, Gesicht, Beine, Rücken etc. entspannen lassen.

Sequenzieren: Der Klientin behilflich sein, Ideen und Geschehnisse in eine (zeitlich) logische Reihenfolge zu bringen (z. B. Teile einer Improvisation, einer Geschichte, autobiographische Elemente etc.).

Gegensätze üben: Zwei gegensätzliche, konflikthafte Aspekte des Klienten mit ihm spielen.

Bezug herstellen: Zusammen improvisieren und dabei relevante Beziehungen und Geschehnisse im Leben des Klienten musikalisch durchspielen.

Rollenspiel: Während der Improvisation mehrmals mit dem Klienten die Rollen vertauschen.

Eselsleiter: Eine signifikante therapeutische Erfahrung mit etwas derart verknüpfen, dass der Klient sich leicht daran erinnern kann, um die Erfahrung besser verdauen, integrieren und ausdrücken zu können.

Katharsis:* Den Klienten ermuntern, mit den Händen stark auf eine Trommel zu schlagen und dabei seine Stimme einzusetzen; dazu Körper und Arme einsetzen, um einen musikalischen Ausdruck zu übertreiben.

Körpermusik:* Teile des eigenen Körpers für den klanglichen Ausdruck verwenden (Brustkorb, Wangen, Oberschenkel, Hände etc.).

Symbolisierungstechniken

Koppeln: Der Therapeut improvisiert verschiedene musikalische Motive und spielt sie jedesmal, wenn die Klientin ein bestimmtes Motiv wiederholt.

Symbolisieren: Den Klienten ein musikalisches Element (ein Instrument oder ein Motiv etc.) verwenden lassen, um damit ein Ereignis oder eine Person zu symbolisieren.

Erinnern: Die Klientin anregen, sich an bestimmte Klänge zu erinnern, die in einer bestimmte Situation vorkamen, und sie zu wiederholen.

Frei assoziieren: Den Klienten beim Anhören einer Improvisation frei assoziieren lassen (Erinnerungen, Bilder, Gefühle etc.).

Projizieren: Die Klientin eine Musik improvisieren lassen, die eine reale Situation, ein Gefühl oder eine Beziehung zu jemandem untermalt.

Klanggemälde: Den Klienten Klänge spielen lassen, die zu einem vorher vereinbarten Bild, Körperteil, Mythos, Traum, einer Phantasie, Geschichte oder Farbe passen.

Musikalisches Märchen: Die Klientin improvisieren und sich eine passende Geschichte dazu vorstellen lassen.
Tiere:* Ein Tier und dazu passende Emotionen musikalisch und stimmlich ausdrücken lassen.

Diskussionstechniken

Verknüpfen: Den Klienten fragen, wie verschiedene Aspekte des Erlebten oder seines Ausdrucks verknüpft sind.
Vertiefen: Fragen stellen oder Bemerkungen machen, um die Informationen des Klienten zu klären.
Klären: Die Klientin selbst bestimmte eben geäußerte Informationen erklären, klären oder überprüfen lassen.
Zusammenfassen: Verbal zusammenfassen, was sich während der Therapie ereignet hat, Bezüge herstellen oder eine bestimmte Phase ausleuchten.
Feedback: Dem Klienten erklären, welchen Eindruck er auf jemand andern mit seinem Spiel, seinem Ausdruck, seiner Körperhaltung etc. gemacht haben könnte.
Interpretieren: Mögliche Interpretationen zum Erleben des Klienten geben.
Ebene wechseln: Der Klientin helfen, Distanz zu nehmen, damit sie beobachten und anders handeln kann, als sie es eben erlebt hat.
Belohnen: Je nach Situation den Klienten loben oder die Ermunterung unterlassen.
Konfrontieren: Den Klienten auf Widersprüche in seinen Antworten aufmerksam machen.
Sich einbringen: Eine eigene persönliche Erfahrung einbringen.
Projektionen:* Aussprechen, wie wir uns in Bezug auf das Gespielte fühlen.

Klientenprofil für die Musiktherapie

	nicht	wenig	oft	normal	extrem
Allgemeine Beobachtungen					
Augenkontakt mit dem Therapeuten	☐	☐	☐	☐	☐
Gefühlskontakt mit dem Therapeuten	☐	☐	☐	☐	☐
anderer nicht-verbaler Kontakt mit dem Therapeuten	☐	☐	☐	☐	☐
zeigt Interesse für neue Instrumente	☐	☐	☐	☐	☐
tendiert dazu, von Instrument zu Instrument zu gehen	☐	☐	☐	☐	☐
»Bastler«-Tendenz, mentale Überaktivität	☐	☐	☐	☐	☐
interessiert sich nur für gewisse Objekte	☐	☐	☐	☐	☐
stereotypische Abläufe	☐	☐	☐	☐	☐
Sinn für Tonskalen (z.B. Do-Re-Mi)	☐	☐	☐	☐	☐
zeigt musikalische Initiative	☐	☐	☐	☐	☐
musikalisch kreativ, erfinderisch	☐	☐	☐	☐	☐
kreativ, erfinderisch auf nicht-musikalischen Ebenen	☐	☐	☐	☐	☐
Vorstellungskraft und Phantasie erschlossen	☐	☐	☐	☐	☐
fähig, Emotionen musikalisch auszudrücken	☐	☐	☐	☐	☐
kann sich konzentrieren	☐	☐	☐	☐	☐
kann mit einem Instrument wenigstens 5 Minuten lang spielen	☐	☐	☐	☐	☐
geht sorgsam mit Instrumenten um	☐	☐	☐	☐	☐
räumt nach der Sitzung auf	☐	☐	☐	☐	☐
Trommel und Rhythmen					
sensibel gegenüber Lautstärke und Dynamik	☐	☐	☐	☐	☐
hält eine Pulsation	☐	☐	☐	☐	☐
hält einfache differenzierte Rhythmen (z.B. ♩♩𝄽 | ♩♩𝄽 | ♩♩𝄽 |)	☐	☐	☐	☐	☐
hält eine Rhythmus wenigstens 30 Sekunden lang	☐	☐	☐	☐	☐
Gesang und Sprache					
summt oder singt	☐	☐	☐	☐	☐
singt non-verbale Laute	☐	☐	☐	☐	☐
versteht, was ich sage	☐	☐	☐	☐	☐
spricht Sätze mit wenigstens 5 Wörtern	☐	☐	☐	☐	☐
kommuniziert verbal mit dem Therapeuten	☐	☐	☐	☐	☐
kann Worte besser singen als sprechen	☐	☐	☐	☐	☐

		nicht	wenig	oft	normal	extrem
Körper						
kann alleine tanzen		☐	☐	☐	☐	☐
kann mit anderen tanzen (Reign oder frei)		☐	☐	☐	☐	☐
kann den Jig-Rhythmus tanzen (♪♪𝄾 | ♪♪𝄾 | ♪♪𝄾 |)		☐	☐	☐	☐	☐
drückt sich beim Tanzen mit Händen und Armen aus		☐	☐	☐	☐	☐
setzt die linke Körperhälfte ein		☐	☐	☐	☐	☐
setzt die rechte Körperhälfte ein		☐	☐	☐	☐	☐
Qualität des Ausdrucks						
Erde	hat eine stabile Basis, ist sicher im Auftreten	☐	☐	☐	☐	☐
	hat guten Kontakt zu Beinen und Füßen	☐	☐	☐	☐	☐
	ist hyperaktiv, sehr mental	☐	☐	☐	☐	☐
Wasser	Vitalität	☐	☐	☐	☐	☐
	kreativer Fluss von Ideen	☐	☐	☐	☐	☐
	wechselt fließend von einer musikalischen Idee zur anderen	☐	☐	☐	☐	☐
	hat guten Körperkontakt, speziell mit unterem Bauch	☐	☐	☐	☐	☐
	Bauchatmung	☐	☐	☐	☐	☐
	macht unkontrollierte heftige Bewegungen	☐	☐	☐	☐	☐
Feuer	hat »Feuer im Bauch« und guten Tonus	☐	☐	☐	☐	☐
	Intensität im Spiel	☐	☐	☐	☐	☐
	Wärme im musikalischen Ausdruck	☐	☐	☐	☐	☐
	Tendenz, alles und alle unter Kontrolle zu halten	☐	☐	☐	☐	☐
	hat Angst vor gewissen Klängen	☐	☐	☐	☐	☐
Luft	ist beschwingt, hat »Flügel«, Leichtigkeit im Wesen	☐	☐	☐	☐	☐
	melodische Sensibilität	☐	☐	☐	☐	☐
	harmonische Sensibilität	☐	☐	☐	☐	☐
	Sinn für das Schöne	☐	☐	☐	☐	☐
	depressive Rückzüge	☐	☐	☐	☐	☐
Raum	hat Raum und Großzügigkeit im Spiel	☐	☐	☐	☐	☐
	interessiert sich und ist sensibel für Klänge	☐	☐	☐	☐	☐
	kann hören, was andere spielen	☐	☐	☐	☐	☐
	musikalischer Dialog möglich	☐	☐	☐	☐	☐

	nicht	wenig	oft	normal	extrem
Affinität zu Instrumenten					
Trommel	☐	☐	☐	☐	☐
Monochord	☐	☐	☐	☐	☐
Koto (melodisch)	☐	☐	☐	☐	☐
kleine Percussion-Instrumente	☐	☐	☐	☐	☐
Flöte (1 Ton)	☐	☐	☐	☐	☐
Flöte (zwei und mehr Töne)	☐	☐	☐	☐	☐
Blumentöpfe	☐	☐	☐	☐	☐
Xylophon	☐	☐	☐	☐	☐
Sonstiges					
	☐	☐	☐	☐	☐
	☐	☐	☐	☐	☐
	☐	☐	☐	☐	☐
	☐	☐	☐	☐	☐
	☐	☐	☐	☐	☐

Datum und Farbe*

Bemerkungen

* Die Tabelle kann mehrmals für denselben Klienten verwendet werden. Wenn für jedes Datum eine andere Farbe gewählt wird, lassen sich die Fortschritte sichtbar machen.

Anmerkungen

1 Die intuitiven Aquarelle zwischen den Kapiteln (Originalmaß 4 × 4 cm) suchen die Atmosphäre einer Tonart wiederzugeben. Ich skizzierte sie schnell, während ich die Töne einer Tonart vom Band hörte. Die Töne hatte ich zuvor nichtmelodisch eingespielt, eher in Clustern, indem ich den Grundton ab und zu als Referenzton dazuspielte. Beim Abspielen wusste ich nicht, welche Tonart eben wiedergegeben wurde.

2 Bob Moore, Psykisk Centre in Ringkøbing, Dänemark, dessen Unterricht ich von 1979 bis 1999 folgte. Bob Moore wurde 1928 in Irland geboren. Er lehrte am und leitete das Psykisk Centre von 1978 bis 1999. Er besitzt umfangreiche theoretische und praktische Kenntnisse in energetischer Medizin sowie der subtilen Energiesysteme des menschlichen Körpers und wie diese mit dem menschlichen Transformationspotenzial zusammenhängen. Die von ihm entwickelten meditativen Übungen und Praktiken sind mit keiner religiösen Doktrin oder einem Glaubenssystem verbunden. Eine beachtliche Anzahl von Menschen hat am Psykisk Centre studiert, unter ihnen waren Wissenschaftler, Pfarrer, Priester, Ärtze, Psychiater, Psychologen, Therapeuten, Künstler, Musiker, Biologen, Physiker und viele Menschen, die mehr über spirituelles Heilen, Meditation und eine größere Ausbreitung des Mitgefühls in unserer Welt lernen wollten.

3 Das Wort »tiefer« bezieht sich auf Schichten, die wir in unserem Inneren aufspüren können, während »höher« meist mit Ebenen außerhalb unserer Person in Beziehung gebracht wird. Möglicherweise bezeichnen beide Wörter weitgehend dasselbe und werden wohl auch deshalb oft synonym verwendet.

4 Ein System traditioneller Glaubensüberzeugungen und Rituale, das die Möglichkeit der Diagnose und der Behandlung unter der Mithilfe oder Mitwirkung von Naturgeistern annimmt. Die schamanischen Traditionen existieren überall in der Welt seit prähistorischen Zeiten.

5 Saiteninstrumente, Xylophone etc. haben Resonanzkörper, um ihren Klang zu verstärken. Diese haben in der Regel eine bauchige Form.

6 Entnommen aus »Lettre d'information« Nr. 8 des französischen Vereins »Tchendukua«, März 2003. Der Verein, der von dem Ethnologen Eric Julien ins Leben gerufen wurde, hilft den Kogi-Indianern in Kolumbien, ihre Ritual- und Stammesgebiete zurückzuerhalten.

7 Die psycho-energetischen Ströme sind wie die chinesischen Akupunktur-Meridiane in unserem Ätherkörper lokalisiert. Bob Moore lehrte, acht verschiedene psycho-energetische Ströme zu nutzen. Es gibt jedoch unzählige Energielinien im Ätherkörper. Der Ayurveda spricht von mehr als 10 000 *Nadis* (indisch für »Energiekanäle«). Die traditionelle chinesische Medizin kennt Dutzende von Meridianen, die sich mehr oder weniger tief im Körperinneren befinden.

Literaturverzeichnis

VORWORT:

ADOLPHS, R. (2003). Investigating the cognitive neuroscience of social behavior. Neuropsychologia 41: 119–126

DECETY, J. & CHAMINADE, T. (2003). Neural correlates of feeling sympathy. Neuropsychologia 41: 127–138

DISSANAYAKE, E. (1999). Antecedents of the temporal arts in early mother-infant interaction. In N. Wallin and B. Merker (eds.), The Origins of Music. Cambridge, MA: MIT Press

DONALD, M. (2001). A Mind So Rare: The Evolution of Human Consciousness. New York, NY and London, England: Norton

MALLOCH, S. (1999). Mother and infants and communicative musicality. In »Rhythms, Musical Narrative, and the Origins of Human Communication«. Musicae Scientiae, Special Issue, 1999–2000, pp. 29–57. Liège: European Society for the Cognitive Sciences of Music

PANKSEPP, J. (2000). The neuro-evolutionary cusp between emotions and cognitions, implications for understand consciousness and the emergence of a unified mind science. Consciousness and Emotion, 1, 17–56

PANKSEPP, J. & BERNATZKY, G. (2002). Emotional sounds and the brain: The neuro-affective foundations of musical appreciation. Behavioural Processes 60: 133–155

SCHORE, A.N. (2003) Affect Regulation and Disorders of the Self. New York: Norton

STERN, D.N. (1999). Vitality contours: the temporal contour of feelings as a basic unit for constructing the infant's social experience. In: Early Social Cognition: Understanding Others in the First Months of Life, Rochat P, ed. Mahwah, NJ: Erlbaum, pp. 67–90

TREHUB, S.E. (1990). The perception of musical patterns by human infants: The provision of similar patterns by their parents. In M. A. Berkley and W. C. Stebbins (eds.), u. (pp. 429–459). New York: Wiley

TREVARTHEN, C. (1999). Musicality and the Intrinsic Motive Pulse: Evidence from human psychobiology and infant communication. In »Rhythms, Musical Narrative, and the Origins of Human Communication«. Musicae Scientiae, Special Issue, 1999–2000, pp. 157–213. Liège: European Society for the Cognitive Sciences of Music

TREVARTHEN, C. & MALLOCH, S. (2000). The dance of wellbeing: Defining the musical therapeutic effect. Norwegian Journal of Music Therapy, 9(2): 3–17

TREVARTHEN, C. & MALLOCH, S. (2002). Musicality and music before three: Human vitality and invention shared with pride. Zero to Three, September 2002, Vol. 23, No, 1: 10–18

TREVARTHEN, C. & AITKEN, K.J. (2003) Regulation of brain development and age-related changes in infants' motives: the developmental function of »regressive«periods. In M. Heimann (ed.), Regression Periods in Human Infancy, pp. 107–184. Mahwah, NJ: Erlbaum

HAUPTTEIL:

AINSWORTH, M.; BLEHAR, M.C.; WATERS, E.; WALL, S. (1978), Patterns of attachment: a psychological study of the strange situation. Hillsdale, NJ, Erlbaum

AMIR, D. (1993), Research in Music Therapy: Quantitative or Qualitative?, in Nordic Journal of Music Therapy, vol. 2(2)

AYOTE, J.; PERETZ, I.; HYDE, K. (2002), Congenital amusia, in Brain, Vol. 125, No. 2, pp. 238–251

BERTELSEN, J. (1982), Drømme, chakrasymboler og meditation, Copenhagen, Borgen, pp. 53–70

BIESENBENDER V. (2001), Plaidoyer pour l'improvisation in l'apprentissage instrumental, Editions Van de Velde, 37230 Fondette

BOADELLA, D. (1987), Lifestreams – An Introduction to Biosynthesis, Routledge & Kegan Paul, London

BOESCH, J. (2002), Spirituelles Heilen und Schulmedizin, Buchverlag Lokwort, Bern

BOESCH, J. (2003), Heilen und Energiemedizin, in Energie & Charakter, Orgon Verlag, Bühler (CH)

BRUSCIA, K. (1987), Improvisational models of music therapy, Springfield, IL: Charles C. Thomas

CROSSMANN, S. & BAROU, J.-P. (1996), Peintures de sable des Indiens Navajo – La voie de la bauté, Actes Sud

DAMASIO, A. (1994), Descarte's Error, Emotion, Reason, and the Human Brain, Putnam

DAMASIO, A. (1999), The Feeling of What Happens, Harcourt Brace & Co., New York

DELION, P. (1997), Séminaire sur l'autisme, érès, Ramonville Saint-Agne

DIOLOSA, C. (2000), Die Psychologie der fünf Elemente, in: REDL, F. P. (Ed.) »Die Welt der fünf Elemente«, Bacopa Verlag, Linz

DURING, J. (1994), Quelque chose se passe, Editions Verdier, Lagrasse

FEUERSTEIN, G. (1990), Encyclopedic Dictionary of Yoga, Paragon, St. Paul, Min.

FOX, M. (2000), Sins of the Spirit, Blessings of the Flesh, Gateway, Gill and Macmillan Ltd., Dublin

GAMBORG, H. (1998), Das Wesentliche ist unsichtbar, Reinbeck bei Hamburg, RoRoRo Sachbuch

GARDNER, H. (1994), The Arts and Human Development. New York: BasicBooks.

GILLES, E. (1993), Abusive head injury in children: A review. In Western State University Law Review, 20, pp. 335–378

GLASER, B. & STRAUSS, A. (1967): The Discovery of Grounded Theory, Aldine, Chicago

GLASER, D. (2000), Child abuse and Neglect and the Brain – A Review, in J. Child Psychol. Psychiat. Vol. 41, No. 1, pp. 97–116,Cambridge University Press

GREENSPAN, S. (1997), The Growth of the Mind: and the Endangered Origins of Intelligence. Reading, Mass.: Addison Wesley

HAAG, G.; et al. (1995), Grille de repérage clinique des étapes évolutives de l'autisme infantile traité, in Psychiatrie de l'Enfant, 38, 2, pp. 495–527

HAAG, G. (1998), Réflexions sur une forme de symbolisation primaire in la constitution du Moi corporel et les représentations spatiales, géométriques et architecturales corollaires, in Matières à symbolisation, B. Chouvrier ed., Lausanne, Delachaux et Niestlé (pp. 75–88)

HELLINGER, B. (2002), Les fondements de l'amour in le couple et la famille, Souffle d'Or, Barret-sur-Méouge

IRWIN, E. (1988), Working with the Elements, based on the teachings of Dharma Arya Akong Rinpoche, Edinburgh, Tara, Rokpa Trust

JOHN, BINA A. (2002), Music in early childhood and consciousness, paper presented at RIME conference, April 2003, Exeter: A Philosophical Analysis of Intersections, Doctoral Dissertation,University of Toronto

KENNY, C.B. (1996), The Dilemma of Uniqueness – An essay on Consciousness and Qualities, in Nordic Journal of Music Therapy, 5(2), pp. 87–96

KHENCHEN THRANGU (2002), The five Buddha Families & The Eight consciousnesses, in Bodhi, Volume 6, No. 1

LEHTONEN, K. (1994), Is Music an Archaic Form of Thinking? in Nordic Journal of Music therapy, Vol. 3(1), pp. 3–12

OLDFIELD, A. (o.J., nach 1999), Music Therapy as a Contribution to the Diagnosis made by the Staff Team in Child and Family Psychiatry, in: T. Wigram (Herausgeber) »Assessment and Evaluation in the Arts Therapies«, Harper House Publications, Radlett

PAUL, M. & PAUL, P. (1983), Le Chant sacré des Energies, Editions Présence, Sisteron

PERRET, D. (1997), Les Effets subtils de la Musique – une approche par le ressentis, Barret-sur-Méouge, Editions du Souffle d'Or.; oder: Meditative Heilmusik, Windpferd Verlag, Aitrang (1998) (zur Zeit vergriffen)

PERRET, D. (1997b), Tableau d'évaluation musicothérapie, in La Revue Française de Psychiatrie et de Psychologie Médicale, pp. 78–79

PERRET, D. (2001), Die »5 Elemente« in der Musiktherapie, Informationsblatt des Schweizerischen Fachverbandes für Musiktherapie SFMT, No. 37, pp. 6–11, No. 38, pp. 13–17

PERRET, D. (2003), Die Wurzeln unserer Musikalität, in Energie & Charakter, Orgon Verlag, Bühler (CH)

PERRET, D. (2005), Heilklänge der fünf Elemente, Binkey Kok Publications, Havelte (NL)

PEUKERT, W.-E. (1976), Paracelsus Werke, Band III, Wissenschaftliche Buchgesellschaft Darmstadt, pp. 462

PLATEL, H., et al. (1997), The structural components of music perception – A functional anatomical study, in Brain, Vol. 120, pp. 229–243

QUARTZ, S. & SEJNOWSKI, T. (1997), The neural basis of cognitive development: A constructivist manifesto, in Behavioral and Brain Sciences, No 20, pp. 537–596

ROUSTANG, F. (2000), La Fin de la Plainte, Editions Odile Jacob,

SARASWATI, S. (2000), Sure ways to Self-Realisation, Bihar School of Yoga, Munger, Bihar, India

SATYASANGANANDA, S. (2000), Tattwa Shuddhi, Yoga Publication Trust, Munger, Bihar, India

SCHOPLER, E., et al. (1994), Profil psycho-éducatif (PEP-R), évaluation et intervention individualisée pour enfants autistes ou présentant des troubles du développement, De Boeck-Wesmael, Bruxelles

SCHORE, A. N. (1994), Affect regulation and the origin of the self: The neurobiology of emotional development. Hillsdale, NJ, Lawrence Erlbaum.

SIEGEL, D.J. (1998), The Developing Mind: Toward a Neurobiology of Interpersonal Experience, Guilford Press (NY)

SOGYAL RINPOCHE (1992), The Tibetan Book of Living and Dying, Rider Random House, London

TREVARTHEN, C. (2000) Musicality and the Intrinsic Motive Pulse: Evidence from Human Psychobiology and Infant Communication, in Musicae Scientae Special Issue, pp. 155–215

TREVARTHEN, C. (2000b) How music heals, in: WIGRAM, T. & DE BACKER, J. (Ed.): Clinical Applications of Music Therapy in Developmental Disability, Paediatrics and Neurology (London, J. Kingsley Publishers)

TREVARTHEN, C. (2002), Autism, Sympathy of Motives and Music Therapy, in Enfance, January-March 1, pp. 86–99

TREVARTHEN, C. & MALLOCH, S. (2000) The Dance of Well Being: Defining the musical therapeutic effect, in Nordic Journal of Music Therapy, vol. 9 (2), pp. 3–17

TREVARTHEN C. & AITKEN, K. (2001), Infant Inter subjectivity: Research, Theory and clinical applications, in Annual Research Review, Journal of Child Psychology and Psychiatry, Août, Vo. 42, No. 1, pp. 3–48

TREVARTHEN C. (2003), Brain Development, The Human Brain: Adapted for Learning Meanings from Other People, in The Oxford Companion to the Mind, Richard Gregory, Oxford University Press.

Tustin, F. (1990), Autisme et Protection, Seuil, Paris
Wangyal, T. Rinpoche (2002), Healing with form, Energy and Light – the five elements in Tibetan shamanism, tantra, and dzogchen, Snow Lion, Ithaca, NY
Wigram, T. (2005), »Music and Soundvibration« in D. Aldridge (Herausgeber) Case Study Designs in Music Therapy, Jessica Kingsley Publishers, London

Centre du Vallon
Marie & Daniel Perret
Le Vallon, Berboules
F-24290 Sergeac
Frankreich

vallonperret@wanadoo.fr
Telefon +33 (5) 53 50 80 3

Library of Healing Arts
Band 1

Arno Stern
Das Malspiel und die natürliche Spur
Malort, Malspiel und die Formulation
136 Seiten, 17 farbige Abbildungen,
Paperback, 22,50 Euro
ISBN 3-927369-14-4

Arno Stern
Das Malspiel und die natürliche Spur

Malort, Malspiel und die Formulation

Die Lust zu malen ruht in jedem Menschen. Die traditionelle Erziehung, vor allem in der Schule, versucht, dieses natürliche Bedürfnis zur Kunst hinzuleiten. Wird dies jedoch vermieden, so kann sich daraus eine vollkommen andere Äußerung entwickeln: Arno Stern spricht von der Spur. Anders als ein Kunstwerk ist die Spur für keinen Empfänger bestimmt. Sie entsteht aus dem ureigenen Bedürfnis des Menschen, sich schöpferisch auszudrücken, und wendet sich ausschließlich an den malenden Menschen selbst. Kann sich die Spur von äußeren Faktoren unbeeinflusst entfalten, wird sich der Mensch des vollen Potenzials seiner Fähigkeiten und seiner Unabhängigkeit vom Urteil anderer bewusst.

Die farbige Spur auf dem Blatt ist bisher fast immer als Kunst betrachtet und gefördert worden. Praktisch nirgends konnte in der Spur Unsagbares formuliert werden, das für keinen Fremden bestimmt ist. Erst seit es den Malort gibt, mit dem Arno Stern die Voraussetzungen geschaffen hat, die eine derartige Äußerung ermöglichen, konnte sich jene unerprobte Fähigkeit entwickeln, aus der die »Formulation« entsteht.

Arno Stern sieht sich als Dienenden im Malspiel, der weder die Malenden belehrt, noch ihre Bilder interpretiert. Sein Forschungsbereich, die Ausdruckssemiologie, ergründet Eigenart, Bestandteile und Abläufe der Formulation. Während seiner zahlreichen Aufenthalte bei Urwald- und Wüstenbewohnern (unter anderem in Peru, Afghanistan, Mexiko, Guatemala, Äthiopien, Nigeria und Neuguinea) konnte Arno Stern seine Erkenntnisse aus der täglichen Praxis des Malorts vertiefen und zu einem Universalgefüge erweitern. Das Buch sei allen ans Herz gelegt, die dem zeichnenden Kind begegnen – Eltern, Erziehern, Pädagogen – oder die dem erwachsenen Menschen zum Wiederfinden seiner spielerischen Mal-Lust verhelfen wollen.

Als **Arno Stern** 1946 als damals 22-Jähriger die Betreuung von Kriegswaisen in einem Pariser Kinderheim übernahm, ahnte er nicht, dass damit eine außergewöhnliche Karriere beginnen sollte. Ohne Vorstellung von seiner Aufgabe ließ er die Kinder malen. Bald wurde ihm bewusst, dass es dafür geeigneter Bedingungen bedarf. So erfand er eine besondere Einrichtung, den Palettentisch und die schützenden Wände: Der Malort war geboren, ein Raum mit einer unvergleichlichen Stimmung, der bis heute Kinder wie Erwachsene zum Malspiel anregt und sie ihrer Spontaneität begegnen lässt.

DRACHENVERLAG

Drachen Verlag GmbH
Am See 1, D-17440 Klein Jasedow
Telefon (03 83 74) 752 18
Telefax (03 83 74) 752 23
mail@drachenverlag.de
www.drachenverlag.de

Library of Healing Arts
Band 3

Edgar Diehl
Farbzeiten
Wie die Farbe der Seele hilft.
Eine Sozialgeschichte der Farbe.
296 Seiten, 55 farbige Abbildungen,
Paperback, 29,80 Euro
ISBN 3-927369-13-6

Edgar Diehl
Farbzeiten

Wie die Farbe der Seele hilft. Eine Sozialgeschichte der Farbe.

Unsere Welt ist bunt. Alles Sichtbare teilt sich dem Auge mit einer Farbe mit, und auch das Schaffen des Menschen drückt sich in Farben aus. Wenn die Frequenzen der Farben entsprechende Resonanzen in unserem Denkapparat, dem Gehirn und den mit ihm verbundenen Gefühlszentren im Körper auslösen, so leuchet ein, dass in der Farbigkeit der vom Menschen geschaffenen Welt auch etwas Kollektives – der Zeitgeist – abgelesen werden kann.
Edgar Diehl erkennt in der farbigen Gestaltung unserer Umwelt Phasen, die mit dem Wandel des Zeitgeists einhergehen. Sein sozialgeschichtlicher Diskurs führt uns die Entwicklung der deutschen Nachkriegsgesellschaft vor Augen, indem er die dominierenden Farben der Dekaden einer farbpsychologischen Betrachtung unterzieht. Er tut dies, indem er seine eigene Biografie als Künstler analysiert und sich als Mensch erkennbar macht, der in gesteigerter Intensität von, in und mit der Farbe lebt.
»Farbzeiten« zeigt einen Künstler, der Farbe als heilsame Brücke im Dialog mit den Menschen versteht. Parallel zur Schilderung seiner künstlerischen Entwicklung setzt sich Edgar Diehl mit Fragen der künstlerischen Ausbildung und der Praxis und Ethik der bildenden Kunst auseinander. Im Mittelpunkt steht die Frage, welche Wirkung und Bedeutung Farbe und Kunst auf die Entfaltung eines humanistischen Welt- und Menschenbilds haben. Anhand exemplarischer Werke aus der eigenen Werkstatt lässt Diehl den Leser an einer spannenden Erkenntnisreise teilhaben, die ihn, den Künstler, zum Lebensbegleiter der Persönlichkeiten gemacht hat, für die er seine Bildwerke schafft.
Edgar Diehls spirituelles, auf den Menschen bezogenes Kunstkonzept macht »Farbzeiten« zu einem inspirierenden Lese-, Schau- und Nachfühlbuch nicht nur für alle, die sich mit dem Thema Farbe als Künstler und Therapeuten beruflich befassen. Die lebensnahe Wegleitung durch das Reich der Farbe macht das Buch für jeden Menschen wertvoll, der wünscht, die Welt mit neuen Augen zu sehen.

Edgar Diehl, geb. 1950, studierte Architektur an der TU Berlin und Malerei und Kunsttheorie am Städel in Frankfurt. Seit den 80er-Jahren arbeitet er theoretisch und praktisch am Thema Farbe. Er hat Farbreliefs entwickelt, die er mit Hilfe eines farbpsychologischen Tests auf den Empfänger abstimmt. Seit den 70er-Jahren arbeitet er mit der Farbe an der Architektur, hält Vorträge und publiziert. Sein Studium der Farbe begleitet die Erforschung und Übung spiritueller Praktiken, die er auf seine künstlerische Arbeit bezieht.

DRACHENVERLAG
Drachen Verlag GmbH
Am See 1, D-17440 Klein Jasedow
Telefon (038374) 75218
Telefax (038374) 75223
mail@drachenverlag.de
www.drachenverlag.de

Jochen Kirchhoff

Die Anderswelt

Eine Annäherung an die Wirklichkeit

Eine suggestive Meditations- und Denkreise in die kosmischen Tiefen der Psyche. Der Philosoph Jochen Kirchhoff erschließt Zustände des Seins, die man sonst für „unsagbar" hält. Er beschreibt Erlebnisse in Zuständen erweiterten Bewusstseins und unterzieht diese einer rigorosen Prüfung durch die eigene Ratio sowie durch Urteile von Menschen, die Ähnliches erlebt haben. Ein hilfreicher Führer für alle, die ahnen, dass hinter der „Wirklichkeit" eine andere Wirklichkeit steckt.

ISBN 3-927369-07-1, 248 Seiten, 18,50 Euro

Jochen Kirchhoff

Die Erlösung der Natur

Impulse für ein kosmisches Menschenbild

Jochen Kirchhoff rührt an Tabus, mit denen wir den Zugang zum Weltganzen verstellt haben: „Erlösung" bedeutet für ihn das Herauslösen des kosmischen Anthropos aus dem Gefängnis des von aller Erinnerung an das große Leben abgespaltenen modernen Menschen. Kirchhoffs Kosmos ist als Ganzer lebendig. Aus der All-Beseeltheit der Welt folgt die All-Verbundenheit des Seelen- und Geistwesens Mensch. Ein Grundlagenwerk der spirituellen Ökologie.

ISBN 3-927369-11-X, 268 Seiten, 19,50 Euro

Reinhard Falter

Natur neu denken

Erfahrung, Bedeutung, Sinn

Ausgehend vom Naturverständnis der Antike entwickelt der Philosoph Reinhard Falter einen nachvollziehbaren Weg, Natur in ihrer Ganzheit als Wesenheit zu erfahren, ihr Bedeutung zu geben und Sinn aus ihr zu gewinnen. Natur ist der Hintergrund menschlichen Lebens. Der Versuch, sie zu beherrschen oder gar zu überwinden, führt zur seelischen Deformierung des Menschen. Diese Problematik macht auch ein neues Denken zum Schutz der Natur notwendig.

ISBN 3-927369-08-X, 326 Seiten, 19,50 Euro

Rüdiger Sünner

Totenschiff und Sternenschloss

Reisen zu mythischen Orten Europas

Der Filmemacher Rüdiger Sünner schildert Stationen einer Lebensreise: Die Megalithen von Callanish und der Kyffhäuser, die frühgeschichtlichen Opfermoore in Norddeutschland, die finnische Landschaft rund um den Schamanen-See Inari und die Katharer-Burg Montségur sind eindrucksvolle Kulissen, vor denen sich eine Innenschau vollzieht, die von den Ortsqualitäten und den lokalen Mythen ausgelöst und vertieft wird und zum Mit-Meditieren einlädt.

ISBN 3-927369-09-8, 156 Seiten, 16,50 Euro

DRACHENVERLAG

Drachen Verlag GmbH • Am See 1 • D-17440 Klein Jasedow
Telefon (03 83 74) 752 18 • Telefax 752 23 • mail@drachenverlag.de • www.drachenverlag.de